NEW CAGE

Johannes Fischler

NEW CAGE

Esoterik 2.0

Wie sie die Köpfe leert und die Kassen füllt

molden verlag

ISBN 978-3-85485-321-3

LEKTORAT: Elisabeth Wagner
COVER- UND BUCHGESTALTUNG:
Maria Schuster
COVERBILD: Fotolia/viperagp

DRUCK UND BINDUNG:
CPI Moravia, CZ
7 6 5 4 3 2 1

Inhalt

Da die sechste Lichtkörperebene für die meisten
Menschen sehr unangenehm ist,
verlassen hier viele Menschen den Planeten (...)
Wenn es uns gelingt, jemanden lebendig durch
die fünfte und sechste Ebene zu bringen,
ist der Rest einfach. Wer an diesem Punkt den
Planeten nicht verläßt,
wird höchstwahrscheinlich den ganzen Prozeß
durchmachen.

Erzengel Ariel [1]

Vorwort

Zu Beginn des ersten Kapitels dieses Buchs steht als Zitat zu lesen, dass der aus dem Griechischen stammende Begriff „esoterisch" so viel wie „nur für Eingeweihte einsichtig" bedeutet. Genau darin besteht das Problem des esoterischen Glaubens, dass er in der realen Welt nicht transparent gemacht und wissenschaftlich nicht nachvollzogen werden kann. Denn wenn man esoterische Glaubensinhalte mit wissenschaftlichen Methoden überprüft, bleibt nichts mehr übrig. Und es gehört schon ein großes Maß an Arroganz, Überheblichkeit und Einbildung dazu, wenn Esoteriker sogar die Naturgesetze ignorieren und außer Kraft setzen.

Was ist denn der Unterschied zwischen Wissenschaft und Glauben? Wissenschaft ist die Methode, wie man Wissen schafft. Viele sind der Überzeugung, dass Genies den entscheidenden Fortschritt in der Wissenschaft bringen. Weitaus wichtiger ist jedoch die wissenschaftliche Methode, mit welcher alle Entdeckungen und Erkenntnisse laufend überprüft, gecheckt, kritisiert, modifiziert und verbessert werden. Alle Ergebnisse und Erkenntnisse der Wissenschaft sind daher vorläufig und hypothetisch. Kurz gesagt, die Wissenschaften unterziehen sich freiwillig und bewusst stets einem Selbstreinigungsprozess, um schlechte und/oder Pseudowissenschaften auszumerzen. Das unterscheidet Wissen prinzipiell vom esoterischen Glauben, der fast immer unveränderlich, fundamentalistisch, dogmatisch und starr ist und sich kaum weiterentwickelt.

Die Wissenschaft kann unser Universum vom Allerkleinsten bis zum Allergrößten beschreiben, von Elementarteilchen und Atomen bis zu den Sternen und Galaxien. Die Technik als Kind der Naturwissenschaft hat Fernsehen, Handys, Flugzeuge, die U-Bahn und viele weitere großartige Errungenschaften hervorgebracht. Die Esoterik hingegen schaffte es noch nicht einmal, eine einzige Glühbirne zum Leuchten zu bringen. Vor 150 Jahren – das ist noch nicht so lange her – lag die durchschnittliche Lebenserwartung noch bei etwa 35 Jahren. Für einen heute geborenen Menschen ist diese Lebenserwartung durch den wissenschaftlichen Fortschritt auf fast

100 Jahre gestiegen. Die Zukunft der Menschen liegt daher im Wissen und nicht etwa im esoterischen Glauben.

Trotzdem ist das Wachstum esoterischer Anwendungen und Produkte aller Art ungebrochen und beängstigend. Die Esoterik als Massenphänomen wird von breiten Teilen der Gesellschaft nicht mehr als solche wahrgenommen, da wir als Mitglieder einer Lifestyle- und Wellnesskultur gewissermaßen selbst Teil des Spieles sind. Fast jeder kennt heute jemanden in seinem Verwandten- oder Bekanntenkreis, der esoterischen Aussagen tatsächlich glaubt oder zumindest diesen nicht kritisch gegenübersteht. Esoterischen Glauben gibt es zwar als Gespinst in unserem Gehirn, dessen Inhalte sind aber in der realen Welt wissenschaftlich nicht nachweisbar. Ich frage mich immer wieder, warum man durchaus vernünftige und verständige Menschen kaum davon überzeugen kann, dass Esoterik Unfug ist. Man kann das wohl so erklären: Wenn jemand viel in einen Glauben investiert und sich mit diesem intensiv beschäftigt hat, ist er kaum bereit, diesen wieder aufzugeben. Denn dadurch entsteht eine große Lücke im Gehirn. Und das will man nur ungern zulassen. Menschen, die an esoterische Inhalte glauben, sind daher immun gegen jegliche logische Argumentation.
Esoterik kann aber auch gefährlich sein. Man kapselt sich nämlich von der realen Umwelt ab und begibt sich in eine Welt, die es in der Wirklichkeit nicht gibt. Klarerweise kommt man dann auch mit der wirklichen Welt schlecht oder gar nicht zurecht, wenn man an Dinge glaubt, die nur im Kopf, aber nicht in der Realität existieren. Schließlich sind esoterische Publikationen ungleich zahlreicher als diejenigen, welche sich kritisch damit auseinandersetzen.

Man braucht derzeit jeden verfügbaren kritisch denkenden Menschen, der dem eskalierenden Wahnsinn die Stirn bietet. Dazu gehört auch der Autor dieses Buches, der psychologisches, philosophisches, neurochemisches und Marketingwissen gepaart mit Zynismus und Schlagfertigkeit zusammenträgt. Die Analysen sind sehr tiefgehend, aber immer so gestaltet, dass die Leserin und der Leser folgen können.
Besonders gefällt mir, dass der Autor dieses Buches Psychologe ist. Chemiker oder Physiker können zwar erklären, warum esote-

rische Methoden den Naturgesetzen widersprechen, nicht jedoch, warum es Esoterik überhaupt gibt und warum Menschen dafür so empfänglich sind. Deshalb ist auch die psychologische Perspektive vonnöten, um die Innenansicht esoterischer Weltentwürfe genauer unter die Lupe zu nehmen.

Der Text beinhaltet viele Originalzitate esoterischer Protagonisten. Dafür hat sich der Autor sogar inkognito bei einigen Engels-Conventions, Matrix-Seminaren und ähnlichen Veranstaltungen „reingeschummelt". Er bringt also originales esoterisches Insiderwissen nach außen. Insbesondere auch die „bräunliche" Seite deutsch-österreichischer Esoterik kommt in seinem Buch zur Sprache. Die Parallelen zu „rassischen Idealvorstellungen" sind leider zu offensichtlich. Und stets vergleicht der Autor das Esoterische mit der sogenannten „normalen Welt". Denn Lifestyle und New Age sind sich oft ähnlicher, als man wahrhaben möchte.

Glücklicherweise gibt es auch noch viele Menschen, die gegenüber esoterischem Unfug kritisch und skeptisch eingestellt sind. Im vorliegenden Buch werden fragwürdige, ja haarsträubende und absurde Beispiele der Esoterik diskutiert und analysiert. Man hat bei den besprochenen esoterischen Methoden oftmals das Gefühl, dass die Aufklärung spurlos an uns vorübergegangen ist und wir uns wieder im tiefsten Mittelalter befinden. Der Autor versucht mit diesem Buch, uns das sich in der Gesellschaft ausbreitende Krebsgeschwür der Esoterik mit konkreten Beispielen aus der Praxis vor Augen zu führen. Er leistet damit auch der Wissenschaft insgesamt einen wichtigen Dienst. Schon allein aus diesem Grund wünsche ich dem Buch jeden nur denkbaren Erfolg!

Univ.-Prof. Dr. Heinz Oberhummer
Emeritierter Universitätsprofessor für Theoretische Physik an der Technischen Universität Wien
& Mitglied der „Science Busters"

Willkommen im New cAge

Die Welt in der Welt

esoterisch, von griech. *„esōterikós“:*
nur für Eingeweihte einsichtig, innerlich

Und immer schon lockt das Geheimnis

Die Esoterik ist vermutlich so alt wie die Menschheit selbst. Seit jeher verweist sie auf das verborgene Land der Innerlichkeit, das Numinose. Sei es durch das Versprechen von Macht, sei es als Spiegelbild unserer Sehnsucht nach der Überwindung des rein Äußeren, des Irdischen. Dabei liefern esoterische Welten Bezugssysteme: Wirklichkeiten, welche das Faktische hinter sich lassen sollen. Torwege aus dieser Welt in eine andere, tiefere Dimension, mit neuen Gesetzmäßigkeiten, neuen Protagonisten, neuen Göttern und natürlich auch neuen Selbstbildern derer, die in diese Welten eintauchen.
Eine Geschichte der Esoterik gibt es nicht. Lassen Sie uns lieber von einer Historie des Esoterischen sprechen. Esoterisches oder das, was wir heute darunter verstehen, ist und war in der Menschheitsgeschichte stets allgegenwärtig. Mal eher am Tageslicht, meist aber im Verborgenen, im Okkulten. Esoterik, Religion und Wissenschaft koexistierten seit jeher in gegenseitigem Wechselspiel.
Doch egal in welcher Ausformung, der Reiz des Metaphysischen bestand immer schon im Nicht-Offensichtlichen, das es noch zu entdecken galt. Der Zugang zu obskurem Wissen war fortwährend ein gut gehütetes Geheimnis, in welches nur wenige Ausgewählte Einlass erhielten. Esoteriker bildeten so seit jeher eine heimliche Elite. Sie waren Geheimnisträger und verstanden sich als Hüter eines „heiligen Grals“, als Torwächter zu einer obskuren Innerlichkeit. Glücklich schätzen konnte sich demnach jener, welchem der Zutritt in die Halle des Bergkönigs[1] gewährt wurde.
Wie wir schon am Namen des vermeintlichen esoterischen Urvaters, Hermes Trismegistos, erkennen können, zeichnete sich innerweltliches Wissen also immer schon durch seine Exklusivität aus. Es war eben eine hermetische, nach außen abgeriegelte Welt. Eine Sphäre, von der die breite Masse ausgeschlossen war, ja regelrecht sein musste. Und so inszenierte man noch bis ins späte 19. Jahr-

hundert magische Rituale stets in kleinen Zirkeln Gleichgesinnter. Übersinnliche Séancen und die Anrufung bereits Verstorbener waren vornehmlich die Angelegenheit weniger Reicher, deren Erlebnishunger über das Diesseitige hinausgriff. Obschon hier der Okkultismus zu einer Art „Chic" des betuchten Bürgertums und des Adels avancierte, markierte die magische Praxis immer noch ein diskretes Insignium einer gewissen Schichtzugehörigkeit. Man konnte es sich leisten, sich gemeinsam zur Geisterbeschwörung auf seinen Landsitz zurückzuziehen. Manche erwiesen sich dieser höheren Ebenen würdig, andere wiederum nicht. So jedenfalls präsentierte sich die „Old School" des Spiritismus, oder nennen wir sie lieber die Esoterik des alten Paradigmas.

Und was geschah dann? Industrialisierung und Flucht in Wirklichkeiten

Mit dem Siegeszug der Industrialisierung und dem damit verbundenen Wertewandel erfuhr das Esoterische vor allem im beginnenden 20. Jahrhundert einen nie dagewesenen Aufschwung. Der seinen bisherigen Bezugssystemen entrissene Mensch sah sich angesichts des zunehmenden Diktats von Technik und Zweckmäßigkeit nun endgültig einem viel zu aufgeklärten, alles verschlingenden Kosmos gegenüber. Drehte sich die Welt seit Beginn der Aufklärung mehr und mehr wie ein wundervolles großes Uhrwerk, so war das Getriebe des Daseins Ende des 19. Jahrhunderts zu einer alles zermalmenden Tretmühle geworden. Der Mensch, die ehemalige Krone der Schöpfung, fand sich plötzlich als Sklave seiner eigenen Schaffenskraft wieder. Stechuhr und Rationalitätsdoktrin bestimmten seine Existenz. Der, der sich nach dem Ebenbild Gottes geformt glaubte, war unversehens nur mehr ein kleines Rädchen, verloren im großen Apparat des Kapitalismus. Eben nur mehr das, was Charlie Chaplin in seinem Film „Modern Times" so sinnbildlich zum Ausdruck bringt: ein Niemand, verloren im übermächtigen System, ein bloßer Spielball des Fortschritts.
Wen wundert's, wenn Funktionalismus und technokratische Rationalität für viele schon damals zum Feindbild par excellence wurden? Man konnte mit der Modernisierung kaum noch Schritt halten. Und so erwuchs die Sehnsucht nach einer neuen Mensch-

lichkeit, einer neuen Menschheit. Eine Besinnung auf das Wesentliche, eine neue Innigkeit wurde gepriesen. Die zu dieser Zeit kursierenden Ahnenlehren und Kosmologien zeugen von dem Verlangen, dem Menschen ein Gefühl von Wert und vor allem Mächtigkeit wiederzugeben. Vieles wurde unternommen, was einer „Wiederverzauberung" der Welt dienlich sein sollte.
Das erste Drittel des 20. Jahrhunderts könnte man demnach als großes Projekt gemeinschaftlicher Wirklichkeitsflucht bezeichnen. Und hier meinen wir vor allem die Flucht *in* Wirklichkeiten. Okkulte Strömungen und magische Weltsichten schossen wie die Pfifferlinge aus dem Boden. Und so markierte dieser Abschnitt einen ersten Kulminationspunkt einer durch viele Bevölkerungsschichten dringenden, esoterischen Breitenströmung. Was Helena Blavatsky, die Grande Dame des Okkultismus, noch im Jahre 1875 als „die Geheimlehre" [2] (The Secret Doctrine) etikettierte, verdiente ein halbes Jahrhundert später kaum mehr den Namen. Das ehemals noch Verborgene, die einstigen Geheimnisse avancierten zu einer Art esoterischen Mode. Und diese präsentierte sich beinahe schon im Gewand einer Massenbewegung.

Und wie, glauben Sie, ist diese Geschichte weitergegangen?

Unser Leben ist zweifelsohne noch schneller geworden. Im Informationszeitalter mutiert unsere Lebensumwelt mehr und mehr zu einem total vernetzten Dorf. Und das in einem Tempo, in dem sogar Zukunftsforscher zur „Verzögerung der Zeit" [3] aufrufen. Nur mit Burn-out bleibt man in. Wie heißt es doch so schön? Speed kills. Hunger, Tod, Ausbeutung und Verderben brechen tagtäglich, nein viertelstündlich in Newsflash-Gewittern über uns herein. Diese werden wie Donnerkeile vom medialen Gott in unsere Privatsphäre geschleudert. Von Terrorismus bis Klimagau, die Sendboten des Chaos sind im Echtzeit-Zeitalter omnipräsent. Wir sind umzingelt von lauter Informationen und diese Informationskultur formt unser Befinden. Sie stellt uns allerorts nach und permanent werden wir mit unserem scheinbaren Unvermögen konfrontiert. „Global" ist da noch nicht genug. Wir schaffen es ja nicht einmal, das Universum sauber zu halten. Noch produzieren wir ja nur Weltraumschrott, doch bald gehören wir wohl selber zum alten Eisen. Als wäre der Homo sapiens bloß ein tragischer Irrläufer der Evolution, ein verwunschenes Enfant terrible, unfähig, den Planeten nicht doch noch zu ruinieren, oder wenigstens begabt genug, sich selbst auszurotten. In einer derartigen Leitkultur des Infotainment – Matthias Horx prägte sehr treffend den Ausdruck „Krisotainment" [4] – verlieren wir endgültig jedes Gespür für eine Wirksamkeit unserer selbst. Das Fühlen verflacht sich heute zum sogenannten „Feeling". „Feeling" ist eine Ware und wird uns erfolgreich verkauft. Ihr Erwerb macht uns scheinbar frei und lässt uns die quälende Ahnung von Bedeutungslosigkeit für kurze Augenblicke vergessen. Der eigene Gemütszustand wird so zum Konsumgut, der Zeitvertreib zur Profession. Doch wir können machen, was wir wollen: Hinter allem lauert stets diese gähnende Leere.

Neue Wirklichkeiten machen den Niemand zum Jemand

Umso mehr ertönt in diesem Umfeld der Ruf nach Sinnhaftigkeit und Geltung. So wie damals sehnt man sich danach, irgendwo doch noch so etwas wie Selbstwirksamkeit entfalten zu dürfen. Denn sich als handelndes Agens wahrzunehmen liefert erst die Grundbedingung dafür, sich als ein Jemand zu empfinden. Wie Thomas Metzinger [5] und zahlreiche Denker vor ihm betonen, hängt die Wahrnehmung von Agentivität eng mit unserem Bewusstsein für Subjektivität zusammen. Bleibt die Erfahrung eigener Einflussnahme jedoch aus, verblassen wir unversehens zu dem, was ein alter Beatles-Song so treffend ins Bild rückt: ein „nowhere man, sitting in his nowhere land". Und wer will das schon sein? Der Mensch der Postmoderne verlangt nach neuen Songtexten, neuen Sphären des Aktiv-Werdens, schlicht nach neuen Wirklichkeiten.

Maßgeschneiderte Seins-Dimensionen gibt's mittlerweile zuhauf. Dabei faszinieren virtuelle Gefilde à la „Word of Warcraft" (WoW) heute nicht nur Kinder und Jugendliche. Auch die sozialen Netzwerke des Internet fungieren mehr und mehr als Spielräume einer nicht unbedingt realen, aber dennoch wirksamen Identitätserfahrung.

Die sogenannten „Second Lives" lediglich als unechte Spielereien abzutun würde ihrer Bedeutung nicht gerecht. Ob wir uns auf die moderne Hirnforschung beziehen oder uns unsere eigenen Beobachtungen ins Gedächtnis rufen: Man wirkt und handelt doch ganz und gar erfahrbar in diesen Cyber-Räumen. Hier erlebt sich der Protagonist geradezu „in Action". Spielen befreit eben ungemein und rettet den Involvierten aus seiner alltäglichen Ohnmacht. Oder haben Sie sich noch nie in einem Spiel regelrecht verloren? Nicht umsonst spricht man vom *Homo ludens.* Dieser empfindet die damit einhergehende Selbstvergessenheit als lustvoll und gerade das macht künstliche Identitätsangebote ja auch so beliebt. Dabei lässt sich eines wohl unbestreitbar festhalten: Wirklichkeiten *in* der Welt bestimmen doch immer unausweichlicher unser Dasein.

Wenn wir nun auch das Reich der Esoterik als „Welt in der Welt" – als Wirklichkeit innerhalb des greifbar Realen – verstehen, so erscheint sie doch vom selben Wunsch beseelt. Gemeint ist das Verlangen nach neuen innerlichen Dimensionen, nach virtuellen Wirksphären mitten in der Welt.

Esoterik 2.0

Doch die Analogie zu den Social Networks zieht noch weitere Kreise. Denn so wie die Vernetztheit des digitalen Hyperraumes wird auch der Wirkkosmos von Zauber und Magie nun an uns herangetragen, und das oft ohne aktive Anforderung seitens des Zielpublikums. Man muss hier nicht mehr den versteckten Eingang finden. Fernab der ehemaligen Exklusivität – das Tor ins Innerweltliche eröffnet sich uns spielerisch.

An dieser Stelle ist es an der Zeit, den Begriff „Esoterik 2.0" aufs Tapet zu bringen. Bereitwillig und unverhüllt kolportieren die Vermittler einer eigenwilligen Spiritualität esoterisches Geistesgut und jenseitige Botschaften einer stetig wachsenden Fangemeinde, und das über zahlreiche Kanäle. Denn Multimedialität ist im Zeitalter des Lichtes kein Fremdwort, viel eher fußt in ihr ein bestimmendes Wesensmerkmal dieser Sphären. Ganze Massen empfangen transzendente Botschaften beim wöchentlichen Live-Channeling: von zu Hause aus, ganz für sich, oder in der Community. Ähnlich den Videoplattformen im Internet produzieren auch hier viele spirituelle

Konsumenten ihren eigenen Kanal und gehen ihrerseits entschlossen auf Sendung. Die Esoterik 2.0 erhebt dabei ihre Käufer selbst zu geistigen Medien, welche die neuen Wirklichkeiten bereitwillig auch den Übrigen, den Normalsterblichen, offenbaren. An ihnen beweisen sie ihre neu gefundene Berufung. Der spirituelle Aufsteiger unserer Tage hält nicht geheim, nein, er missioniert. Und ganz nebenbei – je mehr „Freunde" er in seinem Account verbuchen kann, desto durchschlagender sein Prestige, desto höher die eigene Schwingung, umso besser sein Ranking im esoterischen Highscore. Mit jedem generierten „Like" wird der Aufstieg in die spirituelle Hall of Fame gewissermaßen wirklicher.

Das Obskure erfährt Veräußerung

Die unzähligen Licht-und-Liebe-Plattformen im Internet unterstreichen diesen Trend. Das Versteckspiel vergangener Tage scheint endgültig vorbei. Der moderne New Ager entwickelt Sendungsbewusstsein. Hätte sich früher kaum jemand zu spiritueller „Lichtkosmetik" oder „Aura Lifting" bekannt, gehört dies heute zum selbstverständlichen Angebot jedes besseren Wellnesstempels. Auch intimste Bereiche bleiben dabei nicht verschont: „Waxing by Angels" [6] gefällig?

Unterhielt man sich in der Esoterik 1.0 noch hinter vorgehaltener Hand über Astrologie und Reinkarnation, so stellen die neuen „Botschafter der Liebe" ihre Überzeugungen mittlerweile ganz offen ins World Wide Web. So auch eine Volksschullehrerin, die das Klassenzimmer mitsamt ihren Schülern regelmäßig mit Erzengel-Sprays reinigt. Für jeden ersichtlich und via Videobotschaft macht sie, wie viele andere auch, keinen Hehl daraus. Warum auch nicht? Die Kinder haben offensichtlich „mehr Spaß am Lernen" [7]. Dabei wirkt dieses In-die-Öffentlichkeit-Gehen noch nicht einmal besonders mutig. Vielmehr beeindruckt hier dieser Beigeschmack von Normalität. Das vormals Okkulte wird heute entschlossen veräußert. Wir erleben eine noch nie dagewesene Vermarktung des Geheimwissens, eine Esoterik 2.0.

Gruppendruck mit Kuschelfaktor

Millionenseller wie „The Secret" [8] illustrieren eine weitere Paradoxie. Geheimniskrämerei etabliert sich als kommunales Must-Have. Zur Verdeutlichung lohnt hier ein weiterer Abstecher in den Cyber der sozialen Netzwerke. Übereinstimmend mit dem gesellschaftlichen Zwang, sich einer Facebook-Community anzuschließen, versprühen auch esoterische Wirklichkeiten diesen Hauch von Verbindlichkeit. Denn wer nicht von alleine aufspringt, wird von seinem Umfeld regelrecht bekehrt. Wer aber dennoch nicht mitgeht, der bleibt zurück, der ist noch nicht so weit. Dem kann nicht geholfen werden – *noch* nicht.

Was sich im Web bereits als Standard etabliert hat, entwickelt sich im Netz der Esoterik 2.0 mit einigen Parallelen: Auch hier steht unser Account schon bereit. Auch hier sind die schönen neuen Selbstbilder bereits hochgeladen. Auch hier erwartet uns eine neue schillernde Identität und mit ihr im Schlepptau viele neue „Freunde". Auch hier bleibt man online, also immer brav an der Leine. Gruppendruck mit Kuschelfaktor – so formieren sie die Bewegungen der Neuen Zeit. Ob nun im Digitalen oder im Spirituellen: Als Türöffner zum Umworbenen dient da wie dort die Schmeichelei.

Spieglein, Spieglein

Diese entpuppt sich bei genauerem Hinsehen als die hinter allem stehende treibende Kraft. In einer Gesellschaft, in der Schlagwörter wie „Liebe dich selbst" beinahe schon wie ein Befehl ertönen, finden esoterische Himmelschlösser ein tragfähiges Fundament. Als Bausubstanz hierfür dient die gegenseitige Selbst-Bespiegelung. Wie in den Foren des Internet vernetzt man sich dabei gegenseitig. Hyper-Verlinken, das nicht nur fühlbar verbindet, sondern auch spirituell aufwertet. Geblendet von unendlichen Reflexionen eigener Selbstverschönerung wird die Scheinwirklichkeit zum Königspalast. Ein Spiegellabyrinth, aus dem man kaum mehr herausfindet. Hermetisch? Ja, nur diesmal nach außen.

Und genau dieses Außen gerät dabei mehr und mehr in Vergessenheit. Die Rede ist von jener sogenannten „Dualität", sprich der realen Welt, der Welt mit Freud und Leid, der Welt mit den großen Herausforderungen der Menschheit, mit chinesischen Mauern und alljährlichen Ölteppichen. Inmitten unendlicher Reflexionen seiner selbst verliert sich das Ich in Wirklichkeiten, die uns scheinbar noch heiler und noch ganzer machen, aber mit Realität nichts gemein haben.

Wirklichkeit ist das, was wirkt – Verillusionierung

Derart losgelöst vom Irdischen dient die Esoterik 2.0 als groß angelegtes Gemeinschaftsprojekt phantastischer Wirklichkeitsentwürfe. Und wer möchte behaupten, dass die hier beschrittenen Dimensionen nicht erfahrbar, nicht spürbar wären? Kurt Lewin formuliert es treffend: „Wirklichkeit ist, was wirkt." [9] Sie kennen doch den Blick in die Unendlichkeit: die Aussicht ins Ewige inmitten der täglichen Rasur oder von mir aus beim alles glatt machenden Peeling? Nur zwei Spiegel genügen und wir leben im Land der unbegrenzten Möglichkeiten. Optische und seelische Rückkoppelungen schenken das Gefühl kosmischer Ausdehnung. Dem Betrachter seiner eigenen unendlichen Wiederholungen verleihen sie ein Antlitz endlosen Weitblickes und erhabener Weisheit.
Esoterische Communitys dienen sozusagen als Spiegelwelten wechselseitiger Verillusionierung. Man erfüllt sich gegenseitig mit Bedeutung und bestärkt einander beim gemeinsamen Gang aus der Realität in diese neue glanzvolle Wirklichkeit. Und, ob nun für die breite Masse oder nicht: Elitarismus schafft eben Charisma. Kennen Sie derartige Gesichter, die erleuchteten Antlitze selbstbestimmter Liebesbotschafter der Neuen Zeit? Diese Antlitze voll Güte und Fürsorge, diese Sinnbilder von Sanftheit. Ihre Mimik kann bezaubern, sie wirken wirklich. Und das nicht nur auf sich selbst, sondern vor allem auch auf jene, die noch ihre Heimat in der „alten Welt" glauben. Charisma ist nun mal ansteckend, für seinen Träger geradezu klebend.

Hereinspaziert!

Esoterische Welten sind Wirklichkeiten *in* der Welt. Was beim ersten Hinschauen so anschmiegsam und auf sanften Pfoten daherkommt, erweist sich bei genauerem Hinsehen als Zerrbild unserer tiefsten Eitelkeiten. Gleich dem Narcissos der griechischen Mythologie verliert man sich auch hier in einem Spiegelkabinett der Selbstliebe. „Narzissmus" ist eng verwandt mit dem Wörtchen „Narcosis", also mit Betäubung. Und das, was die amerikanischen Psychologen Jean Twenge und Keith Campbell so treffend als „Narzissmus-Epidemie" [10] charakterisieren, ereilt uns als Esoterik der Neuen Zeit in seinen schillerndsten Farben. Man muss nur genau hinschauen.

Demzufolge kann das Wohlgefühl, welches eine Welt „unermesslicher Liebe" versprüht, ganz leicht zu kaltem Schauer am Rücken ausarten – narkotisierendes Opium fürs Volk, Gänsehaut nicht ausgeschlossen. Der Schritt in die unendliche Freiheit des „Neuen Zeitalters" gleicht so bei Tageslicht eher einem befreienden Sich-Einschließen aus Angst vor allem Realen. Wir lieben nun einmal die geschützten Werkstätten der Selbstumkreisung. Leicht übersehen wir, wie sehr wir uns von der großen weiten Welt wegsperren. Die ganz Tapferen unter uns – selbst ernannte „Lichtpioniere" des nahenden Himmelreiches – werfen entschlossen den Schlüssel weg. Sie üben sich im Vergessen. Sie finden Erlösung in selbstlosem Sich-selbst-Vergessen.

Nein, goldene Käfige sind nicht mehr das Privileg irdischer Königshäuser. Schließlich erleben wir eine noch nie dagewesene Demokratisierung der Lebensstile. Goldene Gardinen gibt's heute für jeden. Wir erleben ein Zeitalter des „Cage on demand": jedem sein Aufgefangensein, jedem seine Wirklichkeit. Je größer der Käfige Glanz, desto eher wird man zur Prinzessin. Aber Achtung, es ist nicht alles Gold, was glänzt, und goldene Legebatterien verhelfen noch lange nicht zu goldenen Eiern. Die Kristallkugel wird zur Heimat, die Wirklichkeitsblase zum Kerker. Doch Zwinger aus Glas sind für ihre Insassen leider unsichtbar. Die wahren Gefängnisse sieht man nicht, die sind im Kopf. Hereinspaziert in das goldene Zeitalter esoterischer Selbstgefälligkeit.

New Age war gestern! Willkommen im New Cage!

Grund und Grundsätzliches

Deshalb dieses Buch

So wie vielleicht auch Sie kenne ich jemanden, der in eine lichtvolle Parallelwelt abdriftete. Taub für alle Zurufe von außen, unerreichbar für Verwandte und Freunde. Man konnte nur zusehen, wie das Bizarre unaufhaltsam seinen Lauf nahm. Jedes Tun, jede gut gemeinte Intervention besorgter Angehöriger machte alles nur noch schlimmer. Und so war es mein eigenes Unvermögen, *zu helfen*, das einen ungeahnten Wissensdurst in mir nährte. Ich wollte verstehen, welche Dynamiken dahinterstehen, wollte wissen, welche Sogkräfte hier wirken und welche Leute mit Derartigem ihr Geld verdienen.

Und dann passiert es: Sie beschäftigen sich mit einer Sache intensiv und irgendwann kippen Sie rein. Irgendwann sitzen Sie selbst bei einem Engelsfestival, mit Rekorder, Mikrofon und Kamera. Sie entwickeln ein unbändiges Mitteilungsbedürfnis, denn was Sie dort erleben, schreit förmlich zum Himmel. Und ehe sie sich versehen, sitzen sie zu Hause. Zwei Bildschirme und einen Esstisch voller Flyer, Kataloge, Amulette und Sprays – Engelssprays wohlgemerkt. An Ihnen nagt ein beklemmendes Gefühl, denn Sie wissen nun schlichtweg zu viel. Sie haben schon alles probiert, Urlaub machen, Bier trinken, meditieren oder sonstige Formen des Loslassens. Aber dieser klobige Elefant steht mitten in Ihrer Wohnung und geht von alleine nicht mehr weg. Außerdem versperrt er Ihnen die Sicht auf die wundervollen Tiroler Berge da draußen.

Es bleibt Ihnen nichts anderes übrig. Sie greifen zur Machete, beginnen das Ungetüm zu filetieren. Hieb um Hieb und Stück für Stück. Das Ergebnis dieses Prozesses bekommen Sie nun serviert, in Buchform, häppchenweise Seite für Seite. Mein Beweggrund war also purer Leidensdruck. Psychohygiene auf eine ganz eigene Art. Triebfeder Geld? Mal ganz unter uns: Gitarre spielen in der Fußgängerzone ist nicht nur lustiger, sondern auch ungleich lukrativer!

Esoterik, die ich meine

Sie umschreibt nicht unbedingt die Welt der Wünschelruten, Wasserbelebung oder Mondphasenkultivierung. Schließlich wird hier immer noch, mal mehr, mal weniger, so etwas wie Verstand angesprochen. Natürlich erweisen sich die dahinter verborgenen Weltsichten und Argumentationen bei näherer Betrachtung oft mehr als scheinlogisch und kurios, dennoch denken die Praktizierenden hier nach wie vor irgendwie mit. Der Vorwurf des Unwissens steht natürlich noch im Raum, doch dieser relativiert sich in Anbetracht einer hyperkomplexen Welt. Wer kann und will schon immer alles wissen?

Nein, die Esoterik, die ich meine, besticht durch eine ganz andere Wirkmacht. Die Rede ist vom magischen Sog abstrusester Entwürfe. Verbunden mit einer fahrplanmäßig inszenierten Dramaturgie ziehen diese ihre Opfer in einen verhängnisvollen Bann und lassen sie nicht mehr los. Das Resultat prägt die eigentümliche Ästhetik esoterischer „Fachzeitschriften". Sie zeugt vom vollständigen Aufgehen in fiktiven Wirklichkeiten oder schlicht von Absorption. Bilder und Figuren, wie wir sie eher aus Stephen-King-Verfilmungen kennen. Auf die gleiche Weise rufen auch die Verkaufsstände diverser „Bewusstseinsmessen" tiefste Mulmigkeit hervor. Und wenn man sich nur ein klein wenig mit der deutschen Geschichtsschreibung auseinandergesetzt hat, wird's bei den da wie dort plakatierten Symboliken nicht besser. Bedenklichste Ideologien, neu und kuschelig verpackt. Nettigkeit, wie sie herzloser nicht sein könnte. Ich spreche von „Hardcore-Esoterik" – um diese geht es hier.

Was ist Spiritualität?

Keine Angst. Sie können, sofern das ihrem Naturell entspricht, weiterhin meditieren, hyperventilieren oder meinetwegen dem Schwitzhüttenzauber frönen. Spirituelle Praxis an sich ist nicht das Problem. Aber vorab gleich eine Bitte: Bemerken Sie, dass Ihre bewusste Entscheidung, dies oder jenes zu tun, (hoffentlich) Ihrer Ratio entspringt. Bedenken Sie dabei auch, dass die Freiheit, es überhaupt tun zu können, einer rationalen, toleranten Umgebung

bedarf. Noch vor einigen Jahrhunderten hätte man uns für unser kultisches Treiben ganz einfach verbrannt.
Gewiss, Allverbundenheit ist etwas Wunderbares. Doch wird sie uns von nichts und niemandem geschenkt – wir öffnen uns ihr. Je nachdem wie wir die Dinge benennen, treiben sie uns entweder in die Enge oder eröffnen uns Möglichkeiten zu mehr Freiheit. Der gravierende Unterschied besteht nämlich in der Interpretation sogenannter „spiritueller Erfahrungen": Sie entscheidet darüber, welches Weltbild wir uns schlussendlich einkaufen. Ist es ein magisches mit unzähligen Energien da draußen, die uns entweder wohltun oder piesacken, oder ist es ein rationales, das es uns erlaubt, unerschrocken und einigermaßen nüchtern auf die Welt und Mitmenschen zuzugehen?
Für mich persönlich birgt Beethovens „Neunte" eine transformierende Kraft. „Seid umschlungen Millionen", Liebe zur Menschheit und zum Dasein an sich. Wer spirituelle Empfindungen aber flatterhaften Feen und Elfen zuschreibt, erntet bestenfalls den Weitblick eines Fünfjährigen.

Noch mehr zur Ratio

Ratio bedeutet für mich mehr als bloß verkopftes Gedankenkreisen. Unter einer rationalen Perspektive verstehe ich eine Weltsicht, die nicht nur größeren Handlungs-, sondern vor allem auch Empathiespielraum bereitstellt. Wesentlich umfassender als beispielsweise innerhalb einer mythologischen Seinswirklichkeit, wo immer nur mein eigener Gott den Wahren und Einzigen markiert. Hieraus resultiert ein Mehr an interkulturellem Verständnis, mehr Sinn für Natur und Umwelt und weitreichendere Anerkennung anderer Bewohner dieses Planeten als Mitmenschen – also weniger ideologischer Separatismus als umfassenderes Verständnis füreinander.
Die Ratio geht also über das bloße Messen von Gehirnströmen hinaus. Sie birgt in sich ein eigenes Weltempfinden, das meines Erachtens wert ist, erschlossen zu werden. Gedanken fassen vormals noch Diffuses in Worte. Worte machen Erfühltes reflektier- und nicht zu vergessen kommunizierbar, schaffen also Kultur. Zur Wirkung kommt

hier das dialogische Prinzip. Der rationale Weltenraum schafft dabei eine Art Kommunikationsrahmen, innerhalb dessen auch anderen Weltsichten Respekt zuteil wird. Ein so geteiltes Miteinander bringt einen Zuwachs an gegenseitigem Weltverständnis.
Und, wenn Sie so wollen, auch Mystik bietet das rationale In-der-Welt-Sein. Nur gilt es, diese auch freizulegen. Sich der eigenen Erkenntnisfähigkeit zu öffnen mag zwar etwas Radikales an sich haben, doch findet sich hierin eine ganz eigene Art der Inspiration. Unsere Kulturleistungen diesbezüglich sind enorm, man muss nur den Mut und vor allem die Muße haben, sich darauf einzulassen. Also keine Panik! Rationale Menschen leben nicht zwangsläufig auf einem ausgetrockneten, kahlen Wüstenplaneten. Auch Verfechter der Rationalität verlieben sich. Was Ratio aber schlussendlich ausmacht, kann und will ich Ihnen nicht definitiv beantworten, ich finde es selber jeden Tag aufs Neue heraus. Manchmal ist es ungewohnt und befremdlich, meistens aber befreiend.

Über Rausch und Trance

Um es hier gleich vorwegzunehmen: Trancezustände und außeralltägliche Bewusstseinserfahrungen erachte ich als wichtig. In vernünftigen Dosen eingesetzt ermöglichen sie eine Relativierung starrer Verhaltens- und Wahrnehmungsmuster und eröffnen einen Zugang zu einem Lebensgefühl, fernab von „mein Haus, mein Auto und meine Bank".
Mein persönlicher Zugang zu Dimensionen des Nicht-Verstandesmäßigen hingegen bedient sich eher der Ressourcen unseres Kulturkreises. Von Schuberts „Unvollendeter", Karajan, über berauschende Bergwanderungen bis hin zu Jimi Hendrix: Jeder hat hoffentlich seinen eigenen Zugang! Doch kann ich auch nachvollziehen, dass mitunter auch andere Kulturkreise einen Weg zu neuen Sichtweisen eröffnen. Ja, oft entsteht hieraus auch ein fruchtbarer interkultureller Dialog und das können wir sicher brauchen.

Vom Gefängnis des Ich in die Tyrannei des Selbst

Doch abseits einer Überhöhung unserer Breitengrade sprechen wir hier auch vom selben Kulturkreis, der das Ekstatische seit mehreren Jahrzehnten immer massiver in seine Schranken weist. Soziologen orten eine „Überprivatisierung“ unserer Gesellschaft. Gemeint ist eine Leitkultur, in der jeder nur mehr er selbst sein soll, ja viel eher, regelrecht er selbst sein muss. Damit verbunden ist ein unhinterfragter Authentizitätskult, mit welchem wir jedem Freiraum entsagen, auch einmal jemand anderer sein zu dürfen. Starr und eingeengt im unverfälschten „wahren Selbst“ wird jedes Ausbrechen zum gesellschaftlichen No-Go.

Dabei avanciert die Verwirklichung des sogenannten „Selbst“ zur alles dominierenden Religion. Ob am Jakobsweg, beim Spirit Dance oder beim Tantra-Sex: Urlaub, Tanz oder Liebesspiel – alles nur mehr im Namen und auf Rechnung des Selbst. Der Philosoph Robert Pfaller betont in diesem Zusammenhang auch die Übervertrautheit, welche wir von unseren Beziehungen abverlangen. Andere nennen sie die „Tyrannei der Intimität“ [11]. Im Zuge dessen führt dieser Zwang, immer wahr und unverfälscht zu sein, schnell auch in eine wechselseitige Zementierung. Denn wir nehmen einander so jedweden persönlichen Entfaltungs- oder besser Spielraum.

Nehmen wir hier nun einen weiteren unhinterfragten Wert, nämlich „Gesundheit“ hinzu, dann erhalten wir eine mitunter fatale Mischung. Persönliches Wohlbefinden als höchstes Gut, verbunden mit der Verpflichtung zu permanenter Authentizität, machen uns hypersensibel und intolerant zugleich. Sie wirken mit an der Etablierung einer neumodischen Verbotskultur, welche Großstädte in George-Orwell-Utopien verwandelt. Rauchen, Trinken, Dicksein oder meinetwegen Nacktbaden – eine Welt, in der alles dem Rotstift zum Opfer fällt, macht uns vielleicht „sicherer“ oder „gesünder“, das Dasein jedoch erfährt eine beklemmende Einengung. Kein Wunder also, wenn Leute hier ausbrechen und in phantastische Wirkwelten auswandern. Doch egal wohin: Das allem zugrunde liegende Religiöse schleppen sie unbewusst mit. Das Resultat prägt das ganz und gar selbstbewusste Auftreten spirituell-esoterischer Selbstdarsteller: hyperauthentisch, aber nicht echt.

„Man muss sich an seiner Religion abarbeiten" ...

... betont der Medienphilosoph Norbert Bolz [12]. Und damit meint er nicht die persönlich zurechtgezimmerte, sondern jene unseres Kulturkreises. Denn ansonsten klebt uns diese immerzu an den Fersen, Schritt für Schritt. Ob nun im Selbstverwirklichungsmilieu oder in esoterischen Dunstkreisen, wo man hinschaut dieselben Schemata: Schuldgefühle, Unwertsein, Ablasshandel, Beicht- und Bekenntniskult, Leistungsethos, Dienen sowie Erlösungssehnsucht: Kommt uns das nicht irgendwie bekannt vor? Wer sich seine kulturgeschichtlichen Wurzeln nicht vergegenwärtigt, wird ewig in diesem Hamsterrad rotieren. Denn diese Prinzipien prägen gewissermaßen unser Ich-Empfinden. Ob wir das loswerden können, wage ich nicht zu beantworten. Doch simples Wissen kann hier helfen.

Gewiss, Meditation dient als gangbarer Weg zu mehr „subjektbezogener"[2] Gegenwärtigkeit, doch den Geschichtsunterricht ersetzt sie uns nicht. Ganz im Gegenteil: Falsch verstanden und eingesetzt bedient sie viel eher die Auswüchse einer in sich selbst verliebten Gesellschaft und der darin kultivierten Glückseligkeitsdoktrin. Meditation ohne Wissen ist wie das Reisen ohne Landkarte, man verirrt sich leicht. Und egal ob nun Trance oder die Praxis kontemplativer Versenkung – Medikamente können gesund machen, doch wenn man sie auch als Gesunder noch nimmt, dann ist das Doping. Doping macht schnell auch süchtig.

Unabhängig also davon, welche Form der Innenschau wir betreiben, es lohnt sich, darüber zu reflektieren, wann man auf dem Holz- oder besser Kreuzweg ist. Denn je mehr man sich mit seinen eigenen vier Wänden beschäftigt, desto mehr abgestoßene Ecken, Kanten und Macken treten hervor: Polieren, Putzen, Staubsaugen, Selbstoptimierung ohne Ende sind die Folge. Eingebettet in einen Wettlauf spiritueller Workaholics werden wir so vielleicht immer noch heiler, noch ganzer, noch leidfreier, aber wozu? Wird's nicht ab einem gewissen Grad irgendwie unnatürlich? Gibt es nicht noch etwas Wichtigeres als das eigene Innenleben, etwas Erstrebenswerteres als formvollendete Ganzheit?

Dort, wo du nicht bist, dort ist das Glück

Eben derlei „Werte“ gilt es zu hinterfragen. Ansonsten landen wir abermals bei Franz Schubert: „Dort, wo du nicht bist, dort ist das Glück.“ Uns plagt die Sucht nach dem Sehnen, die im Stück „Der Wanderer“ ihren Widerhall findet. Ewig getrieben von einer unbändigen Gewissheit, wonach überall die Wiesen grüner sind, nur nicht im eigenen Garten. Sei es nun beim Schamanen im peruanischen Urwald oder in einem Tempel im Himalaya. Wir machen uns bereitwillig zum Spielball unserer eigenen Projektionen.

Es ist absolut in Ordnung, Weisheitslehren aus Fernost zu importieren, doch müssen wir deshalb auch deren spirituell-aristokratische Hierarchien mitbejubeln? Es ist okay, sich dann und wann dem Irrationalen hinzugeben, doch müssen wir deshalb gleich höhere Wahrheiten mit ins Boot holen? Karma-Religionen und irrationale Erklärungsmodelle eröffnen einen Kosmos, in dem jeder alles behaupten kann und darf. Wenn wir dahin zurücksteuern, liegt jede Beweislast fortan beim hilflosen Kritiker. Dann können wir gleich wieder Hexen verbrennen. Der sehnsüchtig Suchende läuft hier Gefahr, das Kind mit dem Bade auszuschütten. Und ehe man sich's versieht, verwirft man alles, was Denker, Künstler und Schreibende aller Art über Jahrhunderte an Freiheit für uns erkämpft haben.

Doch Freiheit scheint heutzutage nicht mehr viel wert. Für manche wirkt sie geradezu wie ein Feindbild. Apolitisch, antiintellektuell und antimodern. Wenn es um die bereitwillige Aufgabe aufklärerischer Werte geht, liefert die Esoterik 2.0 ein umsatzträchtiges Exempel. Von Frauenrechten keine Spur, inszeniert frau sich als Engel oder „Weisse Priesterin“ [13] – narzisstische Aufwertung mit dem Etikett einer neu gefundenen Reinheit. Doch tatsächlich geht es hier um eine groteske Form von „Ent-freiung“, welche das Gefühl von Freiheit verkauft – ein Rückschritt ins dunkle Spätmittelalter und nichts anderes.

Es bleibt, was es ist, ein New Cage.

Die Epidemie

Voodoo lebt weiter – vom Kult zur Kultur

Laut führenden Trendforschern glauben 40 Prozent der Deutschen ihr Leben von magischen Kräften durchwirkt [14]. So wie das „Entgiften“ des eigenen Körpers zum selbstverständlichen Ritus einer neuen Gesundheitskultur geworden ist, säubert beziehungsweise „entstört“ man dieser Tage selbstredend seinen Wohn- und Arbeitsbereich. Nicht nur sauber, sondern energetisch rein soll nun alles sein. Lokalisierte man ehemals noch irgendwelche Geister oder verlorene Seelen als Quelle seines Unbehagens, geht man nun daran, sein Dasein wieder an das „astrale Magnetgitter“ anzubinden. Das alles im Namen der Ganzheitlichkeit, das Universum als lebender Organismus. Re-Connection an die kosmische Ordnung und laufende Rekalibrierung sind die magischen Einflussnahmen der Esoterik 2.0.

So wie alle anderen Bereiche unseres Lebens unterliegt auch das Magische bestimmten Moden. Die neuen Labels sprechen nicht nur die Sprache ihrer Zeit, vor allem bedienen sie die Sehnsüchte eines weitaus größeren Publikums als je zuvor.

Realpolitik einmal anders

„Warum geraten Parlamentarier in Rage?“, fragte die österreichische *Kronen Zeitung* im Jänner 2012. Die Antwort scheint einfach: „Erdstrahlen und Wasseradern“. Und diese wurden bald ausfindig gemacht: von einem Mitglied des Parlaments – seines Zeichens „Energethiker“ – und seinem Team. Mittels Wünschelrute, Weihrauch und Truthahnfeder erfolgte ein eigenwilliger „Energie-Check“ im großen Plenarsaal des Hohen Hauses, in Anzug und Krawatte versteht sich. Das Ergebnis: Kanzler und Vizekanzler säßen auf energetisch „guten“ Plätzen, am Rednerpult hingegen wirke „das härteste Störfeld des ganzen Saales“. Diese Belastung könne „aufwühlen und aggressiv machen“!
Folgt man dem Ergebnis dieser Untersuchung, bedürfen gesellschaftliche Spannungen weniger politischer Lösungen als viel eher energetischer Säuberungen.
Quelle: [15]

Es sind schon lange nicht mehr die Spinner

Die Marketingfachleute haben den allgemeinen Trend längst aufgegriffen. Man spricht vom Entstehen einer „neuen Bewusstseinsindustrie", und das in einer „Gesellschaft der Sinnsuchenden" [16]. Die sogenannten „Sinntouristen" werden in den nächsten zehn bis zwanzig Jahren an die „40 Prozent aller Urlauber" ausmachen, konstatiert Eike Wenzel vom Zukunftsinstitut Kelkheim. Dazu passen Berechnungen der Dresdner Bank, wonach die deutschen Bundesbürger bereits jetzt pro Jahr „an die neun Milliarden Euro in Lebenshilfe, Orientierung, Selbstverwirklichung und Sinnsuche" investieren. Von einem Industriezweig zu sprechen scheint da wohl kaum übertrieben. In diesem Umfeld gereicht so etwas wie „yogisches Fliegen" nicht mehr zur Besonderheit. Ganz im Gegenteil: Ehemals „Esoterisches" wird zusehends zu einer Art Volkssport. Wer hier nicht mitmacht, stellt sich geradewegs ins Aus.
Schon Georg Lukács (1916) ortete ein Zeitalter „transzendentaler Obdachlosigkeit" [17]. Und von einem Rückgang des religiösen Hungers will wohl niemand ernsthaft reden. Umso vielversprechender demnach die Frage, welche Form die spirituellen Einhausungen dieser Tage angenommen haben. Eines kurz vorweg: Esoterisches Gedankengut ist uns keineswegs fremd. Es ist vielmehr zum selbstverständlichen Geistesgut unserer Gesellschaft geworden.

Von rosaroten Panthern

Wer hat an der Uhr gedreht? Theologen wie Paul M. Zulehner bemerken vor allem seit den Neunzigerjahren einen „Megatrend zur Respiritualisierung" [18] unserer Lebensweise und damit einhergehend eine kontinuierliche Verfärbung unserer sozialen Wahrnehmung. Ehemals Exotisches wird nicht mehr als solches identifiziert. Und wenn uns das Rosa der Esoterik nicht mehr ins Auge sticht, mag das auch folgende Gründe haben:

- Vielleicht tragen wir alle bereits rosarote Brillen. Paulchen Panther wäre demnach für unser Auge kein Verdächtiger mehr. Er erschiene ganz einfach wie einer von vielen. Um ihn zu finden, müssten wir den Filter aus unserem Blick entfernen, aber wie soll das gehen?

- Angenommen unsere Landschaft hätte sich inzwischen rosarot verfärbt: Wiesen und Blumen, alles pink. Paulchen und seine Freunde wären demnach kaum sichtbare Phantome, Ton in Tönchen mit ihrer Umwelt. Dann täten wir gut daran, wenigstens ihren Fußspuren nachzugehen.
- Möglicherweise hat Paulchen auch sein Fell gewechselt. Nach einem rosaroten Zeitgenossen zu fahnden erwiese sich nicht nur sinn-, sondern auch chancenlos. Womöglich ist Indigo der neue Trend? Doch dazu noch später.

Was, wenn sich herausstellt, dass wir überhaupt keine Paulchen finden können? Und das vor allem deshalb, weil wir selbst bereits zu rosaroten Panthern mutiert sind? Vielleicht sehen wir nur deshalb keine esoterische (Massen-)Bewegung, weil wir schon selbst in Bewegung sind. Vielleicht sind es vielmehr wir selbst, die wir suchen oder doch eher untersuchen sollten.

Vermutlich ist es, wie so oft, eine Mischung, die der Wahrheit am nächsten kommt. Hartmut Zinser, Professor für Religionswissenschaft an der FU Berlin, thematisiert diese Schwierigkeiten in unserer Wahrnehmung. „Die Esoterik dringt zunehmend in den ganz normalen Alltag ein“, erklärt der Religionswissenschaftler. Ursprünglichkeitssehnsucht, Apparateglaube, Technikfaszination und die Begeisterung für Magisches werden bedient. Esoterische Angebote wirken für Zinser wie „schwankende Gestalten“ zwischen Wissenschaft und Religion. Spiritistische Produkte und energetische Dienstleistungen etablieren sich zusehends zu fixen Bestandteilen der täglichen Konsumation. Der Szenekenner fasst zusammen: „Viele nehmen sie schon gar nicht mehr als esoterisch wahr. Und das macht es so problematisch.“ [19]

Keiner ist Esoteriker, aber der Markt ist da: die Zahlen der Zahlenden

Esoterik hat was von „Modern Talking", jeder findet sie dämlich, doch das Geschäft boomt trotzdem. Von „Schamanismus" über „Okkultismus" bis hin zu „Kohlemachismus" reichen die Headlines, „zehn Milliarden Euro" generiere der Handel mit magischen Erzeugnissen und Diensten Jahr für Jahr in Deutschland. So eine vorsichtige Expertenschätzung aus dem Jahre 2004 [20]. Aber dennoch, „wie groß der Esoterik-Markt wirklich ist, weiß niemand – zumal schon Volkshochschulen Handauflegen in ihren Katalogen haben", schreibt Die Welt. Die Schwierigkeit besteht vor allem darin, dass es immer mühsamer wird, Magisches und Nicht-Magisches auseinanderzuhalten. Denn, „die Esoterik ist längst keine Spielwiese mehr für ein paar Spinner, sondern hat sich tief in die Gesellschaft eingeschlichen", bemerkt die Kult- und Sektenexpertin Ursula Caberta [20]. Wir haben es also mit einem Unschärfeproblem zu tun. Doch wie verschwommen unsere Sicht der Dinge auch immer sein mag, es geht hier in jedem Fall um einen Milliardenmarkt, der stetig wächst.

So gehören Neo-Spiritualität und das Faible für Übersinnliches zu den Kerngebieten der Konsumforschung, und das nicht von ungefähr. Spricht der *Spiegel* noch im Jahr 1994 von einem Marktvolumen von circa 18 Milliarden DM jährlich [21], so schätzt Eike Wenzel die Umsätze in diesem Segment 2010 bereits auf 18 bis 20 Milliarden Euro [22]. Und das in einem Jahr, wo uns allen noch die Finanzkrise im Nacken saß. Ein Abflauen des Hypes ist nach Wenzel nicht in Sicht. Bis 2020 soll der Umsatz mit spirituell-esoterischen Angeboten auf ganze „35 Milliarden" Euro ansteigen [19]. Nur zum Vergleich: Die deutsche Brauwirtschaft setzt aktuell gerade einmal knappe acht Milliarden Euro um [23]. Und wehe dem, der auf diesen Zug nicht aufspringt. Denn beim „Konsum zeichnet sich ein Paradigmenwechsel ab" [24]. Fernab von schnöden Statussymbolen etabliert sich „Sinnsuche als neue Wirtschaftsgröße". Die Flyer der Wirtschaftsberater sprechen von „gigantischen Zukunftsmärkten". Nicht umsonst gehören Transzendenz, Selbstfindung und Esoterik schon längst in jede bessere Marketingschulung. Vom

mystischen Waschmittel oder dem „Balance-Kaugummi“ bis hin zur Partnervermittlung im Dienste der Selbstvervollkommnung: Unsere Produkt- und Dienstleistungswelt erfährt zusehends eine spirituelle Aufladung.
Doch auch klassische Magie kann an diesem Kuchen mitnaschen. „Eine Viertelmilliarde“ sollen die rund 10.000 haupt- und nebenberuflichen Wahrsager und Handaufleger einnehmen. 150 Millionen Euro erwirtschaftet die Astrologiebranche, „mehrere hundert Millionen der seit Jahren zum Teil zweistellig wachsende esoterische Buchmarkt“, so die Zahlen in der *Welt* [20].
Dass auch noch altgediente Hellseherei durchaus profitabel vermarktet wird, beweist beispielsweise das Berliner Unternehmen „Questico AG“. Astrologie-Shows der Marke „Astro TV“ im Fernsehen und Telefonberatungen zählen zu seinen Einnahmequellen. Matthias Pöhlmann und die „Evangelische Zentralstelle für Weltanschauungsfragen“ (Berlin) beziffern den Umsatz bei Questico auf jährlich 70 bis 80 Millionen Euro [25]. Rund eine Million Questico-Kunden gelten als registriert. Über die Questico-Hotlines laufen täglich mehr als 20.000 Gespräche. 2600 „Experten“ – ihres Zeichens Kartenleger, Wahrsager, Astrologen, Hellsichtige und Sensitive – bieten „liebevolle, kompetente Lebensberatung“, natürlich gegen Geld, minutengenau abgerechnet versteht sich.

Esoterik im Buchladen

Ein noch deutlicheres Bild zeichnet der Büchermarkt. Wer sein Geld noch dem Laden im Stadtzentrum anvertraut, der rufe sich den letzten Besuch des Selbigen noch einmal ins Gedächtnis. Wie viele Quadratmeter verschlingen inzwischen die Abteilungen Lebenshilfe, Esoterik, Spiritualität, Astrologie, Bewusstsein und Co.? In welcher Relation stehen diese zu den Bereichen Politik, Kochen oder gar Sprachen? Wie war das früher? Lässt sich hier eine Tendenz erkennen?
Zumindest wohl dieselbe, die auch in den Geschäftsbüchern ihren Niederschlag findet. So lag 2005 der Anteil esoterischer Veröffentlichungen im Bereich „Sachbuch“ bei 13,4 Prozent. 2007 betrug der Umsatz mit Werken dieses Genres schon 500 Millionen Euro

[25]. Ergab die Stichwortsuche „Esoterik" beim Onlinehändler Amazon im Jahr 2004 noch 6072 [14] Titel, so finden sich 2013 an die 100.000 Treffer. Meinungsforscher konstatieren 20-prozentige Umsatzzuwächse in Sachen Metaphysik, und das in einem stagnierenden Buchmarkt [14].

Wenn klassische Eso-Shops ihre Pforten schließen, dann wohl nur deshalb, weil viele herkömmliche Buchläden ihnen in Sachen Runenorakel und Seelenbotschaften sprichwörtlich das Weihwasser abgraben. Engelsfigürchen, Abwehr-Essenzen und Heilkristalle, alles, was man für das spirituelle Erwachen so braucht, aber mit Literatur herzlich wenig gemein hat. Die ehemalige Esoterikecke nimmt mancherorts derartige Ausmaße an, als stünde man mitten in einem New-Age-Supermarkt. Dabei bleibt dem klassischen Händler gar nichts anderes übrig, denn der Löwenanteil in Sachen Lebenshilfe findet zweifelsohne mittels der übermächtigen Online-Bookseller seine Käufer. Schließlich versteht sich Spiritualität heute vielmehr als eine Angelegenheit des Selbst-Wählens, des Sich-selbst-Aussuchens. Wer braucht da noch Beratung? Hier fühlt sich jeder selbst schon als Experte. Man folgt seiner Intuition und bestellt diskret online.

Die zunehmende Spezialisierung in der Esoterik 2.0

Und genau diese Kursrichtung schlägt sich in vielen verschiedenen Marktsegmenten nieder. Gemeint ist die zunehmende Spezialisierung vonseiten der Anbieter als auch der Abnehmer. Man beginnt sich zu positionieren, und das innerhalb der Szene. Vergleichbar hierzu der Weg vom Web 1.0 zum interaktiven Getriebe des Web 2.0.: Den Einstieg haben die meisten schon hinter sich, nun geht es darum, sein Insiderwissen zu vertiefen. Schließlich verstehen sich esoterische Prinzipen für breite Teile der Gesellschaft schon als gelebte Praxis. Hier also immer mehr Fach-Communitys innerhalb digitaler sozialer Netzwerke, da immer extravagantere Zirkel innerhalb einer rosarot durchfärbten Geisteskultur. In diesem Zusammenhang liefern gerade die Entwicklungen am Zeitschriftenmarkt ein Spiegelbild davon, wohin uns die Esoterik 2.0 führt.

Der esoterische Blätterwald

Es sind zunächst die Klassiker, welche schon seit Jahrzehnten das magische Feld bestellen. Altbewährte Astrologie à la *Astrowoche* zieht da mit einer Auflagenhöhe von 100.000 [25] Exemplaren ins Feld. „Einmalige Lebensberatung, hochwertige Horoskope, Mondkalender und viele weitere Themen" finden hier ihren Leser. *Astrowoche Plus*-Abonnenten erhalten zudem „einen individuell programmierbaren Mondpausenwarner" [26] sowie ihre Tageshoroskope per E-Mail. Überboten wird die Zeitschrift aus der Bauer Media Group dennoch von *Zukunftsblick* aus dem Hause Questico. Und das nicht nur in Sachen Füllmenge – immerhin 268 Seiten für nur 1,40 Euro –, sondern auch im Vertrieb. 250.000 Stück [25] sollen monatlich in diversen Haushalten landen. Seitenweise finden sich Annoncen der Channel-Medien und Hellfühlenden, großteils via Telefon. Kontaktmagazine im spirituellen Format. Nur diesmal sind es nicht Sexhotlines, sondern jenseitige Tuchfühlungen, die da vermittelt werden. Und umgekehrt ist nun das Publikum durch die Bank weiblich.

Magazine für esoterische „Insider"

Mehr phantastischen Tiefgang beweist da schon der florierende Markt esoterischer Fachzeitschriften. Denn aus dem magischen Garn der ersten Generation häkelt nun jeder Kult seine ganz eigenen Muster. Die Rede ist von vielen verschiedenen Fangemeinden unterschiedlicher metaphysischer Labels. Jede Community besetzt ihr ganz eigenes Ressort und kommuniziert wiederum über ihr eigenes Medium. So zum Beispiel das Magazin *Lichtfokus* (Auflage circa 12.000) [25] mit den Schwerpunkten Lichtarbeit, Channeling und aufgestiegene Meister. Hier dreht sich alles um die Themen „Erwachen, Spiritualität, Neues Bewusstsein", das Wörtchen „Esoterik" sucht man in diesem Blatt allerdings vergebens. Wozu auch? Die Adressaten sind hier nicht „Esoteriker", sondern schlicht die „Lichtarbeiter der Neuen Zeit".
Seit April 2008 erfährt auch der Engelspiritismus mediale Unterstützung. Das *Engelmagazin* spricht dem Leser aus dem Herzen: „Du verdienst es, geliebt zu werden", versichert das Cover [27]. Immerhin 75.000 Stück verlassen alle zwei Monate die Druckerpresse

und versorgen Erwachsene mit flauschigen Engelsgeschichten, um „der Sinnsuche und Sinnfindung mehr Raum im Leben" zu geben [25]. „Spirituelle Lebenshilfe und Engelbotschaften für jeden Tag" werden darin geboten, bis hin zu „Tiere, unsere Seelenpartner" [28]. Aber auch hier wieder dasselbe Bild: von „Esoterik" oder gar „New Age" keine Spur.

Das Wellnessmagazin als Türöffner

Als etwas weniger exklusiv und somit für eine breitere Leserschaft konzipiert erweist sich das Monatsmagazin *Visionen.* „Spiritualität, Bewusstsein, Wellness" [25] lauten hier die Themenschwerpunkte. 90.000 Stück informieren Monat für Monat in Sachen Zen-Buddhismus, Intuition und Gehirnforschung bis hin zu Tarot und Seelenpartnerschaft. *Visionen* liefert ein gutes Bespiel für das Ineinandergreifen von Esoterik- und Wellnessbewegung. Die Sehnsucht nach innerer Mitte und bewusstem Leben wird hier genauso angesprochen wie der Wunsch, „Engel und Sterne als Seelenführer" [29] zu etablieren. So fungieren spirituell angehauchte Wellnessmagazine gewissermaßen als Steigbügelhalter für den oben erwähnten Insiderhandel. Sie sichern das Feld nach hinten ab und sorgen mithilfe einer marktgerechten Mixtur aus Vernunft und Unvernunft für einen tragfähigen ideologischen Unterbau, der spezialisierteren Zirkeln eine Abflugbasis bietet. Gerade also ein Streifzug durch den Blätterwald der Wellnessindustrie versinnbildlicht, wo die Themenschwerpunkte der Neuzeit anzusiedeln sind. Denn die „Zukunft steht nicht nur in den Sternen", sie findet sich „auch zwischen den Beinen", steht da in *Body & Mind,* dem Blatt für „Wellness und Wohlfühlen" [30]. Schließlich hat die hier beworbene georgische Astrologin ihr Wissen bereits an über 4000 Genitalien erproben können. Doch intimes Handanlegen sei für eine „Prophezeiung" nicht nötig, ein Foto genügt. Der Eros im Dienste des Spirit.

Die Zukunft heißt „Mindstyle"

Dass gerade dem gigantischen Markt der Frauenzeitschriften eine intensive Transformation bevorsteht, illustriert die Geburt der sogenannten „Mindstyle-Magazine". Das Bauch-Beine-Po-Postulat erfährt hierbei eine trendgerechte Erweiterung. Body, Fitness und Sex bekommen Gesellschaft von Aura, Chakren und Lichtkörpern. Vormals Esoterisches avanciert stillschweigend zum neuen Life- oder eben Mindstyle. Dementsprechend pflegt man „einen bewussten Lebensstil" [31] und schmückt sich zugleich mit spirituellem Aufputz. Genau deshalb gehört die Zeitschrift *Happinez* aus dem Heinrich Bauer Verlag selbstredend zur Welt der „New Luxury"-Magazine [32].

Selbstverbesserung und „emotionale Weiterentwicklung" [33] in „hochwertigster Haptik und Optik" [34] versinnbildlichen in den Worten der Trendforscher einmal mehr, „wie das Übersinnliche die gesellschaftliche Mitte erobert" [14]. Auffallend hier die Überlagerung weltlicher Themen mit einem spirituellen Nimbus. Job, Gesundheit, Ernährung, Lifestyle, Reise oder Kultur: Alles wird um eine bedeutende Dimension erweitert. Die eigene Vervollkommnung mit allem, was dazugehört, lautet wohl die Devise des Blattes für 35- bis 50-Jährige. Das Magazin, das „Weisheit, Psychologie und Spiritualität" anvisiert, propagiert neben dem Gang zum Schamanen auch Kristallwasserstäbe zum Übertragen von Heilkräften und vermiest seinem Publikum Nicht-Tantra-Sex als „eine nackte, kalte Form von Sexualität" [35]. Themen, welche vor einigen Jahren noch in reinen Eso-Heftchen zu finden waren, bilden nun das Konsumgut einer breiten Leserschaft.

Das Magazin erschien erstmals 2010, ist Partner der Plattform „Wunderweib", umfasst 145 Seiten, und das in Hochglanz. Mit einem Preis von 4,95 Euro will man sich gezielt zwischen *InStyle* & Co. ansiedeln. Bei einer Auflage von 150.000 Stück kann man durchaus mit Zeitschriften wie *Vogue* mithalten. Von einem gesellschaftlichen Randbereich dürfte da kaum mehr die Rede sein. Und die Sterne stehen günstig: Denn *Happinez* ist keine deutsche Erfindung, sondern eine Lizenzausgabe eines gleichnamigen niederländischen Titels. Dieser hat sich seit dem Launch 2003 bereits zur auflagenstärksten monatlichen Frauenzeitschrift der Niederlande entwickelt. Und das mit einer Verkaufsauflage von knapp 200.000 Exemplaren [36] bei circa 16,5 Millionen Einwohnern. Umgerechnet auf Deutschland entspräche das einem Leserpotenzial von knapp einer Million Menschen.

Fazit: Der Zeitschriftenmarkt bringt es klar zutage. Im Zuge einer zunehmenden Ausdifferenzierung präsentiert sich esoterisches Geistesgut vermehrt als hip und trendy. Analog zur so kolportierten Hochglanz-Spiritualität besucht man folglich auch nicht mehr eine schmuddelige Esoterik-Messe, sondern bucht ein Wochenende auf einem Bewusstseins- oder gar „Zukunftskongress“ [37]. Die Zielgruppe: Manager mit Anzug und Krawatte, genächtigt wird im Grandhotel.

Schwarzmarkt aus Licht und Liebe

Auf die Wellness- und Heilerszene möchte ich aus Platzgründen hier nicht weiter eingehen. Doch abseits aller bisher gefallenen Zahlen sei ein Faktor noch gesondert hervorgehoben. Die Rede ist von den inoffiziellen Geldflüssen, die die Branche durchströmen. Eine Internetrecherche quer durch das Dickicht der Anbieter konfrontiert unentwegt mit gleich lautenden Zahlungsmodalitäten. „Energieausgleich“, Gutscheinsysteme oder „Fernbehandlungen“ mitsamt Donate-Button erscheinen am Bildschirm. Wie viel Monetäres hinter den Kulissen kursiert, darüber kann nur gemutmaßt werden. Oder glauben Sie wirklich, dass die Konsumentinnen einer spirituellen Vervollkommnung auf Intimbasis eine Quittung einfordern? Laut der Zeitschrift *Neon* gehört zum Beispiel die sogenannte „Yonimassage“ schon zum neuen Großstadttrend. Zweihundert Euro, nur um „die Frau in ihrer Göttlichkeit zu verehren“ [38]. Wer will hierfür schon eine Rechnung, die Krankenkasse zahlt ja nicht, *noch* nicht.

Wirtschaftsfaktor Feinstofflichkeit – Eskapismus *en masse*

„Es wirkt wie eine Kuriosität (...) die Esoterikbranche boomt“, lautet eine Schlagzeile in der *TAZ* [39] im März 2009, inmitten der Talfahrt auf den Finanzmärkten und zur selben Zeit, in welcher der Bierkonsum der Deutschen seine ersten massiven Einbrüche erlebt [40]. „Sie zeigt, wie sich auch in der Krise Milliardenumsätze machen lassen“ [39], ist da zu lesen. Was hier auf den ersten Blick vielleicht kurios anmutet, entpuppt sich bei näherer Betrachtung eher als logische Konsequenz. Globalisierung und Beschleunigung befeuern die Sehnsucht nach Außer- oder eher Innerweltlichem gerade in Krisensituationen zusätzlich. Von einem Eskapismus en masse zu sprechen scheint hier sicher nicht übertrieben. So gehört laut dem Zukunftsforscher Matthias Horx der „personalisierte Metaphysik-Baukasten" für viele schon zur „selbstverständlichen Realität" [14]. Denn „Glaubenssysteme zwischen Spiritualität, Aberglauben und Esoterik" trösten über allerlei Steuerungsverluste hinweg. Sie „avancieren zu Massenbewegungen", so der Trendexperte und Industrieberater. Esoterik ist „endgültig in der gesellschaftlichen Mitte angekommen" und gehört laut Horx „zu den Grundnahrungsmitteln der durchschnittlichen Alltagsphilosophien".

Spiritual Cinema – Vom Kultfilm zum weltweiten Movement

„Was ist Wirklichkeit? Was sind Gedanken? Woher kommen sie?
Wie wirklich ist unsere Realität?"

Die Antworten hierauf finden sich am boomenden Markt des sogenannten „Spiritual Cinema". Der Film „What the Bleep do we know" (kurz „Bleep") gehört zweifelsohne zu den Klassikern dieses Genres. Dabei demonstrieren die Macher gekonnt, wie man göttliche Offenbarungen auf Welttournee schickt. Schließlich gilt der Streifen nach eigenen Angaben als „einer der erfolgreichsten Dokumentarfilme (sic!) der USA aller Zeiten" und soll dort bereits über zwölf Millionen Dollar eingespielt haben. In Deutschland durften sich die Macher über mehr als 270.000 Kinobesucher freuen. Bei Amazon spricht man sogar von „weit über 500.000 Menschen", die diesen Film „begeistert gesehen" haben sollen.
Immerhin liefert der 108-Minüter neben der Oscar-Preisträgerin Marlee Matlin gleich „14 Wissenschaftler und Lehrmeister", die dem Zuschauer „verblüffende Erklärungen und Erkenntnisse" servieren. Dass seine Produzenten allesamt Absolventen von „Ramtha's School of Enlightenment" sind, steht nicht nur auf einem anderen Blatt, sondern erklärt auch, warum in „Bleep" permanent eine Dame namens JZ Knight zu Wort kommt. Dieses US-amerikanische Medium channelt nämlich ebenjenes 35.000 Jahre alte lemurische Geistwesen Ramtha. Hierzu passend auch die zentrale Message des Films: „Du bist Gott!"
Gestützt auf die Eingebungen einer Spiritistin verpackt man hier ideologisch durchfärbte Glaubenssätze in eine spritzige Filmdoku. Diese eröffnet auch anderen metaphysischen Autoren eine willkommene Bühne. Gemeinsam trägt man so die Message in die Welt. Ein Massenpublikum springt auf den Zug auf. Bald darauf formen sich vielerorts Fangemeinden und spirituelle „Bleep"-Communitys. Verankert wird das Ganze in immer noch mehr „Bleep"-Filmen, -Büchern, -Study-Guides, -Kongressen, -Reisen und anderen Angeboten. Es formiert sich eine Bewegung, die Millionen

umsetzt. Zusätzliche mediale Unterstützung erhält der Film schließlich noch durch prominente Gesichter.
Dass die im Film propagierten Halb- und Unwahrheiten nicht bei jedem auf positive Resonanz stoßen, beweist ausgerechnet der in spirituell-esoterischen Kreisen so geschätzte Ken Wilber: „(...) Die Physik in diesem Film ist ebenso grauenhaft wie sein Mystizismus", meint er. Der Vordenker der transpersonalen Szene spricht wortwörtlich von „Schund".
Quellen: [41] [42] [25][43] [44] [45]

Wir werden einen Ü-Dax brauchen

Einen Aktienindex des Übersinnlichen [39]? Peter Wippermann vom Trendbüro Hamburg spricht von „Karma-Kapitalismus" und konstatiert dem Wellnessmarkt einen Jahresumsatz von 50 Milliarden Euro [46]. Wenn man bedenkt, dass die „World of Wellness" oft nur als Vorhalle für den Charterflug ins Paradies der Feinstofflichkeit fungiert, dann ist dem Medienphilosophen Norbert Bolz wohl beizupflichten. In Zeiten krachender Märkte und des schwindenden Interesses an etablierten Kirchen gilt das Übersinnliche als eine der ersatzreligiösen „Produktivkräfte des 21. Jahrhunderts" [47].

„Money for nothing“ – wie man sein Geld in nichts verwandelt

Lassen Sie uns dieses Kapitel mit einer kleinen Geschichte beginnen. Dabei soll die latente Ironie nicht darüber hinwegtäuschen, dass wir es hier mit einer wahren Begebenheit zu tun haben. Humor hilft bekanntlich im Umgang mit dem Unfassbaren. Und wer weiß? Vielleicht kennen auch Sie ähnliche Werdegänge aus Ihrem Bekanntenkreis?

Der Fall „Manuel“: Aus magisch wird tragisch

Angefangen hat alles ganz harmlos. Der ausgebildete Altenpfleger und Hobbymusiker hatte es sich mit seiner Lebensgefährtin gemütlich eingerichtet. Double income, no kids. Manuel und Manuela trafen sich gerne mit Freunden und pflegten vitale soziale Kontakte. Von übertriebenem Luxus hielten die beiden nicht viel. „Mut zum einfachen Leben“, lautete ihr Wahlspruch. Mit Klebeband am Küchenschrank befestigt signalisierte man damit jedem Besucher ein erlösendes „Sei wie du bist“. Gemeinsames verbindet. Auch Manuela liebte die Arbeit mit Menschen. Der Job als Krankenpflegerin war da genau das Richtige. Sogar Nachtdienste störten die Enddreißigerin kaum, immerhin konnten sie somit beträchtliche finanzielle Rücklagen bilden. Ein Häuschen sollte es einmal werden, irgendwo draußen in der Natur. Die Stadtwohnung war gut gelegen, doch kein Vergleich zur Ruhe am Land, die Manuel der urbanen Hektik vorzog.

Verbindend war nicht nur die Namensgleichheit. Das Paar tat seit gut zehn Jahren jeden Schritt gemeinsam. Konzerte, Reisen, Vereine, Freundeskreis, alles wurde miteinander geteilt. Für Natur pur sorgte der örtliche Reformladen. Kuren, Heilfasten und regelmäßiges Entgiften – stets im Duett – waren treue Begleiter auf dem gemeinsamen Weg. Yogakurse und regelmäßige Meditations-Retreats trugen das Ihre zu einem harmonischeren Miteinander bei. Mit Ho-

roskopen und anderen astrologischen Höhenflügen hingegen war das so eine Sache. Derart explizit Esoterischem gegenüber pflegten die beiden eine eher ambivalente Haltung.
Doch eines Tages traten gewisse Veränderungen in Manuels Verhalten unübersehbar zutage. Gereiztheit, Nervosität und innere Unruhe waren die Folge von Personalabbau und damit verbundener Überbelastung. Im Altenheim trieb der Rotstift sein Unwesen. Auch Manuels Beziehung erfuhr daraufhin eine gehörige Belastungsprobe. Den Job wechseln? Das kam nicht infrage. Und in den alten Beruf als Lohnbuchhalter wollte er keinesfalls zurück. Das seelische Gleichgewicht war zweifelsohne verloren gegangen. Und so erhöhte man kurzerhand das meditative Pensum. Nach der Arbeit verschwand Manuel nun regelmäßig im abgedunkelten Wohnzimmer. Yogamatte[3], Kerzenschein und CDs mit kraftspendenden Affirmationen etablierten sich zum täglichen Ritual. Antworten waren es, die Manuel da suchte. Struktur und Halt schätzte Manuel seit jeher hoch. Und je mehr diese im Alltag verloren gingen, desto hoffnungsvoller suchte er sie im Außeralltäglichen. Und er wurde fündig, vorerst jedenfalls.
Mantren singen, meditieren und in unendlicher Liebe baden. Diese lichtvollen Erlebnisse und Zustände erhabener Glückseligkeit waren es, welche Manuel auf seinem Weg weiter bestärkten. Arbeitsplatzsituation, finanzielle Probleme, die Spannungen in der Beziehung, alles relativierte sich. Manuel entwickelte Sendungsbewusstsein. Ja, er strahlte geradezu. Auch Manuela konnte sich diesem Glanz nicht verweigern. Anfangs skeptisch, begrüßte sie nun diese neu gefundene Ruhe in Manuels Leben. Der innere Friede wurde zelebriert, jetzt auch von Manuela: „Schaden kann's ja nicht."

„Auraspray Engelmeditation" –
„Affirmation: Ich lasse mich auf die Engelwelt ein."[48]

Das Innerweltliche erblühte zum neuen verbindenden Element. Die beiden schwammen gemeinsam im Ozean des Lichtes. Die Fragen des Alltags wurden an höhere Ebenen delegiert. Channeling und Pendel gediehen zum Werkzeug der Entscheidungsfindung. Die Innenwelt begann mehr und mehr die Außenwelt zu überlagern. Manuel fühlte Anschluss. Alles bekam Bedeutung. Das Universum kommunizierte mit ihm. Der ehemalige Fan Bach'scher Kantaten lauschte nun den Gesängen „aufgestiegener Meister". Dem CD-Regal widerfuhr energetische Säuberung, die wertvolle Klassiksammlung wurde verschenkt. Hochfrequente Lichtmusik fand nun neben Aurasprays und Engelstinkturen ein würdiges Plätzchen. Als flankierende Maßnahmen dienten, über die gesamte Wohnung verteilt, allerhand Räucherstäbchen und Glöckchen.

„Auraspray Engel Sonael" –
„Ich bin vor äußeren Einflüssen geschützt."

Unbedarfte Besucher waren oft überrascht, warum denn nun das eigene Foto inmitten von Chamuel, Michael und Uriel, ihres Zeichens Erzengel, herauslachte. „Das ist dein Schutzkreis, den haben wir für dich gelegt", bedeutete Manuela mit einem wohlmeinenden Lächeln. Das bunte Kartenset bestätigte den begründeten Verdacht: Die beiden sahen sich nun als spirituelle Leuchttürme, Berufene in einer heiligen Mission.

Und so war es ein Ding der Unmöglichkeit, ihre Wohnung ohne den feinstofflichen Segen Marke Raphael zu verlassen. Ob man nun wollte oder nicht, das Pumpfläschchen mit dem vieldeutigen Symbol stand stets bereit. Jeder Gast sollte diese „Energien der neuen Zeit" in die Welt hinaustragen. Besonders gute Freunde kamen in den Genuss exquisiter Gastgeschenke: Meister-Elixiere, Engelstropfen und Transformations-Öle, Manuel verschenkte das „Neue Zeitalter" literweise. Denn „es kommt alles zurück", wähnte er sich zuversichtlich. Dass es im Universum gerecht zugeht, wussten sie ja schon lange vor der Lektüre von Kryon und Konsorten.

Esoterisches „Who is Who": Kryon vom magnetischen Dienst

Wer ist Kryon? „Kryon ist ein Nuni, ein magnetisches Licht, aus dem Universum Quadril 5. Er wurde von Adamis und Adamea erschaffen. Um in unserem Universum wirken zu können, musste Kryon zunächst mit einer Engelgruppe verschmelzen (Kryon und das Gefolge). Die Aufgabe von Kryon ist die Ausrichtung des Magnetgitternetzes der Erde." (Quelle: www.kryonschule.de)

Aus Sicht der Alltagsrealität ist „Kryon" ein vom amerikanischen Esoterikautor Lee Carroll erfundenes Lichtwesen. Dieses soll in der Lage sein, zu ausgewählten Personen Kontakt aufzunehmen. Die als „Channeling" bezeichneten Durchsagen gelten in

esoterischen Kreisen als Mitteilungen aus einer höheren Dimension und helfen der Menschheit beim Übergang in die sogenannte „Neue Zeit".
Kryon, dessen Name nicht nur an die aus Gletschern austretenden Fließgewässer (Kryale) erinnert, sondern ebenso sehr als eine Anlehnung an das Christliche „Kýrie eléison" (griechisch „Herr, erbarme Dich") interpretiert werden kann, wird von verschiedensten Medien empfangen.
Bekannte *„Kryon-Kanäle"* im deutschsprachigen Raum:

- Lee Carroll selbst
- die esoterische Buchautorin und Kongressveranstalterin Barbara Bessen
- die „Lichtarbeiterin" und Begründerin der Kryonschule Sabine „Sangitar" Wenig.

In seinen Durchsagen gibt sich Kryon durchaus kryptisch - ein Stilmittel, das so ziemlich alle höheren Wesenheiten einsetzen. Umso deutlicher jedoch die gechannelten Stellungnahmen zu Umweltkatastrophen und menschlichen Tragödien. Als Beispiel hier die Channeling-Botschaft zu Erdbeben, Tsunami und Super-GAU in Japan, März 2011: „Diejenigen in diesem sanften Land [Japan], die diese Katastrophe abbekamen, sind keine Zielscheibe Gottes. (...) Ebenso wie bei ihren Gegenstücken in Südamerika haben sie sich diesen Ort zum Leben ausgesucht."

Hier schlagen Kryon und diverse andere aufgestiegene Meister stets in dieselbe Kerbe: Jeder bekommt genau das, was für ihn bestimmt ist. Jede Erfahrung hat Sinn. Der Mensch erschafft seine Realität selbst. Ob arm, reich oder im Elend: Jeder hat sich seine Lebensumstände selbst ausgesucht. Mitleid wird somit überflüssig.

Quellen: [49] [50]

Seit Manuels intensivem Studium wegweisender Lichtarbeiter-Literatur reifte in ihm die stille Gewissheit: „Ich stehe unter besonderem Schutz." Damit meinte er eine eigens für ihn reservierte Form von Obhut aus der Welt jenseits des Schleiers. „Engel in meinem Haar"[4] – gleichlautend dem Buchtitel des Bestsellers [51] kommunizierte Manuel fortan mit allerlei Himmelsboten. Jeder Windhauch, jedes Kribbeln am Scheitelchakra gereichte zum Zeichen ihrer Fürsorge. Ja sogar die allwinterlich wiederkehrende Sinusitis verwandelte sich von einer bloßen Nasennebenhöhlenentzündung zu einem Symptom spiritueller Transformation. Eines wurde ab diesem Punkt klar: Manuel war nun ein Werkzeug von denen da oben.
Die Engel hatten die Regie übernommen.

„Auraspray Schutzengel" –
„Ich vertraue mich bedingungslos der Führung
meiner Schutzengel an."

Vertrauen und Selbsthingabe prägten das neue Ideal, bedingungslose Liebe war das alles durchdringende Grundgefühl. Aber trotz aller Reife, Manuel zweifelte immer wieder. Doch das war stets nur der Verstand, der da nicht mitwollte. „Die geistige Ebene prüft mich" oder „Ich stehe kurz vor meiner Meisterschaft", bekamen Interessierte zu hören. Argwohn hin oder her – das Denken konnte Manuel nicht mehr gefährlich werden. Das listige Ego hatte er längst schon durchschaut.

„Erzengel Metatron" –
„Mit deiner Hilfe erfülle ich meinen Lebensplan."

So tat Manuel alles, um seiner neuen Rolle als Lichtbotschafter auf Erden gerecht zu werden. Engelsseminare, Heilsingen-Wochenenden, Channeling-Kurse: Kein Weg war ihm zu weit, um seine Tuchfühlung ins Feinstoffliche beständig neu aufzufrischen. Finanzielles spielte in der Welt des Transzendenten keine Rolle, denn nun war alles Energie. Der Arztkoffer mit Lichtessenzen durfte dabei niemals fehlen. Es wurde gereinigt, entstört und energetisch versiegelt, was das Zeug hält. Für Manuel war jede Begegnung von Bedeutung, jeder Mitmensch ein Auftrag. „Es kann doch kein Zufall sein, dass wir das notwendige Geld dafür schon am Sparbuch haben", beteuerte er dabei immer wieder. Der spirituelle Webshop[5] erschien plötzlich als Startseite. Seinen Job hatte er längst an den Nagel gehängt, ein weiterer Beweis seiner Ergebenheit.

„Engel Hariel" – „Ich vertraue mich dem Leben an."

Manuela war nun für die finanzielle Grundversorgung zuständig. Zeitweise schwankte sie, doch die zahllosen Workshops halfen auch ihr, dieses wichtige Urvertrauen wieder zu erlangen. Und wenn die Sorgen ihr wieder einmal eine schlaflose Nacht bescherten, dann, ja dann wachte Erzengel Essenz *„Jophiel"* verlässlich am Nachttisch. „Lebensfreude – Leichtigkeit – Intuition statt Verstand": Der Anbieter versprach kaum zu viel. Schließlich wollte auch Manuela ihren Lebensplan in die Tat umsetzen.

„Engelsessenz No. 35" – „Engel für Tatkraft und Erfolg" [52]

Und so fanden Licht und Karmaerlösung ihren Weg bis in die Lüftungsanlage des örtlichen Krankenhauses. Per Pumpzerstäuber forcierte Manuela das globale Erwachen. Manuel und Manuela betrachteten sich nämlich als spirituelle Transformatoren. Je mehr Weltliches sie investierten, desto eher konnte das Neue Zeitalter Wirklichkeit werden. Dargebrachtes Geld und, nicht zu vergessen, der geopferte Verstand fungierten als Brennstoff und Beschleuniger in diesem Geschäft. Ballons, aufgebläht mit heißer Luft – je dünner die Atmosphäre, desto heiterer die Stimmung. Und die Engel? Die applaudierten, ja sie feuerten geradezu an. So wurde der globale Aufstieg derweil von den zwei Auserwählten zwischenfinanziert, immerzu aus eigenen Mitteln, dem Kapital für den Hausbau.

„Engelsessenz No. 17“ – „Engel für Wohlstand und Fülle“

Dieser würde sich lediglich ein wenig nach hinten verschieben. Immerhin hätten die „Angies“, wie Manuela sie liebevoll nannte, als Belohnung einen Lottogewinn prophezeit und Manuel würde bald als „Energethiker“ seine Brötchen verdienen. Und übrigens, wer Geldsorgen hat, der braucht nur die „Grüne Tara“ anzurufen. Die lässt keinen Liebesdelegierten im Stich. Mit der Affirmation „Om tara tuttare ture soha ... kommt Geld in dein Leben“[6]. Der Rest erfordert wohl kein Übermaß an Phantasie.

Manuel und Manuela lebten ihr spirituelles Erwachen mit aller Konsequenz. Zeitweise konnten sie sogar Mitstreiter für diese höhere Sache gewinnen, doch gegen die zunehmende Kritik aus dem Umfeld half dennoch kein Mittelchen. Man beschloss abermals, seiner Intuition Folge zu leisten und übersiedelte ins schöne Kärnten. Schließlich ist der Prophet im eigenen Land nichts wert, das weiß doch jeder. Und als ob es die überirdischen Instanzen so gewollt hätten – die neue „Familie“ erwartete die beiden schon mit offenen Armen. Aber der Geldsegen stellte sich nicht ein. Ganz im Gegenteil: Auf ihrem Werbefeldzug für die Engelswelt transformierte sich das Angesparte in reine Energie. Ob das Universum gerecht ist, bleibt hier unbeantwortet. Ein Haus haben die beiden noch keines gebaut, jedenfalls nicht in *dieser* Dimension. Übrigens: *„Esoteriker“* waren Manuel und Manuela nie. Damit hatte man freilich nichts am Hut. Und Sekten? „Das sind sowieso nur allesamt Spinner!“

Ein kurzes Resümee: All ihr Geld wechselten Manuel und Manuela gegen das buchstäbliche Gar Nichts. Andere wiederum verstehen es sehr gut, dieses Nichts äußerst gewinnbringend an ein immer breiter werdendes Publikum zu verkaufen. An welche großflächigen Trends esoterische Unternehmer dabei andocken, beleuchten wir auf den nun folgenden Seiten.

Manuel – ein Einzelschicksal?

Glauben Sie wirklich? Dann gedulden Sie sich noch bis Kapitel 4. Denn der Facettenreichtum an energetischen Webshops zeugt von der Einträglichkeit dieses Geschäfts mit Essenzen, Kristallen und dergleichen. Der Tauschhandel „Geld gegen gar nichts“ blüht und so liefert uns Manuel nur ein Musterstück für allzu zahlreiche spirituell-esoterische Werdegänge: Ein gutgläubiger Jemand sehnt sich nach Wahrheit und Erfüllung und driftet dabei vollends in eine Parallelwelt ab. Was bei manchen mit harmlosen Meditationen anfängt, endet bei anderen im finanziellen Desaster.

Laut der Düsseldorfer „Identity Foundation“ sowie der Universität Hohenheim ist inzwischen jeder siebte Deutsche ein „spiritueller Sinnsucher“. „Bereits 15 % der erwachsenen Bevölkerung“, demnach immerhin sechs Millionen Menschen, „sind aktiv auf der Suche nach spiritueller Neuorientierung“ [53]. Tendenz steigend. Damit hat man bereits die „Traditionschristen“ hinter sich gelassen. Mit einem Marktanteil von lediglich 10 Prozent gehören diese wohl oder übel zum alten Eisen.

Derartige Zahlen erschallen wie ein Weckruf in den Ohren kluger Geschäftemacher. Denn wer Transzendenzhunger und Erfahrungssehnsucht nicht bedient, dem schwimmen im globalen Tauwetter die Felle davon. Derjenige aber, der schlau genug ist, dieses Klima zu nützen, der kann ein gut gedüngtes Feld bestellen. Wer hier kräftig aussäht, dem ist eine reiche Ernte gewiss.

Guru war gestern

Doch es sind eben nicht die herkömmlichen Guru-Kulte und Sekten, die zum einträglichen Business werden. Zu viel Aufwand, zu viel Publicity und zu viele lästige Anhänger brächte ein Sektierertum alter Schule mit sich. Die Kasse würde vielleicht stimmen, doch wer will schon gerne tagelang im Schneidersitz verharren, sich den Bart in die Suppe hängen lassen und den Guru markieren? So etwas bedeutet harte Arbeit. Fortwährendes meditatives Training, Chi Gong, stundenlanges Chanten von betörenden Mantren, den ganzen Tag barfuß herumlaufen, überall Räucherstäbchen und tagein tagaus dröhnende Sitar-Klänge: Das geht an die Substanz. Immerzu müsste man seine Schäfchen im Zaum halten, nur um dann womöglich noch von lästigen Reportern bloßgestellt zu werden. Und das vielleicht noch komplett in Weiß oder Orange gekleidet, wer will das schon?

Die Religionsschaffenden von heute gehen andere Wege. Ausgesprochen elegant finden sich diese in unserem „Brand Yourself"-Zeitgeist zurecht. Liefert doch dieser ein Milieu, in dem Bedeutung und Image vom Kunden selbst erworben werden. Die hieraus resultierende Eigenmarke erweist sich dabei als Produkt unserer Kauf- und Konsumationsentscheidungen. Eine so passfertig zurechtgezimmerte Ich-AG versorgt ihren Konstrukteur mit einer neuen, glanzvollen Einhausung, sein Ego erfährt so etwas wie Aufladung. Ob nun spirituell oder mit Mausklicks, die Pflege und Vermarktung des Selbst sind im wahrsten Sinne des Wortes selbstverständlich. Und ehe wir uns versehen, landen wir im Kultischen. Denn wo weniger das „Wahre", sondern vielmehr die „Ware Selbst" zum Verkaufsartikel aufsteigt, avanciert eben dieser sorgfältig auswählende Konsument zum aktiv miterschaffenden User. Bekanntlich hat sich der Verkäufer- zum Käufermarkt gewandelt.

Sehr treffend hat hier der Internet-Papst und Chefredakteur von *Wired* [54], Chris Anderson, vor wenigen Jahren den sogenannten „Prosumer" [55] wieder ins Spiel gebracht. Schließlich holen die Marken von heute den kleinen Mann mit ins Boot. Die bloßen Konsumenten von einst wandeln sich demnach zu arbeitswilligen Produzenten. Man selbst wird bedeutsam. Der User macht sich „useful". Er empfindet sich als integraler Bestandteil eines größeren Prozesses und gestaltet diesen eigenmotiviert mit. Foren, Chatrooms und User-Conventions sind die wichtigen Identitäts-Tauschbörsen. Dabei steigt der eigene Marktwert mit zunehmender Selbstprofilierung im Virtuellen. Der Prosumer erlebt folglich nicht nur eine Art spürbaren Anschluss an ein größeres Ganzes, sondern erst durch ihn, mit ihm und in ihm nimmt das Konsumierte Gestalt an. Als Medium für diesen Energiefluss dient das Internet, doch gespeist wird das Treiben durch die Strahlkraft einer starken Marke, in deren Namen man sich engagiert. „In hoc signo vinces"[7], ob nun als Siegeszeichen bei Kaiser Konstantin, auf einer Zigarettenschachtel oder in Form eines leuchtenden Emblems auf der Rückseite eines Notebooks: Man wirkt im Zeichen des Labels.

info

Moderne Marken beliefern den Kunden nicht nur mit Produkten, sondern laden diesen ein, sich an einer Art „Marken-Welt" zu beteiligen, sich zu engagieren. Als aktiver Mitgestalter derartiger „Brandlands" erfährt der User Bedeutsamkeit. Zum Verkauf stehen nicht nur Waren, sondern vor allem auch Sinn und Identität.

Stamm-Kunden, Prosumer-Movements und Klientenreligionen

Der Apfel fällt nicht weit vom Stamm – die Marke als Fanreligion

Beispielgebend für diesen Trend präsentiert sich zweifelsohne die *Mac*-Gemeinde. Wie kaum zuvor hat man es hier verstanden, eine Marke mit quasireligiöser Bedeutung aufzuladen. Natürlich finden wir auch hier die klassischen Instrumente der Produkt-Mythologisierung. Nicht umsonst spricht man von *Apple,* mit dem Symbol des angebissenen Apfels aus dem biblischen Paradies[8], nicht von ungefähr erinnert das iPhone an Stanley Kubricks Stein der Weisen aus „2001: Odyssee im Weltraum" [56], die Community-Zeitschrift nennt sich *MacBIBEL* [57], Steve Jobs stieg auf zum iGod, und laut *Frankfurter Rundschau* eint die Anhänger zudem auch das Einverständnis darüber, „dem richtigen Teil der Menschheit anzugehören" [58]. Die religiöse Trickkiste ist den Werbefachleuten wohl immer noch die liebste.

Doch vor allem die Community selbst trug wesentlich dazu bei, dass sich der Börsenkurs in astronomische Höhen katapultierte. Und so versammelt man sich um etwas, was den Marx'schen Begriff des „Warenfetisch"[9] radikal versinnbildlicht. Zum Insignium von Zugehörigkeit und Lifestyle über alle Grenzen hinweg wird – als könnte es nicht anders sein – ein Telefon. Stammestümelei wäre hierfür wohl das richtige Wort.

Mac-User aller Länder vereinigt euch! Was der Kommunismus niemals zuwege brachte, erleben wir hier in Form einer Art Fan-Religion. Nicht umsonst wird die Gefolgschaft des Apfels gerne als die „Apple-Jünger" oder die „Mac-Gläubigen" bezeichnet. Wenn Menschen tagelang vor einem Geschäft kampieren, nur um der neuesten technischen Errungenschaft teilhaftig zu werden, dann ist der „Fan" nur die Vorstufe, „Fanatismus" das Resultat[10].

Sollte es also hier schon ein wenig nach Esoterik riechen, dann nicht ohne Grund. Denn das Macintosh-Imperium lebt auf seine ganz eigene Weise von der Energie seiner Gefolgschaft. Die User-

Gemeinde ist es, die mit unzähligen selbst programmierten Apps und Features ein ganzes „Maciversum" erschuf. Durch seinen eigenen Eifer bindet sich hier der User an das Logo. Jeder agiert als proaktiver Teil dieses technisch-ästhetischen Himmelreiches, einer Form von Techno-Religion. Die Community sonnt sich im Lichte ihres Labels.

Und sie missioniert – das Prosumer-Movement

Wurden Sie jemals von einem Windows-User zum Umstieg gedrängt? Vermutlich nicht, weil eben genau dieses religiöse Etwas die besondere Atmosphäre des Apple-Kosmos ausmacht. Das Kollektiv entwickelt Korpsgeist. Alle sind dabei und jeder empfindet sich als wichtig. Dabei wirkt man hier als Teil eines gemeinsamen Projektes. Gelebt wird die Markentreue. Je mehr Anhänger mitziehen, umso erfolgreicher die Unternehmung, desto erlösender die Teilhabe. Moderne Markenwelten verstehen sich zusehends als gemeinschaftlicher Werbefeldzug, eben als Prosumer-Movement.
Doch was hat das Ganze mit dem Markt des Spirituellen zu tun? Selbst wenn wir explizit von der Vermarktung vordergründig rein materieller Güter sprechen, handelt es sich stets um einen ganzheitlichen Akt, der damit einhergeht. Denn der Käufer, Kunde oder User dehnt sein Selbstverständnis über das Konsumgut hinaus aus. Er vereinigt sich gewissermaßen mit alledem, was er auf das Objekt seiner Begierde projiziert. Esoterisch gesprochen verschmilzt er mit dessen Aura[11]. Das Erzeugnis wird ein Teil seines Selbst- oder besser Identitätsmodells [59] und verbindet ihn so wiederum mit einer weiteren Dimension. „Get connected", lautet die Devise. Dabei erfährt man so etwas wie Verbundenheit und vernetzt sich vor allem geistig mit weiteren Protagonisten dieser Sphäre. Der rein physische Akt des Produkterwerbs bildet demnach nur eine Seite der Medaille. Als ausschlaggebend präsentiert sich eben nicht nur die materielle Ebene, sondern auch die rituelle. Und deren Erfahrungsschatz geht, wie wir noch sehen werden, weit über das rein Symbolische hinaus.

info

Markendesigner verfolgen gerne die Strategie der Produktmythologisierung. Das Erzeugnis wird dabei mit übernatürlicher Bedeutung ausgestattet. Der Konsument kann über sein eigenes Engagement am Glanz des Produktes teilhaben. Die gemeinsame Mission für die Marke formt die User zu einer Art „Gemeinde".

Wir handeln spirituell – der Markt als Schauplatz des Religiösen

Beobachten wir uns einmal selber im Kaufhaus: Auch ganz ohne meditative Innenschau kann jeder an sich selbst wahrnehmen, welchen Einfluss die wohlarrangierten sinnlichen Reize auf unsere Befindlichkeit ausüben. Auch wenn es sich vielleicht nur um die Ausschüttung neurochemischer Botenstoffe handelt, Lifestyle-Shopping, gelebte Markenkulte und das Mitwirken in User-Communitys gehen uns wortwörtlich unter die Haut. Denn sie provozieren *spürbare* innere Sensationen.

Nicht von ungefähr wird hier vom Shopping-Erlebnis gesprochen. „Marketing spüren" [60] lautet folgerichtig ein Buchtitel des Wiener Marketing-Insiders Christian Mikunda. Der „Vordenker der Erlebniswirtschaft und Begründer der Strategischen Dramaturgie" bringt nahe, „warum wir uns Gefühle kaufen" [61]. Kaum zufällig erfahren bei Mikunda die Sieben Todsünden des Christentums eine erlösende Sublimierung. Hochmut wird zu „Glory", aus Wollust erwächst „Intensity" – beide auch Zielobjekte der spirituellen Sinnsuche. Der Autor spricht definitiv von leiblich-energetischen Phänomenen.

Ob wir nun wollen oder nicht, wir frönen vielleicht dem Materialismus, aber dennoch leben wir in einer durch und durch „verspiritualisierten" Welt. Das Universum des Kapitalismus ist der Markt, man tanzt um den Warenfetisch, der Kaufrausch fungiert als Ekstaseritus der Postmoderne. Der „Markt" dient dabei nicht als bloßer Religionsersatz. Er entpuppt sich bei näherer Betrachtung vielmehr als Projekt unserer „Wieder-Anbindung" (von lateinisch: *re-ligare*). Er offenbart sich als Schauplatz einer Art fühl- und lebbaren Religiosität.

Konsum goes Spirit – vom Prosumer-Movement zur Klientenreligion

Ob nun bewusst inszeniert oder nicht: Das spirituelle Feeling wohnt modernen Warenkulten bereits inne. Labels wie Apple und Co. mögen dem kritischen Beobachter vielleicht schon ein wenig pseudoreligiös und zu abgehoben erscheinen. Doch eines sei an dieser Stelle festgehalten: Hier präsentiert sich diese geistige Ebene von Zugehörigkeit und Energietransfer immer noch in Verbindung mit einem Referenzobjekt: einem konkreten Ding, einem Produkt oder einer Dienstleistung mit einem vielleicht fragwürdigen, aber dennoch konkreten Nutzen in *dieser* Welt.

Doch was passiert, wenn wir dieses Geistige komplett von jeder materiellen Verwendbarkeit entkoppeln? Was erwartet uns, wenn nicht mehr das Produkt in unseren Händen, sondern Spiritualität selbst, ganz ohne diesseitigen Sinn und Zweck, zum alleinigen Verbrauchsartikel mutiert? Was geschieht, wenn wir die Ballonschnur durchschneiden? Dann steigen wir auf in die Dimension des frei schwebenden spirituellen Mehrwerts. Genau hier tummeln sich haufenweise Anbieter, die es hervorragend verstehen, aus purem Nichts bares Geld zu machen. Das Prosumer-Movement transformiert sich zu dem, was Hartmut Zinser [62] passend als „Publikums- oder Klientenreligionen" identifiziert. Spiritualität wird zum bloßen Konsumgut, das Unsichtbare zur käuflichen Ware für die Massen. Und so erleben wir die logische Weiterentwicklung eines Zeitgeistes, in dem immer mehr Geld für immer weniger ausgegeben wird.

„If less is more, maybe nothing is everything" (Rem Koolhaas) [63]. Es ergeht uns wie Manuel, bis letztendlich nichts mehr übrig bleibt. „Money for nothing."

info

Das in modernen Warenwelten bewusst provozierte, quasireligiöse Empfinden erfährt am Markt des Spirituellen eine Art Loslösung von allem Irdischen. Bar jeden Nutzens im Diesseits zählt hier rein der spirituelle Mehrwert. Ohne materielle Grundlage ist dieser beliebig potenzierbar. Und so wird mit gar nichts sehr viel Geld gemacht.

„Die Betreiber dieser Schule kassieren vielleicht mal an diesem Nachmittag ... nur Pi mal Daumen ... an die 400.000 Euro", beteuert der Aussteller.

Seine Augen leuchten dabei wie die eines Kindes vorm Christbaum. Er wirkt aufgeputscht, angereichert mit zu viel Business und Hochgefühl. So viel, dass sein Mitteilungsbedürfnis mit ihm durchgeht. So high, dass er den Audiorekorder in meinen Händen nicht bemerkt.

„400.000 Euro ... habe ich mich verhört? Ich verstehe nicht - wie soll das gehen?", hake ich kopfschüttelnd nach.

„Das ist Esoterik, mein Freund (...). Kein Akademiker, der ein bisschen Vernunft im Kopf hat, kann das verstehen!"

Multi Dimension Marketing

Abheben im Business der Esoterik 2.0

Wenn wir verstehen wollen, was Manuel dazu bewog, Unsummen gegen Energie zu tauschen, kommen wir nicht umhin, die Geschäftsmodelle moderner Spiritualität genauer unter die Lupe zu nehmen. Denn mittlerweile stehen dem esoterischen Anbieter schier unbegrenzte Möglichkeiten der Einkommensmaximierung zur Verfügung. Wer sich selbst einmal als Channelmedium oder Abfüller von Schwingungsessenzen versuchen möchte, dem seien die nun folgenden Schritte ans Herz gelegt. Wer hingegen doch noch so etwas wie Moral in sich verspürt, der sehe die kommenden Ausführungen als Versuch, das Unverständliche verständlicher zu machen.
Wundern Sie sich dabei nicht über den wenig sparsamen Einsatz von blumigen Spitzfindigkeiten. Diese sollen keinesfalls über den offensichtlichen Wahnsinn hinwegtäuschen, doch erträglicher machen sie ihn allemal. Denn – das sei hier schon einmal vorweggenommen – den Humus für die hier dargestellten esoterischen Stilblüten liefert eine ganze Gesellschaft, also wir selbst. Dabei zählt weniger der Fingerzeig auf andere, als vielmehr der schonungslose Blick in den Spiegel.

Bevor wir abheben, noch einige Anmerkungen

Der Einfachheit halber orientieren wir uns an einem simplen Stufenprogramm. Nicht von ungefähr nehmen wir damit Anleihe bei landläufigen Bewusstseins- und Aufstiegsakademien. Doch wo die Rosenheimer Kryonschule ihr Himmelreich erst nach gezählten 48 Schritten offenbart, genügen uns lediglich zehn Stationen zur totalen Erfüllung. Ob nun finanziell oder spirituell soll jeder für sich entscheiden. Eines jedoch gilt da wie dort: Der Erfolg gibt wie immer Recht.

En gros erwarten uns folgende Inhalte

Zuallererst geht es darum, eine passende Fantasy-Welt zu installieren. Analog zu erfolgreichen Onlinespielwelten taufen wir diese kurzerhand „World of Soulcraft" (WoS). In dieser finden sich spirituell Berufene, hier „User" genannt, als Helden eines mitreißenden Filmdrehbuches wieder. Über die Konsumation der passenden Produkte kann sich das zahlende Publikum selbst in das Geschehen einklinken. Angetrieben von allerlei Sehnsüchten und eingewickelt von geschickter Dramaturgie werden die User von diesem inszenierten Phantasma immer abhängiger. Je tiefer sie in die Geschichte hineinschlittern, desto auserwählter fühlen sie sich. Und je augenscheinlicher ihre Manipulation zutage tritt, desto massiver ihre Nachfrage nach energetischen Palliativen. In der Hoffnung, das Unwahrscheinliche dennoch Wirklichkeit werden zu lassen, bemühen sich die Protagonisten, immer weitere User mit ins Boot zu holen. Sie agieren nun selbst als freiberufliche Vertreter für das Unsichtbare und übernehmen frohen Mutes den Vertrieb. Der Regisseur des Ganzen kann sich getrost zurücklehnen und hemmungslos abkassieren. Denn er verdient an allem ordentlich mit, tut aber die ganze Zeit so, als wäre er nur einer von ihnen.

Zu den Zitaten

Sämtliche Wortmeldungen irdischer und überirdischer Meister wurden originalgetreu übernommen. Sollte die darin gewählte Sprache auf Sie da und dort etwas langatmig, schwerfällig und kaum verständlich wirken, dann geht es Ihnen gleich wie mir. Darum lassen Sie sich nicht allzu sehr vom Inhalt spiritueller Durchsagen beirren. Schließlich verhilft doch gerade auch das Wie dieser Sprache zu ihrer magnetischen Anziehungskraft. Im Bemühen, auch die darin gebotene Rechtschreibung sowie grammatikalische Besonderheiten urheberrechtlich korrekt wiederzugeben, wurde auf die Berichtigung allfälliger Fehler in den Originalzitaten – wenn möglich – verzichtet. In Härtefällen jedoch war ein korrigierendes Eingreifen aus Verständnisgründen unumgänglich.

Für alle Engels-Unternehmer

In den folgenden Ausführungen wird einzelnen Stars der spirituellen Szene mehr Aufmerksamkeit zuteil als anderen. Das liegt daran, dass diese es in besonderem Maße geschafft haben, aus sehr viel von „gar nichts" sehr viel Geld herauszuholen. Dennoch stehen sie nur exemplarisch für den gesamten esoterischen Markt. Sollten Sie

also selbst als Lichtverkäufer oder ehrenamtlicher Energieversorger dieses Geschäftsfeld bedienen und genau Ihren Namen in dieser Ruhmeshalle vermissen, keine Angst, das Universum ist gerecht, jeder bekommt eine zweite Chance – schreiben Sie an mich.
Und sollten Sie in diesem Buch das eine oder andere streng gehütete Geheimnis auch Ihrer Bewusstseinsschule entdecken, fragen Sie sich nicht, wie der Autor dieses innerweltliche Insiderwissen erlangte. Vielleicht hat's mir ein Engel gezwitschert? Channeling macht vieles möglich, nicht wahr?

Zum Wörtchen „Spiritualität"

Die folgenden Seiten präsentieren also die Fundstücke eines ausgedehnten Tauchganges durch die Kanalisation esoterischer Himmelschlösser. Was einem dabei als „spirituell" unter die Nase gerieben wird, spottet jeder Beschreibung. Darum seien Sie im Folgenden nicht enttäuscht, wenn hier nur die klebrige Seite dieser sogenannten „Neuen Spiritualität" Beachtung findet. Angesichts seiner Inbeschlagnahme durch Beutelschneider verschiedenster Provenienz sehe ich für einen vernünftigen Gebrauch des Wörtchens „Spiritualität" leider keinerlei Zukunft.

Für politisch korrekte Leser/innen

Wenn im Folgenden oft von *dem* User, *dem* Berufenen oder *dem* Aufsteiger die Rede sein wird, soll die Wahl der männlichen Schreibweise nicht darüber hinwegtäuschen, dass wir es in der Esoterik 2.0 vorwiegend mit weiblichen Führungsfiguren zu tun haben. Auch wenn also manche Formulierung gendermäßig nicht ganz korrekt erscheinen mag, die unzähligen Fallbeispiele bringen es dennoch klar zutage: Frauen bilden die stolze Mehrheit im gegenwärtigen spirituellen Management und sind ihren männlichen Kollegen haushoch überlegen.

Für alle Mac-User, Red-Bull-Enthusiasten und Nespresso-Genießer

Niemand will Ihnen den Spaß verderben! Doch bedient sich esoterisches Marketing durchaus irdischer Vorbilder. Deshalb werden wir im Folgenden herkömmliche Markenwelten den PR-Kampagnen spiritueller Versandhäuser gegenüberstellen. Ob übersinnlich oder nicht, was ins Auge sticht, sind die Parallelen. Aber wo liegen die

Unterschiede? Auch Ihre Meinung zählt! Wenn also da und dort vom sogenannten „Old Age" die Rede sein wird, ist damit unsere alltägliche Lebenswelt gemeint. Der gelegentliche Vergleich mit dem „New Age" soll offensichtliche Parallelen zwischen diesen scheinbar so verschiedenen Seins-Dimensionen hervorheben.
In diesem Zuge wollen wir auch die Innenansicht esoterischen Befindens nicht außer Acht lassen. Ob freudig beglückt oder frei schwebend, über alles erhaben – der spirituelle „State of Mind" wird heutzutage im Webshop erworben und beständig aufgeladen. Dabei basiert dieser übersinnliche Liebestaumel auf vorwiegend diesseitigen Zutaten. Die kommenden Vergleiche mit uns durchaus geläufigen Werbeinszenierungen ermöglichen einen ungetrübten Blick: Orientiert sich das Seelenleben moderner Esoterik nun an unserer Lifestyleindustrie oder läuft das Ganze vielleicht auch umgekehrt? Inspiriert das Esoterische gar schon unsere irdischen Produktionszweige? Wir werden sehen.

Zum Stil

Spirituelle Shoppingwelten erzeugen beim Rezipienten vorderhand eines – künstliche Ohnmacht! Drum seien Sie nicht überrascht, wenn Sie sich hie und da mit zu viel auf einmal konfrontiert sehen. Denn gerade der Entwurf überbordender Landschaften, das Verwirrspiel mit allerlei Gesetzmäßigkeiten und die Konfrontation mit einer Fülle an kosmischen Nutznießern gehören zu den grundlegenden Stilmitteln esoterischer Weltenbauer. Sollten Sie also zeitweise nicht mehr wissen, wo vorne und hinten ist, keine Angst, das gehört zum Spiel und soll Ihnen nur dabei helfen, die provozierte Hilflosigkeit innerhalb der Zielgruppe innerlich nachzuvollziehen. Vermutlich ist es wieder einmal nur Ihr Verstand, der hier nicht mitkann. Öffnen Sie einfach vertrauensvoll Ihr Herz, Sie sind auf dem richtigen Weg!

Doch noch einmal im Ernst

Wollen Sie wirklich verstehen, warum der nette Typ von nebenan Zigtausende Euros für rein gar nichts zum Kamin hinausräuchert? Sind Sie wirklich willens, das scheinbar so Widersinnige mit all Ihrer Geisteskraft nachzuvollziehen? Wenn ja, dann seien Sie sich gewiss: Wir müssen da durch! Und das nicht nur mit unserem Hirn,

sondern auch mit Haut und Haar. Wenn Sie also glauben, eine supersachliche Faktensammlung in Händen zu halten, dann legen Sie dieses Buch am besten gleich zur Seite. Mit zu viel Distanz kommen wir hier nicht weiter. Deshalb auch die wiederkehrende Wir-Anrede auf den folgenden Seiten. Denn wer den Wahnsinn wirklich kennenlernen möchte, kommt nicht umhin, sich auf ihn einzulassen. Und dafür müssen wir uns wohl oder übel auf die Seite des Phantastischen begeben.
Ich lade Sie also dazu ein, sich gemeinsam mit mir durch diesen feinstofflichen Morast zu arbeiten. Dabei kommt sicher nicht immer alles so locker und flockig daher, wie wir es gerne hätten. Die nun beginnende Reise wird also mit Sicherheit kein entspannter Sonntagsspaziergang – ganz im Gegenteil, es geht ans Eingemachte. Doch keine Angst: Wir lassen uns schon nicht allzu sehr in die Irre treiben. Sie werden sehen, Ihr Investment wird schlussendlich Früchte tragen. Wer beharrlich dranbleibt, dem geht sicher noch das eine oder andere Licht auf, garantiert! Drum lassen Sie sich entführen in das Land grenzenloser Produktivität – Sie werden sehen, der Umsatz erreicht ungeahnte Dimensionen – *Multi Dimension Marketing.*

Und übrigens: Bevor Sie sich wundern, warum wir auf unserem Rundflug immer wieder in Rosenheim landen: Spirituell gesehen ist in Rosenheim die Hölle los!

ZUM PRINZIP

„Nimm etwas weniger, aber dafür von vielen!"

Wer heute glaubt, seinen Anhängern auch noch das allerletzte Hemd abknöpfen zu müssen, hängt geistig noch im letzten Jahrtausend fest oder er ist ganz einfach ein hoffnungsloser Narzisst. Sicher, das klassische Guru-Jünger-Schema verlangt die totale Unterwerfung seitens der Gefolgschaft und folgerichtig auch die Darbringung des geistigen und vor allem finanziellen Vermögens der Novizen. Diese geben alles, nur um sich am Charisma ihres Idols zu laben. Landläufig nennt man so etwas eine Sekte. Und so lange Persönlichkeitsstörungen nicht an Bannkraft einbüßen, werden fanatische Führer um ihre Gefolgschaft buhlen oder auch umgekehrt. Wie auch immer, die einen flankieren jubelnd den Wegesrand, während „Er" sich an ihrer ungeteilten Aufmerksamkeit weidet. Sie hausen in Hütten und „Er" absolviert seinen täglichen Drive By im Rolls-Royce. Ob nun bei Bhagwan[12] oder anderen vergleichbaren Führern, so und ähnlich präsentieren sich die Assoziationen, die das Wort „Sekte" in uns hervorruft.

Doch die Zeiten haben sich geändert. Denn heutzutage sind es keine offensichtlichen Gurus mehr, die den großen Reibach machen. Natürlich, das Kapital fließt wie eh und je, doch die esoterische Elite unserer Tage verhält sich weniger auffällig als noch ihre Wegbereiter. Die Rede ist hier von schlauen Unternehmern, die wissen, wie der besagte Panther läuft. Was das Marketing betrifft, scheint der Großteil von ihnen klar im Geiste. Immerhin versteht man es, sich auf smarte Art und Weise ein bekömmliches Leben zu finanzieren. In den Schlagzeilen sucht man diese spirituellen Besserverdiener vergebens. Auch von Bewunderung halten sie nicht allzu viel. Vielmehr ergibt sich diese nur als ein kaum zu vermeidendes Nebenprodukt des dahinter stehenden Vertriebsmodells. Der Beifall gehört eben dazu, man spielt halt mit. Aber dennoch, verglichen mit den hier besprochenen Systemen wirkt der althergebrachte

Psycho-Kult wie ein Auslaufmodell. Zu riskant, zu viel Investment und schlichtweg zu uncool erscheint die Geschäftsgebarung einer Esoterik alter Schule.

Masse bringt Klasse – Esoterik im Netz

Wer im spirituellen Business hip sein will, dreht den Spieß um. Warum sollte man von einem begrenzten Personenkreis das gesamte Geld einfordern, wenn es auch nachhaltiger geht[13]? Der US-Präsidentschaftswahlkampf hat es uns erstmals praxisnah vor Augen geführt: „Nimm ein bisschen weniger, dafür aber von Tausenden", lautete die Devise. So wie erfolgreiche Politiker mittels „Crowdfunding"[14] ihren Wahlkampf finanzierten, so ähnlich bespielt auch der Businessplan esoterischer Fabrikanten alle Vertriebskanäle des Internetmarketings. Nicht umsonst sprechen die Trendforscher von „E-Soterik" [14].
Die spirituelle Community besiedelt Facebook und Co. Man informiert sich in Foren, korrespondiert in Chats und bestellt gemeinsam im Webshop. Der Zauber eines magischen In-der-Welt-Seins vermischt sich dabei spielend mit dem Cyber der Webplattformen. Hierfür gibt es gute Gründe. Schließlich besteht die Wesensähnlichkeit der übersinnlichen und der Netzatmosphäre in ihrer Virtualität. Gerade das Internet wird so für feinstoffliche Produzenten und deren Kunden zu einer idealen Lande- und Abflugbasis.
Und hieraus lässt sich ordentlich Kapital schlagen. Denn genauso wie beispielsweise Sexshops ins Netz abgewandert sind, bestellt man nun Matrix-Amulette per Mausklick. Gerade der Internethandel hat ehemals verrufenen Angeboten zu ungeahntem Aufschwung verholfen und insbesondere auch energetischen Artikeln den Weg zur Mehrheitsgesellschaft geebnet. Das Onlinegeschäft floriert und, siehe da, beide Branchen, Erotik und Esoterik, haben die jüngste Finanzkrise ohne nennenswerte Einbußen gemeistert [64][15]. Wer also mit Begriffen wie „Franchise" oder „Affiliate-Marketing"[16] mehr als nur spanische Dörfer verbindet, kann hier die Gunst der Stunde nutzen. Mitunter bringt er es in der Esoterik 2.0 zu einer viel breiteren Abnehmerschaft als so mancher altgediente Prediger.

Die Rechnung ist einfach

Es geht nicht mehr darum, einigen wenigen ihr Gesamtvermögen abzuknöpfen. Nein, heutzutage füllt man Spiritualität in kleine Fläschchen und verkauft sie an eine breite Masse. Aura-Essenzen für 24,30 Euro pro Stück, da wird wohl niemand so schnell pleite gehen. Außerdem will man ja die Kaufkraft der Kunden einigermaßen am Leben erhalten, oder?
Fälle wie Manuel? Solche kann es immer geben. Da kann niemand was dafür. Vermutlich war er noch nicht so weit.

info

Spirituelle Führer dieser Tage verstehen sich als moderne Unternehmer. In diesem Sinne zielen sie weniger auf die finanzielle Totalausbeutung einzelner Jünger ab, als vielmehr auf die Erschließung eines größtmöglichen Massenmarkts. Mithilfe des Internets bedient man ein Millionenpublikum mit spirituellen Produkten. Kosten und unternehmerisches Risiko werden dabei minimiert.

SCHRITT 1

Die Startbasis

Der esoterische Weltenbau und seine Requisiten

Von unsichtbaren Welten und feinstofflichen Dimensionen

Im Folgenden werden wir uns mit einer Grundvoraussetzung für jedes esoterische Vertriebsmodell beschäftigen: dem dazugehörigen Weltentwurf. Denn jedes Drama braucht ringsum eine passende Manege – keine intergalaktische Mission ohne eine funktionstüchtige Weltraumbasis. Die Bauanleitung hierfür holen sich spirituelle Händler am Marktplatz gängiger Produktinszenierung. Doch während die Verkäufer von Lifestyleprodukten noch darauf abzielen, einem mehr oder weniger sinnvollen Produkt einen strahlenden Rahmen zu verpassen, wird im Esoterischen vielmehr die alles umhüllende Atmosphäre, das Drumherum, die Verpackung selbst, zum eigentlichen Verkaufsschlager. Einzelne Stilmittel, Effekte und Requisiten packender Kosmologien werden uns später noch begegnen. Zunächst geht es darum, den Verkaufsartikel „Welt" per se genauer unter die Lupe zu nehmen. Wir betreten sozusagen das Raumfahrtgelände.

Alles beginnt im Diesseits – die „World of"

Was das Macintosh-Universum für das iPhone liefert, besorgt die Welt des roten Bullen für ein an sich harmloses Gummibärchengetränk. Beide versorgen das Produkt mit einer ordentlichen Ladung Lifestyle. Die Träger dieses Lebensstils, ihres Zeichens die Konsumierenden, besiedeln wiederum eine weitere dieser unzähligen „Worlds of". Und so wird ein handelsüblicher Artikel, ob nun Telefon oder Energy-Drink, zur Kernaussage eines sehr besonderen „In-der-Welt-Seins". Nicht von ungefähr hat auch ein

namhafter Schweizer Nahrungsmittelriese ganze fünf Jahre in die Produktentwicklung schicker kleiner Kapseln investiert. Denn erst die Implementierung des notwendigen Brandlands konnte Millionen dazu bewegen, von nun an umgerechnet 66 Euro[17] für ein Kilo Kaffee [65] auszugeben und obendrein unsere Mülleimer mit Einweg-Aluminiumkapseln vollzustopfen. Und das immerhin in Zeiten, in denen das Haushaltsbudget der breiten Masse zusehends schrumpft und Umweltbewusstsein schon lange zum Bekenntnis schlechthin erhoben wurde.
Dieser besondere Wesenszug, der scheinbare Irrsinn rund um etablierte Markenartikel, hat Methode. Denn gut ausgeklügelte Brandlands appellieren keinesfalls an unsere Vernunft. Ob nun das hochpreisige Notebook oder enkapsuliertes Koffein ums zehnfache Geld – es zählt eben nicht mehr die Logik einer monetären Kosten-Nutzen-Rechnung, geschweige denn ein nachhaltiger Umgang mit natürlichen Ressourcen. Warum? Dafür gibt's gute Gründe. Gerade bei sogenannten „starken Marken" betreten wir eine Art „Anderswelt". In dieser sind Anschluss und Aufmerksamkeit das Maß aller Dinge. Das Kaffeebeispiel illustriert nur den damit einhergehenden Wertewandel. Ehemals Wichtiges wird irgendwie unwirklich. Eingekauft in eine Markenwelt kann nicht einmal mehr das Kerncredo „Nachhaltigkeit" unser Denken erreichen.

info

Markendesigner versorgen ihre Kunden mit durchgestylten Brandlands. Diese verleihen ihren Bewohnern ein sonderbares Selbstgefühl. Eingeladen in eine Art neue Wirklichkeit, werden reale Sachverhalte irgendwie unwirklich.

Die Wirtschaft des Unsichtbaren und die Ökonomie des Feinstofflichen

Marktanalytiker haben diese Entwicklung bereits vorweggenommen und sprechen wie Norbert Bolz von einer boomenden „Wirtschaft des Unsichtbaren" [47].
Gemeint sind hiermit „Dinge" wie Trends, Marken, Events, Design oder auch Wissen: Handelswaren des Ungegenständlichen[18]. Während nun dieses an Bedeutung gewinnt, gerät das rein Materielle

zusehends in den Hintergrund. Wie gerne spricht man doch heute vom sogenannten „Emotional Design". Dabei steigt der Wert handelsüblicher Erzeugnisse in erster Linie mit einer gefühlsbetonten Geschichte, die sie uns zuflüstern. Es zählt also immer mehr die Welt, in die sie uns eintauchen lassen.
Doch was im Markenkosmos noch als Aufputz rund um Produkte und Dienstleistungen herum angesehen werden kann, verselbstständigt sich, sobald wir den Blick dem Esoterischen zuwenden. In Anlehnung an die obige Terminologie wäre es wohl angemessener, von einer reinen „Ökonomie des Feinstofflichen" zu sprechen, wobei Esoteriker mit „feinstofflich" stets das „rein Energetische", das materiell Nicht-Gegenständliche umschreiben. Um es ein wenig zu konkretisieren: Das spirituelle Businessmodell besteht im Handel mit einem feinen, gänzlich unsichtbaren Stoff: Und das wollen wir schon mal vorwegnehmen: Es sind weder die realen Erzeugnisse – die Fläschchen und Kristalle – noch die vorgeblich darin enthaltenen Energien, welche hier wirken. Nein, Wohlgefühl und Zauber basieren in erster Linie auf der mitgelieferten Fantasystory. Denn diese verspricht dem Käufer märchenhafte neue Lebens- und Wirkbereiche. Esoteriker sprechen diesbezüglich gerne von „Dimensionen".

info

Nach dem Vorbild gängiger Kultmarken verkauft moderne Esoterik ihren Kunden ausgeklügelte Marketingwelten. Fernab von jeder realen Brauchbarkeit energetischer Produkte wird die sie umhüllende Story zum eigentlich Wertvollen. Der Konsument erwirbt phantastische neue Dimensionen.

Aus dem Spiel wird Ernst

Ein weiteres Unterscheidungskriterium sei noch genannt: Egal wie manipulativ oder gar sektiererisch, diesseitige Werbekampagnen bedienen sich gewiss vielfältiger Künste der Verführung. Dennoch bleiben diese für die meisten von uns eines: mehr oder weniger effiziente, aber irgendwie noch offensichtliche Werbung. Teils schmunzelnd, teils durchaus mit Genuss lässt man sich ein wenig an der Nase herumführen, wohl (oder hoffentlich) wissend, dass jedes Spiel auch wieder ein Ende hat.

Ganz im Gegensatz zur Architektur esoterischer Weltgebäude. Ihre Anziehungskraft besteht genau darin, dass sie das Dasein ihrer User völlig in Beschlag nehmen. Die Story löst sich sozusagen vom Erzeugnis und wickelt den partizipierenden Konsumenten rundum ein. Schön eingepackt wird der Kunde gewissermaßen selbst zum Produkt. Ausschlaggebend hierbei sind die mitgelieferten Atmosphären. Dabei betören diese vielversprechenden Entwürfe vor allem durch ihren totalitären Charakter. Wie gerne spricht man doch in spirituellen Kreisen von Wahrheit. Ein Beispiel aus der esoterischen Literatur: „Christina Soraia: Die Wahrheit deiner Seele – Erfahre durch die geistige Welt die Energie der Liebe, Schönheit und Erlösung“ [66]. Derartige Buchtitel nehmen vorweg, wohin die Reise geht. Von einem PR-Gag oder gar Spiel soll und darf keine Rede mehr sein. Von einem Ende auch nicht.

info

Im Unterschied zu herkömmlichen Werbekampagnen erheben esoterische Vermarkter für sich einen expliziten Anspruch auf göttliche Wahrheit.

Zu Hause in der „World of Soulcraft“ (WoS)

Nun werden wir uns einem weiteren typischen Beigeschmack esoterischer Kosmologien zuwenden. Gemeint ist dieses subtile Gefühl von Heimeligkeit, welches mittels spiritueller Waren aller Art seinen Abnehmer findet. Zu diesem Zweck lohnt sich ein weiterer Streifzug durch die Designwelten irdischer Provenienz. Denn vieles von dem, was am Konsumverhalten überzeugter Neu-Zeitler etwas bizarr anmutet, wird im Alltag der Gegenwartskultur bereits vorweggenommen. Erweist sich doch bewährtes Marketing gerade in seinem Handel mit Identität nicht nur als bedarfsorientierter Nachbau religiöser Traditionen, sondern seinerseits auch als Wegbereiter einer modernen Seelenindustrie. Alles beginnt bereits bei Ristretto & Co. Eben diese Teilhabe an einer ganz speziellen neuen Welt hat die Crema mit dem Aroma des göttlichen Ambrosia ausgestattet und dem Bullen wahrhaft Flügel verliehen.

World Selling – das verkaufte Zuhause

Menschen wollen sich heimisch fühlen, man möchte sich zurechtfinden. Und dafür bedarf es Welten, die dies ermöglichen. Dabei segnet vor allem das Brandland seinen Konsumenten mit dem Empfinden, jemand Sinnvoller in einer sinnvollen Umgebung zu sein. Eng verbunden mit jedem Weltentwurf ist also immer auch das damit erworbene „Ich bin“ – eben sozusagen das „Branding“. Kluge Marketinginszenierer wissen das nur zu gut. Sie versorgen den entwurzelten Menschen der Postmoderne wieder mit gefühlsmäßig bedeutsamen Entwürfen seiner selbst. Gearbeitet wird hierfür mit bewährten Mustern und verinnerlichten Drehbüchern. Sehr unterschwellig, aber umso effizienter vermitteln sie dem Kunden ein Gefühl von Gewissheit und Geborgenheit.
Beispiele für derartige Arrangements kennen wir reichlich. Ob nun in Disneyland, am Point of Sale einer Burger-Kette oder in einem klug konzipierten Ferienresort: immer das gleiche Schema. Ein Armband aus Plastik eröffnet den Zutritt. Das Clubmitglied weiß zu jeder Zeit, was es erwartet und vor allem auch welche Rolle von ihm erwartet wird. Derart durchdachte Storyboards finden beim Publikum regen Anklang. Appellieren sie doch an das Reflexartige und lotsen uns von einer Station zur nächsten. Ohne also genau zu wissen warum, kennt man sich irgendwie aus. Von der Dominikanischen Republik bis in die türkische Ägäis – künstliche Reservate à la „Magic Life“ versprechen Urlaub von einer hyperkomplexen Realität. Man fühlt sich aufgehoben, um nicht zu sagen zu Hause.

Esoterisches World Selling

„Esoterik ist Urlaub von der Welt.“ Dieser Ansicht von Marktforschern folgend lässt sich das Magic-Life-Beispiel ohne Weiteres auf die Resorts der Neuen Zeit übertragen: vermitteln doch auch die Erbauer überirdischer Welten segensreiche Ordnung. Ihre ausgeklügelten Geschichten versprechen göttliche Hierarchien und implizite Rollenzuschreibungen. Im Rückgriff auf altbekannte Muster erwacht im Rezipienten ein wohliges Gefühl von Vertrautheit. Der sonnig lächelnde Werbeprospekt weckt zudem seine Abenteuerlust und appelliert ans Spielerische. Geschützt von der Außenwelt wird somit auch im esoterischen Innenleben alles zu Kopflastige überflüssig. Eingeladen in eine phantastische Wirklichkeit fühlt man sich sonderbar frei, wähnt sich bei sich selbst, also wiederum zu Hause.

Esoterischer Bestseller: *„The journey home"*

Wenn Engelswesen zu Bestsellerautoren aufsteigen, besteht ihr Erfolg zumeist im Konzept der „wiederverkauften geistigen Heimat". Hier verdeutlicht durch einen in esoterischen Kreisen längst legendären Bestseller, dessen Titel für sich spricht: „Die Reise nach Hause" (engl. *„The journey home"*), „verfasst" vom Lichtwesen Kryon, dem unumstrittenen „Meister der magnetischen Energien".
Quelle: [67]

Doch halten wir noch einmal fest: Wo Reiseportale ihren Kunden eine zweiwöchige Auszeit von Stress und Alltag versprechen, erheben esoterische Vermarkter das magische Dasein zum erstrebenswerten Normalzustand. Im einen Fall handelt es sich zweifelsohne um zeitlich begrenzten Urlaub, im anderen wird das märchenhafte Drehbuch zur neuen, alles vereinnahmenden Lebensumwelt erhoben. Denken wir dabei zurück an Manuel: Die Engel übernehmen buchstäblich die Regie über sein Dasein. Man verliert sich regelrecht ins Innerweltliche.

info

Produktdesigner verstehen sich heutzutage als Regisseure und verkaufen dem Kunden geistige Entlastung und vertraute „Heimat". Ihre ausgefeilten Erzählungen und fix fertigen Welten befreien aus dem Ungemach des alltäglichen Informations-Overload.
Gleich ihren diesseitigen Pendants greifen auch spirituelle Weltentwürfe auf bekannte Muster zurück. Verbunden mit dem Anspruch auf Wahrheit wird das Drehbuchskript zur neuen geistigen Heimat.

Wie im Film – die geistige Landkarte

Esoterische Weltenbauer bedienen sich also altbewährter Schemata. Verzaubert von einem subtilen Wiedererkennungseffekt geht der User mit der Geschichte in Resonanz. Wie bei einer erfolgreichen Hollywoodproduktion regt sich etwas in ihm. Brauchbare Vorlagen hierfür finden sich en masse: Ob nun „Matrix", „Herr der

Ringe“ oder „Harry Potter“ – unsere Medienlandschaft ist voll von phantastischen Erzählungen. Warum also das Rad neu erfinden? Das Publikum kennt diese Geschichten in- und auswendig. Spirituelle Drehbuchschreiber brauchen lediglich die darin verborgenen „cognitive Maps“[19] zu reaktivieren und ein jeder ist sofort im Bilde. Gut gegen Böse, David gegen Goliath, König Artus und seine Reise nach Avalon[20], die Suche nach dem Heiligen Gral. Vertrautes Wohlgefühl breitet sich aus. Um dies zu erreichen, bedienen feinstoffliche Vermarkter dieselben Hebel wie Meister des irdischen Marketings. Christian Mikunda [68] berät die Großen der Erlebniswirtschaft. Von der Shoppingmall über Las Vegas bis hin zum digitalen Cyber: Die Inszenierung sogenannter „magischer Orte“ orientiert sich an der Wiederbelebung dieser verborgenen Landkarten. Das eigentliche Produkt besteht stets in der mitgelieferten kognitiven Wegbeschreibung: die zugrunde liegende Story, der Beipackzettel macht's aus. Er bringt wieder Ordnung in ein chaotisches Universum.

Von der „Spiritual Map“ zur „World of Soulcraft“

Und so verwundert es wohl kaum, wenn esoterische Konsumgüter mit einem kompletten Package an Literatur zum Konsumenten finden. Bücher, CDs, DVDs, Engels-Lexika: Ganze Kosmologien stehen hier zum Verkauf. Es mag paradox anmuten, doch gerade dieses Überangebot an scheinbar neuen Geschichten soll das Leben spiritueller Einkäufer erleichtern. Schließlich sagen die darin enthaltenen Settings und Skripte dem Suchenden, wo es langgeht. Der Kunde erwirbt folglich eine Art Rollenspiel, das innerhalb eines größeren Geschehens abläuft. Allem zugrunde liegt wiederum eine dazugehörende geistige Landkarte, die „Spiritual Map“. Das eigene Leben wird so plötzlich zum Schauplatz des großen Paradigmenwechsels. Der Verbraucher loggt sich ein. Er wird zum User in einer „World of Soulcraft“.

info

Gleich irdischen Dramaturgen arbeiten esoterische Inszenierer mit der Aktivierung „geistiger Landkarten“. Die damit verbundenen Geschichten machen das Dasein zu einem Onlinerollenspiel. Der esoterische Konsument wandelt sich zum partizipierenden User.

Leute wie Ingrid Auer wissen um die Wirkmacht gut erzählter Geschichten. Die feinstoffliche Unternehmerin gilt als einer der Hauptlieferanten hochfrequenter Schwingungsessenzen. Hoch frequentiert ist auch ihr Webshop. Doch zu ihren Erzeugnissen zählen nicht etwa nur Engelsöle und Aurasprays. Diese bilden lediglich die Trägermedien eines spirituellen Markenkults. Denn ähnlich wie bei koffeinreichen Energydrinks wird hier die Story, die Welt, das Marketing selbst zur Ware. Liquides führt der hauseigene Onlinestore, den Beipackzettel, die Wanderkarte für die Odyssee, gibt's bei Amazon: „Heilende Engelsymbole. Buch und Karten: 49 Schlüssel zur Engelwelt" [69]. Ingrid Auers Orientierungshilfe für Einsteiger ging nach eigener Aussage bereits über 50.000 (!) Mal [70] über den Ladentisch[21]. Aber Achtung, der Internethändler spricht hier lediglich von einem „Begleitbuch" [69] einer Art Start-up-Set, eben erst dem „Schlüssel zur Engelwelt". Hinzu kommen noch allerhand Praxishandbücher, Einsteigersets und Audioguides. Ingrids literarisches Oeuvre ist beispielgebend für die gesamte Branche. Überschüttet sie doch ihre Kunden mit vielem, was ihren eigenen Erzeugnissen Bedeutung verleiht.

Eingeladen in Ingrids Engelsstory bleiben ihre User geistig online, immer schön eingehüllt in eine kuschelweiche Welt. Und um den Wechsel in diese nächste Dimension zusätzlich anzufachen, gibt's ihre Produktbeschreibung, also die spirituelle Landkarte, ausschließlich gegen Geld. Werbeexperten können sich hier ein Beispiel nehmen. Ingrid Auer – ihres Zeichens nicht nur erfolgreiches Channelmedium, sondern vielmehr noch eine Meisterin im „World Selling".

Esoterisches Who is Who: Ingrid Auer

„Ingrid Auer war bereits einige Jahre selbstständig als Kinesiologin tätig, als sie von der Engelwelt den Auftrag erhielt, Engelsymbole und Engelessenzen zu channeln, herzustellen und zu verbreiten. Als Vermittlerin zwischen der geistigen und der irdischen Welt gibt sie in Büchern, Vorträgen und Seminaren ihr Wissen und ihre Erfahrungen an interessierte Menschen weiter. Ingrid Auer gründete die Firma Lichtpunkt sowie den Ekonja-Verlag, um die Hilfsmittel der Engelwelt möglichst vielen Anwendern nahezubringen. Eine ihrer Visionen ist es, Lichtpunkt-Zentren aufzubauen, um Menschen in körperlichen, seelischen und spirituellen Notlagen beizustehen und zu helfen."

So die Eigenbeschreibung auf der entsprechenden Homepage.

Nach eigenen Angaben beschäftigt Ingrid Auer einen ehemaligen Geschäftsführer aus der Pharmabranche. Wahrscheinlich mit ein Grund, dass ihre Essenzen auch in Apotheken vertrieben werden. Die normale Welt nennt Ingrid Auer *„Programm 1"*, die neue Ebene des Daseins spielt sich jedoch im sogenannten *„Programm 2"* ab. Das Ingrid-Auer-*„Netzwerk"* erstreckt sich laut Homepage über insgesamt neun Länder bis nach Japan. Der von ihr betriebene Ekonja-Verlag trägt den Namen des Geistwesens, welches Ingrid auf ihrem Werdegang begleitet. Ingrid Auer gibt an, ihre Engelsymbole, etc. medial zu empfangen. Sogenannten „unspirituellen Menschen" aber, die ihre energiereichen Kärtchen kopieren, droht sie hingegen nicht mit ihren Schutzengeln, sondern mit durchaus irdischen Maßnahmen. Schließlich fällt das „Anpreisen und Verkaufen" von Plagiaten „unter die Verletzung des Urheberrechtsgesetzes."

Produkte: Bücher, Essenzen, Öle, Engelsymbole, Engelschmuck, Engelkerzen, Engelmeditationen auf CD, Engelsprays, Seminare, Workshops, Vorträge auf Kongressen, spirituelle Reisen u. v. m.
Unternehmen: Lichtpunkt & Ekonja-Verlag, Ingrid Auer GmbH, Amstetten (Österreich)
Web: http://www.engelsymbole.at
Quellen: [71] [72]

info

Esoterische Geschichten finden über eine Fülle an Literatur zu ihrem Wirt. Derart herausgefordert bleiben die User geistig online - in einer innerlichen phantastischen Welt.

Wichtige Requisiten und Stilmittel esoterischer Weltentwürfe

„Du stehst am Beginn eines faszinierenden Zeitalters, in dem sich aufregende Dinge ereignen werden."
Aus einem esoterischen Standardwerk [73]

Nun ist es an der Zeit, einzelne äußerst griffige Stilmittel lichtvoller Kosmologien schon vorab einmal aufs Tapet zu bringen. Besonderes Augenmerk gilt dabei ihrer Funktionalität innerhalb der Psyche der Involvierten. Betrachten wir diese szenischen Kunstgriffe als zentrale Säulen, die in keiner astralen Raumbasis fehlen dürfen. Wem bisher aber noch kaum Tuchfühlung mit esoterischen Heilslehren widerfuhr, dem sei an dieser Stelle ein Abstecher ins Internet empfohlen. Unter Stichworten wie „Mahatma Prozess", „Lichtkörper", „Lemurien" oder „Harmonische Konvergenz" kann sich auch der spirituell unbeleckte Leser ein Bild davon machen, welche Arrangements eine Himmelfahrt erst ermöglichen. Auf das ein oder andere Detail werden wir sicher später noch zurückkommen.

Das zyklische Weltbild

Ähnlich Naturreligionen interpretieren esoterische Konzepte den Lauf der Geschichte als eine Abfolge sich wiederholender Zyklen. Im Mittelpunkt steht dabei nicht etwa der Mensch selbst, sondern vielmehr das Zusammenspiel miteinander konkurrierender Mächte und Prinzipien. Esoterische Literatur strotzt nur so von der Aneinanderreihung großer Epochen. In diesem Zusammenhang sollte uns doch der Wechsel vom Fische- ins Wassermann-Zeitalter spätestens seit der Hippiebewegung einigermaßen geläufig sein. Spirituelle Strömungen unserer Tage besinnen sich jedoch weit umfassenderer Zusammenhänge. Die Rede ist von atemberaubenden kosmischen Kreisläufen, sogenannten „galaktischen Zyklen" [73] oder zumindest von zig Jahrtausende währenden Zeitabschnitten. Der viel zitierte Mayakalender liefert hier nur ein Beispiel. Dimensionen jedenfalls, welche den zeitlichen Vorstellungsrahmen jedes Normalsterblichen sprengen.

An der Schwelle

Und wie es der Zufall will, befinden ausgerechnet wir uns wieder am Sprung in ein neues Zeitalter. Das, was die Kernvorstellung des New Age ausmacht, könnte man im weitesten Sinne mit dem Begriff „Millenarismus" [74] umschreiben. Im Mittelpunkt steht dabei entweder der Glaube an die Rückkehr einer Erlöserfigur, die Erschaffung eines irdischen Paradieses oder auch der drohende Weltuntergang. Wie auch immer, wir spüren förmlich den Pulsschlag des Kosmos. Die Erde, im Esoterischen auch liebevoll „Lady Gaia" genannt, steht kurz vor ihrem angeblichen Quantensprung in die nächste Dimension. Was auch immer da kommen mag: Wir leben in einer wahnsinnig wichtigen Zeit.

Unterstrichen wird diese These von allerhand „Fakten": Man berichtet von einer Verschiebung der Erdachse und einem nahenden

Polsprung, der Erhöhung der Schumann-Resonanz und der damit einhergehenden Beschleunigung der Zeit oder bezeugt eine „noch nie dagewesene elektrische Strahlung aus dem kosmischen Raum" [73]. Schenken wir den hier zitierten spirituellen Autoren Glauben, erfährt alles Irdische hierbei eine tiefgreifende energetische Rekalibrierung. Spätestens in diesem Punkt sollten wohl auch technikaffine Gemüter auf den Zug aufspringen.

info

Esoterische Schriftwerke vermitteln ein zyklisches Weltbild mit gigantischen Epochen. Die jeweilige Jetztzeit wird dabei immer zum dramatischen Wendepunkt zwischen einer alten, vergehenden und einer neuen Ära.

Läuterung

Bevor nun aber dieser gigantische Paradigmenwechsel vonstatten gehen kann, bedarf es noch eines Läuterungsprozesses. Die Rede ist von Veränderungen innerhalb des „multidimensionalen Bewusstseinsfeldes", welche sich auch tief in der Erde widerspiegeln und von nun an immer öfter „an die Oberfläche durchbrechen" [73]. Ob nun Vulkanausbrüche, Erdbeben, Klima-GAU oder die schwindende Ozonschicht – nicht alles kann rein dem Verschulden der Menschen angerechnet werden, denn vieles sei zweifelsohne auf die „neue Energiestruktur der Erde" zurückzuführen. Derartiges erfahren wir beim Konsum esoterischer Pflichtlektüre[22].

Elitetruppe

Inmitten dieses dramatischen Paradigmenwechsels gibt es nun eine auserkorene Spezialeinheit. Diese sogenannten „Lichtarbeiter", „Lichtpioniere" oder auch jene viel besungenen „Krieger des Lichts" [73] stehen unter ganz besonderer Patronanz höherer Hierarchien. Ihr Auftrag besteht darin, beim Gang in die Neue Zeit voranzuschreiten, um ein neues, lichtvolles Zeitalter auf Erden zu errichten. Nicht umsonst werden diese von medial veranlagten Bücherschreibern auch gerne als „Schrittmacher-Seelen" oder wörtlich als „Stoßtrupp" [73] bezeichnet. Mittel zu ihrer höheren Mission ist die Vervollkommnung ihrer Selbst, das Entfernen von so bezeichneten „Verschmutzungen" sowie die vollständige Ausbildung des sogenannten „galaktischen Menschen“ [73] zur „Etablierung einer neuen galaktischen Zivilisation“. Denn mit der Erhöhung ihrer eigenen Schwingung erlösen Lichtarbeiter zugleich die gesamte Menschheit. Sie führen uns sozusagen ins Licht.

Abstammung

Bei ihrem Vorhaben beruft sich diese neuzeitliche Avantgarde auf eine außergewöhnliche Abstammung. Man gibt sich als „Sternengeborener“ oder als reinkarnierter „Atlantischer Meister“. Unterstützend hierbei wirken unzählige Stammbäume, Herkunftslinien und Ahnengalerien, wie sie in gechannelten Schriftwerken Verbreitung finden. Vom „Planetenbeauftragten“ bis hin zu den „Abgesandten des Planeten Partoos“ [75] besinnen sich Berufene ihres überweltlichen Ursprunges und schöpfen hieraus beeindruckendes Charisma.

Vorsehung

Über allem thront die Gewissheit einer göttlichen Vorsehung. Ein immerwährender Masterplan bestimmt die Geschicke der Welt. Geschrieben von den „hohen Räten des Lichtes“, der „Großen Weißen Bruderschaft“ oder anderen „aufgestiegenen Meistern“. Alles verläuft zum Wohlgefallen der „kosmischen Schöpferinstanzen“, nichts geschieht zufällig, „alles macht Sinn“. Was auch immer passiert – spirituell gesprochen kommt alles genau so, „wie es sein soll“.

info

Der von spirituellen Rädelsführern verkündete Wechsel in die nächste Dimension bedingt immer auch eine Art Reinwaschung des Irdischen. Unterstützt wird diese durch von oben auserwählte Teams sogenannter „Lichtarbeiter“. Ihrer astralen Abstammung entsprechend, handeln diese nach dem Plan einer göttlichen Vorsehung.

„Wurzelrassen" damals wie heute

Helena Petrowna Blavatsky (1831–1891) kam schon in jungen Jahren mit Geistheilern in Berührung. Sich berufend auf Eingebungen von sogenannten Mahatmas (großer Geist) aus dem Himalaya gründete sie eine synkretistische Weisheitsreligion. Blavatsky vermischte dabei rosenkreuzerische und Freimaurerlehren mit christlichem, hinduistischem und okkultem Gedankengut und entwickelte hieraus ihre sogenannte „Theosophie" (Gottesweisheit). Die von ihr 1875 gegründete „Theosophische Gesellschaft" zählte zu ihrer Blütezeit über 40.000 Mitglieder und besteht heute noch in knapp 50 Staaten. In ihren Lehren sprach Blavatsky von einem mystifizierten unterirdischen Reich in Tibet, von einer auserwählten „Großen weißen Bruderschaft" und einem „Weltenplan", nach dem diese planetarischen Hierarchien unsere Geschicke lenken. In ihrem 1888 erschienenen Werk „The Secret Doctrine" (Die Geheimlehre) postuliert die ukrainische Spiritistin die Schicksalsbestimmtheit (Karma) des menschlichen Lebens.
Ein wesentliches Element bildet Blavatskys „Wurzelrassentheorie". Dabei definierte das Schreibmedium „sieben aufeinanderfolgende Menschenrassen", welche wiederum in „sieben sich evolutionär ablösende Unterrassen" gegliedert sein sollen. Neben einer astralen, ätherischen bestimmte sie auch eine lemurische und atlantische sowie eine „arische Wurzelrasse". Das mystische Atlantis galt bei ihr als Urheimat der am weitesten fortgeschrittenen „arischen Rasse", deren Subrassen die Angelsachsen und Germanen bilden. Hieraus leitete Blavatsky auch deren vorbestimmtes „Recht auf Weltherrschaft" ab. Alle älteren, heute noch existierenden Rassen, also farbige Menschen, müssten den höher entwickelten Rassen weichen. Die Juden sind nach Helena Blavatsky eine „künstliche arische Rasse", eine „Verunreinigung der fünften Wurzelrasse". In ihrem Entwurf eines zyklischen Weltenplanes sind alle niederen Menschen zum Aussterben verurteilt, „ihr Verlöschen ist eine karmische Notwendigkeit".

Weiterentwickelt wurden Blavatskys Ideen unter anderem von **Alice Bailey (1880–1949)**. Sie nahm neben Krishna, Buddha und Jesus Christus noch weitere „Erleuchtete" in die „Große weiße Bruderschaft" auf, darunter finden sich auch Namen wie Bismarck, Mussolini, Hitler und Franco.

Als besonderer Spross der deutschen theosophischen Gesellschaft gilt zweifelsohne **Rudolf Steiner (1861–1925)**. Der spätere Begründer der bekannten „Waldorfschulen" betrachtete das Christentum als anderen Religionen überlegen und gründete hierauf die „Antroposophische Gesellschaft" (Antroposophie: Menschenweisheit). An Blavatskys Reinkarnationsglauben und Rassentheorie hielt Steiner im Wesentlichen fest und erweiterte diese um seine sogenannte „Drei-Welten-Theorie". Er teilte die Menschheit in eine schwarze, braun-gelbe, und eine weiße Welt. Die Schwarzen seien zur Dienerschaft für die Weißen bestimmt. Letztere besäßen wiederum den Anspruch auf Weltherrschaft. Die sogenannten „Neger" gehörten laut Steiner somit zu einer untergehenden Rasse und die Semiten seien ein „Fehler der Weltgeschichte". Steiner erhielt seine spezifische Art geistiger Inspiration aus der sagenumwobenen „Akasha Chronik", einer Art Weltgedächtnis auf höherer Ebene. Auf Rudolf Steiner gehen unter anderem auch die „Demeter Landwirtschaft", die sogenannte „Christengemeinschaft" sowie die Antroposophische Medizin zurück.

Derartige Gedankengebäude fanden in Deutschland und Österreich um 1900 regen Zuspruch und vermischten sich mit den Weltbildern von **Guido von List (1848-1919)** und **Lanz von Liebenfels (1874-1954).** Denn auch diese propagierten eine „ario-germanische Urrasse", eine Rückbesinnung auf das Reine und Naturhafte, und betrieben okkultistische Rituale mitsamt Runenforschung und Geomantie. Ihre Vorstellung arischer Gottmenschen bedürfe eine Rückzüchtung und Säuberung des germanischen Volkskörpers von allem Unreinen. Der arische Lichtmensch solle sich endgültig über die Semiten erheben. Auch hier pries man schon ein naturhaftes Leben und sprach von Geistmenschen, die sich von Luft und Äther ernähren. Diese und ähnliche Vorstellungen bildeten die Grundlage für den präfaschistischen Ideologiekomplex, dessen endgültige Auswüchse in die sogenannte „Ariosophie" mündeten: Kulturpessimismus und Modernitätsfeindlichkeit vermengt mit Retroromantik verstanden sich gut mit einer Rückbesinnung auf das Schöne, Reine und Edle. Volksmythen schufen Identität, Heilsbotschaften; Prophezeiungen und Führung wurden groß geschrieben. Man huldigte dem großen organischen Ganzen; Individualismus, Vernunft, Intellekt und Demokratie avancierten hingegen zu Feindbildern.

Die oben genannten Strömungen lieferten zusammen mit dem verlorenen Ersten Weltkrieg bereits vieles, worauf der nationalsozialistische Rassenwahn von **Alfred Rosenberg (1892-1946)** und **Heinrich Himmler (1900-1945)** aufbauen konnte. Denn auch sie beschworen eine neue „Lichtreligion" und sahen die Germanen als „Kinder des Lichts". Auch sie glaubten an Reinkarnation und Vorherbestimmung. Auch sie arbeiteten an der Zucht einer neuen Lichtrasse und besannen sich einer untergegangenen Urheimat - nur diesmal nicht Atlantis, sondern Thule, dessen Nachfahren irgendwo in Tibet leben sollen.

Betrachtet man die Bilder- und Begriffswelt der heute kursierenden Esoterik, wirkt es so, als hätte hier einiges an bedenklichem Gedankengut unhinterfragt überlebt. Branchenübliche Insidermagazine, Bücher und Webseiten propagieren allesamt das Reinweiße und Lichtvolle, das Ursprüngliche und Elitäre. Atlantis und Lemurien sind nach wie vor in aller Munde. Aufgestiegene Meister, Lichtwesen und Mahatma-Invokationen gehören zum selbstverständlichen Repertoire von Channeling-Abenden. Und nach wie vor geht es um die Erschaffung Neuer Menschen für ein Neues Zeitalter.

In Anlehnung an Claudia Barth: „Über alles in der Welt - Esoterik und Leitkultur"
Quelle: [76]

Die Entwirklichung der Welt

„Allein durch eure Bemühungen als Menschen in diesem neuen Zeitalter auf diesem Planeten habt ihr die Möglichkeit, diese Jahrtausend-Veränderung zu einer der großartigsten zu machen – erfüllt von Verheißung und nicht von Verhängnis." [73]

Sollte Ihnen das auf die eine oder andere Weise bekannt vorkommen, dann nicht ohne Grund. Bedienten sich doch seit jeher Regimes jedweder Couleur derartiger Dramaturgie. Wenn es darum ging, fanatische Massenbewegungen ins Leben zu rufen, schien jedes szenische Mittel recht. Wie oft schon proklamierten politische Führer eine Jahrtausendvision? Wie oft schon wähnte man sich am finalen Schritt in eine neue paradiesische Zukunft? Wie viele fühlten sich bereits als revolutionäre Pioniere oder gar „auserwählte Rasse", berufen zum Heil der Welt? Quer durch die Menschheitsgeschichte ging die Propagierung eines *Neuen Menschen* immer Hand in Hand mit Lehren rund um Abstammung, Reinheit und Vorsehung.
Wenn also solche Machtinstrumente immer wieder ihre Opfer finden, dann wohl deshalb, weil sie in den Köpfen derart Indoktrinierter ganz bestimmte Schalter umlegen. Bringen doch gewieft arrangierte, szenische Interventionen gerade auch beim spirituellen Aspiranten ein sehr besonderes In-der-Welt-Sein mit sich. Versuchen wir doch, dies nachzuempfinden.

Je mehr Welt, desto weniger Ich

„Zurzeit geht eine Energiewelle durch Deine Galaxie,
die den Lauf allen Lebens, das sie berührt, verändert."
Aus einem Pflichtbuch für Lichtarbeiter [73]

Sind sie jemals schon vor den Niagarafällen gestanden? Das ohrenbetäubende Tosen der Wassermassen, die da in die Tiefe stürzen! Wasser, Gestein, Luft, hier prallen Welten aufeinander. Wir beginnen zu staunen, der Verstand steht still. Ängste, Sorgen, Finanzamt, alles kein Thema mehr. Vom Rauschen berauscht fühlen wir uns innerlich weit und sonderbar größer.
So oder ähnlich müssen sich auch Dauerabnehmer höherer Botschaften fühlen. Ein Streifzug quer durch das World Wide Web genügt. Hier jagt ein Zeitalter das nächste. Ganze Universen kollidieren miteinander. Was auf Webseiten beginnt, setzt sich im Buchhandel fort. Von „plejadischen Photonengürteln" über „Myriaden interstellarer Magnetgitter" bis hin zum wörtlichen „Zusammenfallen zahlreicher Zyklen-Enden" [73], das Bewusstsein spirituell Interessierter wird

von medialen Berichterstattern unaufhörlich überflutet. Angesichts der überbordenden Weltentwürfe scheint das eigene Ich nicht nur klein und unbedeutend, vielmehr geht es vorübergehend auf Tauchfahrt. Wie in Douglas Adams' „Restaurant am Ende des Universums" [77]: Ehemals Wichtiges erscheint irgendwie gegenstandslos.

Retro und Utopia – der Feldzug gegen die Gegenwart

Als besonders auffällig erweist sich einerseits die Postulierung prähistorischer untergegangener Reiche, andererseits das Versprechen eines nahenden Goldenen Zeitalters. Diese so erzeugte künstliche Spannung zwischen Nostalgie und Utopie zieht der Zielperson förmlich den realen Boden unter den Füßen weg. Der sozialkritische Philosoph und Autor Eric Hoffer bezeichnet diese Vorgangsweise als „Feldzug gegen die Gegenwart" [78]. Geführt wird dieser von zwei Seiten aus: einem Zuviel an Vergangenheit und einer Überfrachtung mit Zukünftigem. Hier eine verherrlichte atlantisch-lemurische Urzivilisation, dort der glamouröse Aufbruch in die fünfte Energiedichte Dimension. Hin und hergerissen zwischen derart phantastischen Entwürfen erfährt das Zeitgefühl eine eigenartige Dehnung. Die alte Welt verkommt in den Worten Hoffers zu einem „verzerrten Widerhall eines ungeheuren unbekannten Pulsschlages unter und über uns". Kurzum: Das Irdische verliert psychisch gesehen immer noch mehr an Wirklichkeit.

info

Esoterisches Schrifttum vertreibt atemberaubende Welten. Seine multidimensionalen Entwürfe bringen das Denken zum Stillstand. Eingespannt zwischen einer romantischen Verklärung nie dagewesener Urzeiten zum einen und utopischen Prophezeiungen zum anderen wird alles Gegenwärtige psychisch entwertet.

Gegenwartseitelkeit

Verstärkt wird das damit einhergehende epochale Pulsieren durch eine maßlose Verglorifizierung der Jetztzeit. Denn was jetzt geschieht, ist schlichtweg „von unvorstellbarer planetarer, aber auch

galaktischer und kosmischer Bedeutung“ [73], so jedenfalls beteuern es spirituelle Reiseführer. Die Systematik leuchtet ein: Vorhin die Entwertung der alten, der bisher gültigen Gegenwart, nun die Überbewertung mit unsichtbar Gegenwärtigem. Ein Schachzug, der esoterischen Dramaturgen Tür und Tor zur Psyche ihrer Kunden öffnet. Glücklich kann sich also ein jeder schätzen, der – zur richtigen Zeit inkarniert – dieses Schauspiel miterleben darf.
Die übertriebenen Lobgesänge auf diesen Vorhof ins Lichtvolle, eben auf unsere Jetztzeit, erfüllen somit auch den Leser indirekt mit Stolz. „Ich war dabei!“, wird er noch späteren Generationen berichten können. Experten sprechen diesbezüglich von Gegenwartseitelkeit. Begeistert vom eigenen narzisstischen Zugewinn lässt der Hoffnungsvolle das Trojanische Pferd nun die Mauern passieren. Benebelt von Zeitdehnung und eigener Geltung schluckt er schlussendlich die ganze Geschichte.

Umdeutung und Schamabwehr

„Die Ursache für alles ist letztlich wirklich die Reinigung der Erde. Die Menschen, die das Thema Hunger haben, setzen sich intensiv mit dem wahren Genährtsein, mit Gottvertrauen auseinander.“
Kryon durch Barbara Bessen [79]

An diesem Punkt legen esoterische Geschichtenschreiber gerne noch ein Schäufelchen nach. Erlöst doch gerade die Umdeutung vieler hausgemachter irdischer Probleme die Zielperson von nagenden Schuldgefühlen. Vom Welthunger bis zur ökologischen und ökonomischen Krise: alles nur Symptome des karmischen Reinemachens. Dabei wird hier abermals der Verstand geschickt umgangen. Denn Schuld, oder besser Scham, gehört zu unseren frühen kindlichen Erfahrungen. Das reflektierende Denken hingegen entwickelt sich – wenn überhaupt – lebensgeschichtlich erst wesentlich später.
„Du kannst nichts dafür!“ Wer uns von Schamgefühlen freispricht, bedient in uns nicht nur infantile Sehnsüchte, er untergräbt zudem unser Ich. Esoterische Weltverklärer machen es genauso wie viele große Diktatoren vor ihnen: Sie beschenken ihre Schützlinge unentwegt mit Einladungen zur sogenannten „Schamabwehr“ [80] und

nehmen sie damit so umso massiver in die Pflicht. Die Erlösten lösen sich folglich immer mehr vom alten Ich und verstricken sich zwangsläufig immer tiefer in die Heilsbotschaften esoterischen Schrifttums.

info

Spirituelle Geschichtenschreiber erheben ihren Kunden zum Augenzeugen epochaler Umwälzungen. Verstärkt durch die Umdeutung irdischer Probleme in ein Konzept überirdischer Prädestination umschmeicheln sie ihren Rezipienten zusätzlich. Derart aufgewertet und von Schamgefühlen erlöst, ernennt der Umgarnte die Story zu seiner neuen, tieferen Wirklichkeit.

„Im Bann der Apokalypse"

Treffender hätte der kritische Philosoph und Autor Hugo Stamm diesen Buchtitel [81] kaum formulieren können. Besteht doch eine weitere Sogwirkung esoterischer Vorstellungsgebäude in der Proklamierung eines neuen lichtvollen Zeitalters mit der gleichzeitigen Drohgebärde des nahenden Weltenbrandes. Und wieder haben wir hier ein Spannungspaar: das Wechselbad zwischen Heilserwartung und Untergansszenario. Eric Hoffer nennt dies die „januskköpfige Gestalt" der Zeitenwende [78]. Aufstieg oder Untergang, alles oder nichts – der Rezipient befindet sich fortwährend zwischen zwei Polen. Hoffnungsvoll und ängstlich zugleich sehnt er sich nach Gewissheit und Führung.

Und diese gibt's glücklicherweise bei jedem Bahnhofskiosk zu kaufen. In Hülle und Fülle kommen sie daher, die Ratgeber für den Aufstieg. Die Lichtkörper-Anleitungen, Matrix-Fachbücher und Transformations-Nachschlagewerke. Sie implizieren alle einen sogenannten „Göttlichen Rahmenplan" und einen gangbaren Erlösungsweg zur Etablierung ganzheitlicher Harmonie. Wahrscheinlich ist es diese wörtliche „straffe Führung" [73], wie sie vom „Hauptquartier im Galaktischen Zentrum" in Aussicht gestellt wird. Sie sichert das Geleit in einen selig machenden Urzustand, so wie es sein soll.

info

Zeitenwenden tragen stets ein janusköpfiges Antlitz. Das Wechselbad zwischen Gedeih und Verderb verwirrt die Zielperson. Diese sehnt sich zusehends nach Führung und findet diese in verstärktem Konsum esoterischer Botschaften.

Entwirklichung der Welt und Verwirklichung des Selbst

„Je mehr wir unser Bewusstsein verändern und unsere Pole ausgleichen, desto mehr verändern wir die Erde."
Aus einem Fachbuch für Aufsteiger [73]

Man könnte die eben dargestellten Strategien auch ganz simpel mit den Worten „divide et impera" zusammenfassen: „Teile und herrsche!" Das Spiel mit Gegensatzpaaren, das daraus resultierende Gefühl von Ohnmacht, verbunden mit einer Sehnsucht nach Diktat und Führung kam schon im alten Rom zum Einsatz. Die zusätzliche Überforderung mit schier Unvorstellbarem sowie der vermeintliche Freispruch aus allen Fehlern provozieren zusätzlich eine Art hypnotische Wirkung.

Und in dieser besteht ein ganz wesentliches Ziel der Aufführung: Bewirken doch überbelichtete Kosmologien eine fortschreitende Entwertung des real Gegebenen. Sie verursachen im Rezipienten eine Form von geistigem Ausnahmezustand. Gemäß der etwas eigentümlichen Wortwahl spiritueller Fibeln müssten wir uns nur noch eine ratternde Marschtrommel im Hintergrund vorstellen. Man errichtet wortwörtlich den „Himmel auf Erden" und feiert beispielsweise das sogenannte „Fest der Wirklichkeit" [82] in Zürich. 90 Franken pro Tag für eine Art Heiligen Krieg. Ausgetragen wird dieser am Schlachtfeld der eigenen Psyche. Dem Setting des Screenplays folgend basteln esoterisch Involvierte so zusehends an ihrem virtuellen Avatar in einer fiktiven Innenwelt. Dabei geht die Verwirklichung des neuen phantastischen Selbst immer auch Hand in Hand mit einer Entwirklichung der alten Welt. Die „Veränderung der Erde" ist vielleicht rein mentaler Natur. Doch genau hierin besteht ein zentraler Wirkmechanismus esoterischer Weltkreationen.

„Du bist zu viel im Außen", mahnte auch Manuel unentwegt. Sein Inneres wurde zum Alles, alles Äußere war plötzlich nichts mehr wert. Ab einem gewissen Punkt lebte er ausschließlich online, eben auf der so oft geschilderten „anderen Seite des Schleiers" [82] – in einer phantastischen „World of Soulcraft".

info

Spirituelle Weltenwürfe entfalten beim Konsumenten eine hypnotische Wirkung. Eingeladen in einen psychischen Ausnahmezustand verliert alles Irdische an Substanz. Dem Diktum nach innerer Selbstverwirklichung folgend entwirklicht der User immer mehr die alte Welt im Außen.

Die Bordsprache – New Age, New Speak

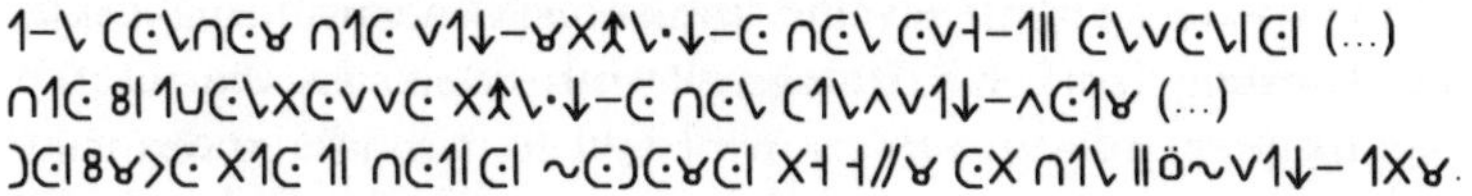

Sie verstehen nur Bahnhof? Kein Wunder, handelt es sich doch um eine Botschaft von Insidern für Insider, codiert mit einem speziellen Word-Plugin, dem Alphabet für Insider. Hier nun der vollständige Text in deutscher Übersetzung:

„Ihr werdet die Lichtsprache der Elohim erlernen (...)
die universelle Sprache der Wirklichkeit (...)
Benutze sie in deinen Gebeten so oft es dir möglich ist."

www.kryonschule.de [83]

Wir wollen uns hier noch dem esoterischen Sprachkosmos annähern. Denn was der Weltenbau einläutet, findet im entsprechenden Jargon seine Verankerung. Dabei ist es nicht nur die neue Welt selbst, welche einen ganz spezifischen Sprachgebrauch mit sich bringt. Vielmehr wirken hier Zeichen- und Wortschatz an der Ausformung dieser neuen Wirklichkeit sogar mit. Ohne passende Bordsprache wäre eine spirituelle Himmelfahrt buchstäblich kaum vorstellbar.

Sprache erschafft Welten

Schon Wilhelm von Humboldt wusste um die Sprache als eine „welterschließende Kraft" [84]. Worte, Grammatik, ja sogar Laute prägen unser Bild von der Welt. Unterschiedliche Sprachgemeinschaften teilen demnach unterschiedliche Weltsichten. Während

sich nun Humboldt noch auf die Erschließung von Realem bezog, verhält es sich im Esoterischen beinahe umgekehrt. Steht doch hier zuallererst die Wirklichwerdung äußerlich nicht existenter, rein innerer Fantasy-Sphären am Programm. Und eben dazu bedarf es eines ganz spezifischen Vokabulars.
Von A wie „Astralkörper“ über E wie „Einhornenergie“ bis Z wie „Zwillingsseele“: Entscheidend ist hierbei der Nachschub an immer neuem Material. Aufbauend auf einem einschlägigen Basiswortschatz errichten spirituell Aufstrebende damit immer noch differenziertere Sprachgebäude, immer noch höhere Türme hinauf ins Lichtvolle. Die Logik dahinter scheint einfach: Je mehr Etagen hinzukommen, desto weniger wird bereits „Grundlegendes“ hinterfragt, umso selbstverständlicher wirkt bereits Erlerntes. Mittels unzähliger Fachausdrücke und Namensgebungen beginnen die Aspiranten das Phantastische zu benennen. Sie geben den „Dingen“ einen Namen, machen sie damit zu etwas Eigenem und verhelfen ihnen so zu einer eigentümlichen inneren Form von Wirklichkeit.

Sprache sichert Anschluss

Geteilt wird diese Wirklichkeit von einer redseligen Community. Ein Forumsbesuch bei der Kryonschule verdeutlicht das Geschehen: Es wird korrespondiert, gechattet und zitiert, was die Leitung hergibt. Dabei tauscht die Community Idiome, die außerhalb dieser Welt jeder Bedeutung entbehren. Die User bilden so eine Form von Erlebensgemeinschaft, die auf einem sprachlich frei erfundenen Kosmos basiert. Das beeindruckende Quantum an kommunikativer Interaktion entspricht dem Wunsch nach Aufrechterhaltung und Verfestigung ihrer gemeinsam gelebten Fiktion.
Der Vergleich mit herkömmlichen Fansprachen liegt hier nicht fern. Erinnert doch die sogenannte „Lichtsprache der Elohim“ [83] kaum zufällig an Tolkiens Elbisch aus dem Welterfolg „Herr der Ringe“. Beide bilden gewissermaßen den Slang einer Community. Dabei ermöglicht gerade das Wissen um die korrekte Diktion eine „virtuelle Teilhabemöglichkeit an Szenen“ [85], betont Gerald Koller. Wer die Szene-Codes beherrscht und deren Symbole berücksichtigt, kann einer Gemeinschaft angehören, und das sogar, „ohne

jemals direkten persönlichen Kontakt zu anderen Szenemitgliedern gehabt zu haben", so der österreichische Experte für Rausch- und Risikopädagogik [85]. Über Grammatik, Laut- und Begriffswelt können sich esoterische User so auch in eine nicht sichtbare, aber scheinbar allgegenwärtige Bewegung eingliedern. Die Verinnerlichung der entsprechenden Sprache sichert den Anschluss an ein größeres Ganzes und macht sie zu esoterischen Insidern. Wohl gerade deshalb vermittelt der Sprachschatz esoterischer Communitys auch diesen Beigeschmack von Insiderwissen. Wer die jeweiligen Codes nicht beherrscht, der ist nicht „part of", wird unweigerlich zum Außenseiter. Es wirkt wieder der Herdentrieb. Das geheimnisvolle Neusprech macht sozusagen neu-gierig[23].

info

Über das Erlernen eines stetig wachsenden Fachjargons eignen sich spirituelle Konsumenten eine fiktive innere Welt an. Verstärkt durch allerlei digitale Interaktion entsteht hieraus eine kommunizierte sprachliche Wirklichkeit. Das Wissen um die jeweiligen Szene-Codes ermöglicht die Teilhabe an der virtuellen Community. Nicht-Wissende hingegen werden neugierig.

Das Un-Verständliche in Wort und Schrift

„Ich trete aus dem kollektiven Bewusstsein heraus, um die Einheit und meine Verbindung zum Göttlichen Gedankenfeld zu fühlen."
Aus dem „Vaterunser der Neuen Zeit", Kryonschule [86]

Dieses elitäre Insiderfeeling wird von einer noch viel tiefer liegenden Wirkkomponente mitgetragen. Zeichnet doch der Sprachgebrauch nicht nur ein Spiegelbild unseres Innenlebens, sondern gestaltet es in erheblichem Maße auch mit. Wenn es also darum geht, jemanden an ein „Göttliches Gedankenfeld" anzubinden, stellt sich auch die Frage nach dem Wie des dafür notwendigen Sprechmodus. Gerade Channeling-Botschaften bestechen durch ihre Langatmigkeit. Anschmiegsam in der Intonation und schleppend im Metrum bringen sie unseren Verstand ins Stocken. Die zusammenhanglosen Satzgebilde schläfern jedes Denken regelrecht ein. Marketingexperten kennen diese Strategie. Die Rede ist von einer „intensivierenden Verlangsamung" [61], damit einhergehend einer

Verdichtung im Erleben – beides zur Erhöhung der Konsumfreude. Engelsverkäufer potenzieren nun diese suggestive Umnachtung durch die unentwegte Berieselung mit betörender Lautmalerei.
„Ehyeh Asher Ehyeh, Ehyeh Asher Ehyeh“ – „Ich bin, der ich Bin. Ich bin der ich Bin“ [86], schallt es durch den Rosenheimer Kursaal, immer und immer wieder. Intoniert wird der Company-Song der dort ansässigen Bewusstseinsschule. Sein Text besticht durch klingende Vokale und weiche Konsonanten, sie nehmen dem Denken alles Markante und bannen mit ihrer Phonetik das Bewusstsein der Lauschenden. Diese stimmen schließlich mit ein und übernehmen das Einheitsgefühl in ihren Sprachgebrauch. Das Resultat prägt die für esoterische Zirkel so typischen Schriftwechsel: Sätze ohne Punkt und Komma, gespickt mit Fachchinesisch und Schreibfehlern – all das spricht für den „Flow“, in dem sich Innenweltler befinden. Alles Trennende geht verloren, alles Faktische scheint hier zu zerfließen.

info

Esoterische Kunstsprachen unterminieren das menschliche Denken. Ihre Wirkmacht entspringt vor allem dem WIE der Darbietung und liegt geradezu im Unverständlichen.

Die Du-Sprache

„Du mein geliebtes Kind, mein Lichtträger“
Skriptum der Kryonschule [87]

Es zählt eben nicht nur der Inhalt, sondern vor allem auch die Art und Weise, wie Botschaften unters Volk gebracht werden. Noam Chomsky nennt in diesem Zusammenhang eine weitere Raffinesse sprachlicher Einflussnahme: „Sprich zur Masse wie zu kleinen Kindern.“ Was der berühmte Linguist hier zynisch als Imperativ formuliert, beschreibt eine Sonderform gezielter Manipulation. Und diese scheint gerade im Esoterischen gängige Methode.
Bestechen doch spirituelle Ratgeber nicht zuletzt durch die gerne vorherrschende Du-Anrede. Damit verbunden ist meist auch ein gönnerhafter Ton, wie er normalerweise nur gegenüber kleinen Kindern gebraucht wird. Sinn und Zweck solcher Redeweisen sind unschwer zu erahnen: Die Du-Sprache verleiht dem Geschriebenen nicht nur

ein besonderes Maß an Eindringlichkeit, vielmehr unterbindet sie, dass sich die so Angesprochenen wie erwachsene Menschen fühlen. Von oben herab und liebevoll zugleich provoziert sie eine infantile Form von Kritiklosigkeit. Vom „Du“ eingelullt erwacht so im Rezipienten wieder das Kindliche. Kinder sind immer die besten Kunden.

Das Medium ist die Botschaft

„Esoterik funktioniert wie Werbung und Werbung wie Esoterik", schreibt die Philosophin Andrea Roedig in der österreichischen Tageszeitung *Der Standard*. Denn im Konsum selbst läge bereits eine Art magischer Zauber. Mit dieser Sichtweise knüpft sie an den großen Medientheoretiker Marshall McLuhan an. Denn ähnlich wie im Marketing geht es auch im Esoterischen nicht unbedingt darum, **was** das Medium von sich gibt, sondern vielmehr um das Medium selbst. „Das Medium ist die Botschaft", so McLuhans zentrale These, die die Kommunikationstheorie revolutionierte.

Wir messen demnach auch „die Wahrhaftigkeit von Werbung nicht an der Erfüllung ihrer Versprechen, sondern an der Wirkmächtigkeit der von ihr erzeugten Phantasien", betont der Kunsthistoriker John Berger. Wir wissen zwar, dass viele der Versprechungen nicht ernst zu nehmen sind, doch lieben wir den Flirt mit der Verführung, den Rausch ihrer Konsumation. Doch wer glaubt, die Tricks von TV-Spots durchschaut zu haben, irrt. Denn ehe man sich versieht, wirkt die sanfte Berieselung durch die Hintertür. Wir empfinden uns als schlau, verbinden ein x-beliebiges Produkt mit dieser positiven Emotion und schon ist's passiert!

Umgelegt auf Channeling-Events ließe sich McLuhans Theorem wie folgt formulieren: „The Medium ist the *Massage"*, um ein weiteres seiner Bonmots zu gebrauchen. Es geht nicht darum, welche Inhalte die Frau in Engelsgarderobe ihrem Auditorium offenbart, sondern vielmehr darum, *dass* hier jemand angeblich göttliche Botschaften empfängt und die Zuhörer mit seinen Streicheleinheiten einlullt. Zu viel sinnvoller Content würde die so erzeugte hypnotische Atmosphäre nur unnötig stören. Was verzaubert, ist das Umspült-Werden, das Mediale selbst, die glitzernde, duftende Verpackung.

Quellen: [88] [89] [90]

Ein einstweiliges Fazit könnte so lauten: Im Drang nach Verwirklichung ihrer selbst eignen sich esoterische User eine künstliche Spielsprache an. Das alte Ich verliert dabei merklich an Bodenhaftung. Mit dem Verlust an semantischer Vielfalt einhergehend denken derart Indoktrinierte zusehends in festgefahrenen astralen Umlaufbahnen. Eingewoben in eine Scheinwelt fühlen sie sich vielleicht abgehoben und frei, doch gerade ihr frisch erworbenes Neusprech macht sie zu Gefangenen eines heimtückischen Systems. George Orwell lässt grüßen.

Wir schließen mit einem Zitat: „Versuche nicht, meine Worte mit dem Verstand zu verstehen, denn Kryons Worte gehen direkt in dein Herz.“ (Skriptum der Kryonschule) [87]

SCHRITT 2

Der Astronaut

Das esoterische Heldendrehbuch, Glamour und seine Tücken

Jede Welt braucht ihren Helden

Wie wir in Schritt 1 gesehen haben, entführen esoterische Unternehmer ihre Kunden in einen unsichtbaren Wirkkosmos. Man könnte es auch anders formulieren: Die Bühne ist aufgebaut, die Requisiten stehen, sogar die Texte sind schon da. Nun fehlt nur mehr der Hauptdarsteller: unser Held. Doch wird dieser zentrale Charakter esoterischer Drehbücher nie vorab besetzt. Dieser Part bleibt immer frei und wartet geradezu auf Freiwillige, die hier einspringen. Und wer wohl wäre für die Hauptrolle besser geeignet als der User selbst? Wir haben es bereits angerissen: Zur Himmelfahrt unseres Planeten bedarf es einer auserwählten Crew: der Lichtarbeiter. Und so liegt es förmlich auf der Hand, dem Kunden dieses Etikett umzuhängen. Wer wäre nicht gerne ein Bruce Willis, ein Retter der Menschheit? Damit alleine jedoch erschiene die Mitgliedschaft im magischen Club der Insider noch viel zu unverbindlich. Schließlich soll sich der User von innen heraus zu einer heiligen Mission berufen fühlen. Einer Art inwendigem Herzenswunsch folgend soll er sich immer mehr mit der virtuellen Spielfigur identifizieren und den Sternenreisenden in sich erkennen.

Immersion

Der Begriff der Immersion stammt aus dem Film- und Computerspielbusiness, wird aber genauso in der Literatur aufgegriffen. Er beschreibt die Überführung in einen Bewusstseinszustand, bei dem sich die „Wahrnehmung der eigenen Person in der realen Welt vermindert und die Identifikation mit dem virtuellen Ich (auch Avatar genannt) in der künstlichen Welt vergrößert". Die Art der Gestaltung der virtuellen Welt übt dabei einen wesentlichen Einfluss auf die Ausprägung des Immersionseffektes aus. Je anspruchsvoller und fesselnder Requisiten und Screenplay, desto intensiver die subjektiv wahrgenommene Immersion. Ab einem gewissen Punkt „spielt" der Involvierte nicht mehr eine Figur, sondern *ist* vielmehr selbst innerhalb der virtuellen Welt.
Quelle: [91]

Die Heldenreise

Dass sich das Spirituelle analog zu Hollywood erfolgreicher Schemata bedient, haben wir bereits vorweggenommen. Nun wollen wir uns dem Skript des Helden zuwenden. Dabei nutzen wir die Bilderwelt des Blockbusters „Star Wars“ [92]. Denn wieder liefert der Film genau jene zentralen Elemente, welche nicht nur fesseln, sondern den User regelrecht aufsaugen. Zur weiteren Illustration dienen immer auch Zitate aus dem lichtvollen Genre selbst. Als Musterstück für ein griffiges Aufstiegsdrehbuch soll hierzu eine gechannelte Rede von „Meister Lao Tse“ dienen. Die Webseite der Kryonschule lädt diesbezüglich zum Weiterlesen ein.

Die Berufung
Es ergeht dem spirituellen Aufsteiger wie dem jungen Luke Skywalker. Ein etwas unbedarfter Protagonist wird aus seinem alten Leben herausgerissen. Von einer Art Herold erhält er Prinzessin Leias Botschaft und wird so zum Aufbruch berufen.
Und so klingen die gechannelten Weckrufe aufgestiegener Meister:
„Die Zeit des Erwachens ist gekommen. Meister Lao Tse möchte dich heute darüber aufklären, wie dieses göttliche Erwachen in dir stattfinden kann.“ [93]

Anfangs zögert er vielleicht noch ...
... aber auf Nachdruck seines Mentors leistet Luke dem in ihm wiederhallenden Signal doch Folge und macht sich auf den für ihn bestimmten neuen Lebensweg.
„Vergesse nicht die Botschaft (...) Wie oft benennst du, als Entschuldigung für deine Prozesse, dich selbst, da du menschlich bist? Beginne zu verstehen: Du bist mehr als ein Mensch.“ [93]

Das Überschreiten der Schwelle
Die Hauptfigur verlässt schließlich ihren Heimatplaneten und betritt eine neue, noch unbekannte Ebene des Daseins. Diese steht symbolhaft für das ihr innewohnende Unbewusste.
„Denke nicht wie ein Mensch, gehe über deine Grenzen hinaus. (...) Du bist göttlich! [93]

Ab nun gibt es kein Zurück mehr
Ähnlich dem jungen Skywalker fühlt auch der esoterische Aspirant, dass er nicht mehr so richtig in die alte Welt passt. Alles Bisherige wird ihm plötzlich irgendwie fremd.
„Nichts wirst du im Außen finden, was dir beim göttlichen Erwachen dienlich ist. (...) Höre nicht auf die Menschen." [93]
Der Berufene betritt somit eine Einbahnstraße zum Ort seiner Bestimmung. Hier nun kommt die sogenannte Heldenreise in Schwung.

Die Einweihung in der Unterwelt
Seine elementarsten Lektionen erwarten den Heros an einem verborgenen Ort. Dort trifft er auf seinen geistigen Lehrer, eine Art Guru, im Film Meister Yoda. Schritt für Schritt weiht dieser ihn in die Gesetze der Macht und die Geheimnisse der Intuition ein.
„Mit den 48 Schritten hast du den passenden Schlüssel für dieses Schloss bekommen. (...) Wenn du deinen göttlichen Kern erwachen lassen möchtest, dann gehe die Schritte mit all deiner Kraft und all deiner Liebe." (Meister Lao Tse, Kryonschule) [93]

Magische Kräfte
Luke Skywalker (der „Himmelsreisende" und „Lichtträger", lat. Lucifer) erhält hierauf übernatürliche Fähigkeiten und erlernt den Gebrauch seines magischen Lichtschwerts.
„Das magische Schwert Excalibur wird in dir aktiviert. (...) Das Lichtschwert von Lanzelot und König Arthur." (Kostenpunkt: 110 Euro) [94]

Vertraue der Macht
Seine zentrale Stärke jedoch speist sich von nun an aus einer noch viel tiefer liegenden Quelle, dem absoluten Vertrauen gegenüber der Macht.
„Situationen von Zweifel und Angst wirst du nicht mehr empfinden. Du wirst in Resonanz gehen, mit Allem-was-ist, in der absoluten göttlichen Kraft und göttlichen Macht." [93]

Die Helfer
Derlei Selbstaufgabe gehört belohnt. Und so wird dem Entschlossenen sein Weg zum Ziel erleichtert. Flankierend zu einer Seite ste-

hen deshalb immer auch wohlgesinnte Weggefährten, diese fungieren gleichsam als Geleitschutz zum Ort seiner Bestimmung.
„So haben sich viele Wesen versammelt, um hier dabei zu sein, euch zu unterstützen und euch die Energien zuzuflüstern: Vertraue, vertraue, vertraue." [95]

Die Prüfungen
Dennoch verlangt jede Mission ihre Opfer. Wie bei einer Initiation muss der Darsteller Stück für Stück seine alte unreife Persönlichkeit, viele ehemalige Freunde, unpässliche Glaubenssätze sowie Hab und Gut hinter sich lassen.
„Mehrmals haben wir dir die Botschaft übermittelt, dass es wie ein Reißverschlussverfahren ist. Wir geben den unseren Teil und wir brauchen deinen Teil." [93]

Der alles entscheidende Kampf
Nach vielen Stationen der Läuterung kommt es schließlich zur Konfrontation mit dem eigentlichen Widersacher, der dunklen Seite der Macht. Im Film passend als „der Imperator" personifiziert, trifft Skywalker hier letztendlich auf einen Stellvertreter für sein eigenes Ego. Dieses „High Noon" markiert zugleich auch die Schlüsselszene am Pfad spirituell Auserwählter. Denn mit der Überwindung des inneren Gegners stirbt zugleich auch das eigene alte Ich.
Essenz Nr. 34: *„Shiva (...) Transformiert das Ego (...) durchfährt dich wie ein Blitz (...)*
Deine Seele ist unruhig, denn sie will ihren Auftrag erfüllen. Shiva hilft dir dabei." [96]

Wiederauferstehung und Vollendung
Im Zuge dieses Wandels zu neuem Dasein wird nun auch der allgegenwärtig drohende Todesstern, ein Symbol für das Leben in der Vergänglichkeit, ein für allemal zerstört. Selbst nun ein Meister, darf der Hauptakteur als frisch transformierter Held zurückkehren. Es folgt eine Art Wiederauferstehung. Seinen Blick ziert von nun an dieses gewisse Leuchten – *per aspera ad astra*[24]!
„Erstmalig ist es möglich, dass alle Muster des Todes, der Krankheit und des Alterns in dir ausradiert werden. (...) Du wirst ein erwachter Mensch sein, ein Pionier der Familie, der gerufen wurde." [93]

Meister der zwei Welten

Und so wird auch der Tapfere schlussendlich für seine Kühnheit geadelt. Der Neugeborene kehrt mit seinem höheren Wissen zurück zu den Normalsterblichen und lässt alle an seiner Entdeckung teilhaben. Er ist nun selbst ein Jedi, ein Herr der zwei Welten, ein waschechter Lichtarbeiter.

„Wenn du göttlich erwacht bist und Menschen auf dich treffen, die noch schlafend sind, wirst du mit deiner ganzen göttlichen Kraft auf alles, was dir begegnet, mit Liebe reagieren. Denn du kannst dann gar nicht mehr anders, als mit Liebe zu reagieren." [93]

Zugegeben, das war viel auf einmal. Doch liefert uns das eben Skizzierte die Grundstruktur der sogenannten klassischen Heldenreise. Ob nun in der Mythologie, im Märchen, auf einer schamanischen „Vision Quest" [97], beim biblischen Jonas oder in der filmischen Apotheose in „Avatar" – Joseph Campbells „Monomythos" [98] versinnbildlicht den Kern aller großen Heldengeschichten. Der amerikanische Mythenforscher verglich heroische Erzählungen quer über den Erdball und stieß dabei immer auf dieselben archetypischen Stationen: der Ruf zum Abenteuer, der Aufbruch ins Unbekannte, ein Weg voller Prüfungen, das Bergen des Schatzes und schlussendlich die Rückkehr als neuer Mensch. Bleiben Sie deshalb beim nächsten Kinobesuch aufmerksam! Denn nicht nur Regie-Altmeister George Lucas greift bewusst auf derlei Storyboards zurück, ganz Hollywood regt die damit verbundenen psychischen Affekte gewinnbringend an und füllt so die Kassen der Produzenten.

info

Der klassische Heldenmythos bedient sich meist einer deckungsgleichen Dramaturgie. Über die Reaktivierung unbewusster Skripte wirkt die Geschichte irgendwie logisch. Der Rezipient fiebert mit und kippt in die Handlung hinein.

Esoterische Biografie – der Ursprungsname

Der Einstieg in ein heldenhaftes Dasein erfolgt in Bewusstseinsschulen meist über den Erwerb einer neuen astralen Identität: „Der Ursprungsname ist der Name, der dir von deinen kosmischen Eltern bei deiner Erschaffung gegeben wurde und enthält die gesamte Ur-Essenz deines Seins. (...) Wenn du deinen Ursprungsnamen verwendest, greifst du auf diese Urinformation zurück und das erleichtert dein Erwachen."
Quelle: [99]

Und was in der irdischen Traumfabrik zu Geld gemacht wird, schreit förmlich nach Umsetzung in der überirdischen. Denn wie uns die eben getätigte Gegenüberstellung illustriert: Auch spirituelle Drehbuchautoren instrumentalisieren den Heldenmythos als packendes Skript. Die Konsequenzen liegen auf der Hand: Der User fühlt sich heimisch und hält sich für den Helden. Doch genau diesen gibt es nur innerhalb der großen Erzählung. Will er fortan ein Heros bleiben, darf er diese Welt niemals mehr verlassen. Bereitwillig lässt der Berufene Liebgewordenes hinter sich und vertraut wie Manuel auf seine gefiederten Bodyguards. Schließlich will auch er sich seiner Bestimmung überlassen, möchte auch er für seinen Edelmut belohnt werden, will auch er den Heiligen Gral finden. Sein Leben wird ganz und gar filmreif.

info

So wie im Filmbusiness vertrauen auch esoterische Produzenten auf die Wirkmacht heroischer Geschichten. Ihre bühnenreifen Skripte verleihen dem User den Eindruck eigener Bedeutsamkeit. Bereitwillig schlüpft dieser in vorgegebene Rollen und macht sich so zur Spielfigur. Er fühlt sich befreit, denn sein Leben verläuft von nun an nach ihrem Drehbuch.

Kein Held ohne Mitstreiter – im Sog der Masse

Auf den letzten Seiten haben wir besprochen, mittels welcher Dramaturgie esoterische Konsumenten den Superhelden in sich entdecken. Dabei gehören zu jedem Heros bekanntlich auch engagierte Mitstreiter. Umringt von helfenden Freunden finden Lichtpioniere so auf ihrem Wandlungsweg wieder Anschluss an eine große kosmische

Familie, getragen vom Geist eines imaginären Kollektivs. Wie wird aber überhaupt im Rezipienten das Gefühl einer Massenbewegung hervorgerufen und wozu dienen diese Erzählstrategien?

Das Gesetz der großen Zahl

„Zurzeit sind sieben bis acht Millionen Lichtarbeiter auf der Erde. Sie sind, wie manche sagen, die ‚Planetarischen Übergangsteams'."
Aus dem Buch „Der Lichtkörper-Prozess" [1]

Mit diesen und unzähligen gleich klingenden News aus der astralen Welt erzeugen esoterische Schreiber im Leser so etwas wie kollektive Aufbruchsstimmung. Dem Gesetz der großen Zahl folgend toppen Channelmedien wie Christina Soraia das alles noch gerne mit einem ganzen Schwarm von „lemurischen Brüdern und atlantischen Schwestern" und nicht zu vergessen „den Legionen von Erzengel Michael". Die Message dürfte klar sein: „Alle sind schon da – alle warten nur mehr auf dich!"

Multiple Player

Und dieses Mitgenommen-Werden wird von himmlisch Berufenen gerne angenommen. Immerhin impliziert die vorhin besprochene Heldenreise eine Trennung zwischen dem Menschen und seinem alten Ich. Er lebt nun mit den Worten Eric Hoffers in einer „hochreaktiven Seinsform" [78] und will sich mit allem verbinden, was irgendwie in seine Reichweite kommt. Eine ideale Gelegenheit, ihn in diversen Bünden und Verbänden zur Fronarbeit im Namen der Neuen Zeit zu verpflichten: „Ihr seid in Arbeitsgruppen auf diesem Planeten und diese Leute sind es, mit denen du arbeiten sollst", berichtet ein weiteres selbst ernanntes Pflichtbuch für spirituelle Pioniere.
Eine Art höherer Auftrag also, bestimmt für eine Elitetruppe. Das Ganze erinnert nicht zuletzt an das Gamedesign erfolgreicher Onlinewelten: Denn auch in sogenannten „Massively Multiplayer Online Role-Playing Games" (MMORPG) [100] finden unzählige Prota-

gonisten quasi ortsunabhängig zueinander. Und auch im digitalen Cyber bestreitet man seine ersten großen Taten im Kollektiv. Was im Netz zu sogenannten Gilden zusammenschweißt, verbindet innerhalb der göttlichen Matrix ganz offensichtlich zu Arbeitsgruppen. Der Vergleich scheint nicht zu weit hergeholt: Auch die „World of Soulcraft“ verstrickt ihre User in ein „Massen-Mehrspieler-Online-Rollenspiel“. Auch sie verleitet zum gemeinsamen Agieren in mystischen Räumen. Und auch hier sucht und findet der User vor allem eines: Anschluss.

Intergalaktische Kameraden – der „Non-Player-Character“

Ein besonderes Stilmittel esoterischer Schreiber ist die schon erwähnte Bereitstellung nicht sichtbarer Gefolgsleute. Denn folgen wir den Ratgebern, gesellt sich zu den Millionen von Lichtarbeitern auch noch ein ganzes Heer von „galaktischen Wissenschaftlern und Lehrern“ sowie „Beratern aller Hierarchien“ [73]. Das Screenplay gleicht damit mehr und mehr einer einzigen großen Mobilmachung. Vorbilder hierfür finden sich wieder im handelsüblichen Online-Gaming-Sektor. Denn gerade in Internetrollenspielen werden sogenannte „Non-Player-Characters“ (NPCs) [101], also rein programmierte Mitstreiter, dazu eingesetzt, die Reihen mit fingierten Figuren zu füllen. Krieger, Heiler, Druiden und Priester – ihre Namensgebungen sind direkt ins Esoterische übertragbar. Und so lassen auch neuzeitliche Autoren einen ganzen Konvoi intergalaktischer Kumpane aufmarschieren. Umringt von diesen potemkinschen Geistersoldaten nährt sich im Auserwählten das Empfinden von Masse und Macht. Einer astralen Community einverleibt erwachen plötzlich kameradschaftliche Gefühle. Er und die vielen anderen, ein wahrhaft eingespieltes Team.

Herdengefühl

Und die Folge von alledem? Die können wir uns anhand des bisher Beschriebenen getrost selbst zusammenreimen: *Stoßtrupp + Heilsarmee + Arbeitsgruppe ...*

Ich bitte Sie, die ratternde Marschtrommel im Hinterkopf zu reaktivieren. Schicken doch esoterische Dramaturgen hier alles Menschen-Unmögliche in die Schlacht, um ein plumpes Herdengefühl zu provozieren. Ihr oftmals verräterisch militärischer Tonfall spricht dabei für sich: „Gehst du nur einen Schritt, gehen wir für dich tausend Schritte." (Skriptum der Kryonschule) [87]
Im stampfenden Gleichschritt wird die alte Persönlichkeit mit Füßen getreten. Dabei erwacht der Involvierte in der Körperschaft eines fingierten Kollektivs zu scheinbar neuem Leben. Erlöst vom alten Ich und all seinen Bedrängnissen findet der User so eine uniformierte Form von Freiheit. Absorbiert vom Spektakel kommt zugleich ein Gutteil seines Denkens zum Stillstand. Hier die Unsterblichkeit und da das Nichts.

info

So wie Onlinerollenspiele verwickeln auch Aufstiegsdrehbücher ihren Konsumenten in eine Massen-Mehrspieler-Szenerie. Insbesondere die Mobilmachung unsichtbarer Kameraden sorgt für Gefühle von Größe und Herrlichkeit. Vom Herdengefühl absorbiert lassen Lichtarbeiter ihren Einzelwillen hinter sich. Sie gehen auf in einer fingierten großen Bewegung.

Jedem Helden sein Publikum, kein Star ohne Applaus

Umringt von erfundenen Mitwirkenden spielen esoterisch Berufene also in einer virtuellen Arena. Dabei misst sich das Gelingen jeder Darbietung bekanntlich am Applaus des Publikums. Im Folgenden wird es also darum gehen, wie spirituelle Geschichtenerzähler mit gezielt eingesetztem atmosphärischem Druck die Stimmung zusätzlich anheizen und darüber hinaus ihre Konsumenten zu Höchstleistungen motivieren. Scheinwerfer, Jubelschreie und tosender Beifall: Das heroische Feeling soll sich unauslöschlich ins Gehirn der Akteure einbrennen.

Standing Ovations motivieren zusätzlich

Nicht von ungefähr erinnert die Szenerie rund um den spirituellen Aufstieg an jene von Meisterschafts-Endspielen. Gladiatoren gleich betreten die Champions das Spielfeld. Blitzlichtgewitter, Fahnen und enthusiastische Schlachtenbummler bringen den Kessel zum Brodeln. Was wäre wohl eine Fußballmannschaft ohne den sogenannten „12. Mann", das Publikum?
Wo andere sich bemühen, Millionen von realen Zusehern ins Stadion und vor die Bildschirme zu locken, führen spirituelle Clubchefs jene Strategie weiter, welche schon am Spielfeld zur Anwendung kam. Denn sie füllen kurzerhand auch die Zuschauerränge mit *unsichtbaren* Beobachtern. Und – nun kommt, was kommen muss – diese sind irrsinnig stolz auf ihre Pioniere. Sie honorieren deren Leistung mit unermüdlichem Beifall. Von nun an sind also alle Augen auf den Helden gerichtet, unseren Hoffnungsträger für diesen Gang in eine neue Ära. Lobgesänge pushen seine Performance. Der User sonnt sich im Fokus kosmischer Bewunderung:
„Wenn die Quelle beschließt, aus der Göttlichkeit heraus, eine Atemdusche voller Energie über euch zu ergießen, dann will euch die Göttlichkeit, die Fürstenengel, die Thronenengel, die Merkaba Gottes und Jesus Christus zeigen, wie sehr ihr geachtet und geliebt werdet für das was ihr seid". [95]

Käufliche Liebe der Neuen Zeit

„Ihr werdet unermesslich geliebt!" Solche Botschaften bilden das zentrale Wesensmerkmal der gesamten esoterischen Szene. Bei klassischen Sekten sprechen Experten vom sogenannten „Love Bombing". Der Anzuwerbende wird hierbei mit Aufmerksamkeit, Anteilnahme, geheuchelter Freundschaft und Herzlichkeit geradezu überschüttet. Die Zielperson will hierauf dieses Übermaß an Herzenswärme erwidern. Ihre ersten kleinen Gegengeschenke (Neugier, Interesse, Zeit, kleinere Geldleistungen) binden sie schrittweise an den Kult. Das unentwegt fortschreitende Seminarprogramm erzeugt eine zusätzliche Sogwirkung. Der Betroffene sehnt sich nach Anschluss und Akzeptanz und übernimmt Jargon und Denkweise der neuen Community.

Old Age: Produktvermarkter bedienen sich der Stilmittel der sogenannten „Consumer-Empathy" und sichern sich so „Logenplätze im Gehirn des Kunden". Man will das Herz des Käufers erobern und umhüllt Erzeugnisse mit einem künstlichen Charme. Staubsauger, Kaffeemaschinen oder Autos betören durch ihr „emotional design" und beginnen mit ihrem potenziellen Besitzer zu liebäugeln. Die zentrale Botschaft: Die Marke liebt dich!

New Age: Schmeichelei, Charme und übertriebene Nettigkeit sind nicht mehr mit einer real brauchbaren Ware gekoppelt, sondern avancieren selbst zum Produkt. Sie erzeugen im Rezipienten ein Gefühl von Resonanz und entwaffnen den Verstand. Dabei gilt Verliebtheit als erstrebenswerter Idealzustand in spirituell-esoterischen Kreisen und wird über Events, Behandlungen, Artikel und Publikationen aller Art aktiv vom Käufer erworben. Die Fans von Lichtgestalten projizieren alle ihre Sehnsüchte auf ein unsichtbares Geistwesen und verzaubern so ihr Befinden. Die User verlieben sich in ihr eigenes Verliebtsein. Im diesem Bewusstseinstaumel entwickeln Betroffene mitunter eine beeindruckende Ausstrahlung, sie fühlen sich unverwundbar und sind für jedwede Manipulation offen.
Fazit: Esoterik ist käufliche Liebe - nur diesmal nicht am Straßenrand, sondern am Bahnhofskiosk.

Quellen: [102] [103]

Wird einem da nicht regelrecht warm ums Herz? Das Medium, beziehungsweise das durch dieses sprechende Lichtwesen appelliert gezielt an das, was der Werbeprofi als „Glory-Gefühl" [61] identifiziert. Eine gekonnte „Glory-Inszenierung ist (...) nicht selbstbezogen; sie dient zur höheren Ehre eines anderen, zum Beispiel des Kunden, in dem ein solches Erhabenheitsgefühl geweckt werden soll". Die damit einhergehende Ausschüttung von Serotonin tut dabei den Rest. Im Marketingjargon spricht man von einer Art „heiliger Trunkenheit" [104].
Der Erfolg scheint den feinstofflichen Weltenbauern Recht zu geben. Denn die vom Jubel Angefeuerten stürmen beherzt nach vorne und landen einen Treffer nach dem anderen. Doch am Spielfeld des Nicht-Dualen herrschen nun einmal ganz eigene Regeln. Denn es gibt hier nur ein Tor, das eigene. Aber mit Ruhm aufgeputschte Vorreiter kann auch so etwas nicht beirren. Sie frohlocken und baden im Meer der Ovationen. Der Meistertitel wird ihrer sein:

„... und dann werden eure Farben grandios sein! Alle um euch herum werden anhand der Farbbänder in eurer Merkabah von eurem Dienst erfahren. Und die Rolle, die ihr im universellen Lauf der Dinge gespielt habt, wird mit großer Ehre bedacht." [73]

info

Esoterische Dramaturgen stellen den User ins Zentrum des Geschehens und beschenken ihn mit fiktiver Aufmerksamkeit. Derart angefacht ist er bereit, alles zu geben.

Die Welt als Bühne – Verillusionierung

Doch damit nicht genug. Ob nun real oder nicht – wer vor dem Scheinwerferlicht der Weltgeschichte, vor den Augen der Ahnen oder gleichwohl der hohen Räte des Lichtes agiert, für den verwandelt sich auch noch der letzte Rest der sichtbaren Welt zu einer bloßen Bühne. Das Diesseits verliert für den User komplett an Bedeutung. Geblendet von zu viel Licht und Liebe mutiert sein irdisches Dasein zum puren Schauspiel.

„Mag es dir immer noch unwirklich erscheinen, dass du scheinbar in einem Theaterstück mitwirkst, das das große Spiel des Lebens genannt wird, so wird die Erkenntnis dessen, was dies wirklich beinhaltet, für dich erst nach dem Erwachen fassbar sein." [87]

Die schon vorhin eingeleitete Entwirklichung wird auf diese Weise vorangetrieben. Vorbilder für diese Taktik gibt es reichlich. Denn esoterische Erzählungen agieren nach demselben Muster wie die vieler anderer fundamentalen Religionen auch. Sie forcieren diese dezidierte Verillusionierung des Irdischen. In Anlehnung an den Hinduismus entlehnt man dann gerne auch einmal Worte aus dem Sanskrit. Gesprochen wird oft von der uns bekannten Welt als „Maya", als einer reinen „Illusion" oder vom Dasein als „Lila, dem göttlichen Spiel". Lassen wir von den dahinter stehenden philosophischen Erwägungen ab und führen wir diese Vorstellungen konsequent weiter, landen wir unversehens im Lager extremistischer Fraktionen. Vom Hungerleidenden bis zum Opfer eines Selbstmordattentats – alles, was im Diesseits passiert, erscheint geradezu lächerlich verglichen mit dem, was da im Jenseits auf uns wartet:

„Der Planet Erde wird in die nächste Dimension übertreten und selbst wenn sich die Hälfte aller Menschen verabschieden, weil sie kein Einverständnis für ihr göttliches Erwachen geben, so sind sie nicht verloren, denn sie kehren auch heim in das Licht. So brauchst du nicht traurig zu sein, sondern verstehe, dass jede Seele selbst für sich entscheidet." [87]

In dieser Allgegenwart von Engeln, Meistern und allerlei Wesenheiten verkommt auch hier jede Realität zur schattenhaften Kulisse. Alles nur eine Illusion, ein bloßes Karma-Spiel, oder wie bei Manuel, „alles nur Energie".

info

Geblendet von einem Zuviel an Publicity wird die bisherige Lebenswelt für den User kulissenhaft und unecht. Sie verwandelt sich zur bloßen Bühne seiner Darbietung.

Wenn wir den logischen Faden des eben Beschriebenen sinnvoll weiterspinnen, sind es vor allem die damit einhergehenden psychischen Nebenwirkungen, welche spirituellen Intendanten nachhaltig Einnahmen in die Kasse spielen:

- Abgefüllt mit Glanz und Gloria werden Soulcraft-Spieler zu Übermenschlichem fähig. Gleich Fußballern im Endorphinrausch erhöht sich ihre Bereitschaft, Schmerzen jeder Art zu ertragen.
- Jedes Loslassen fällt in dieser virtuellen Arena umso leichter. Denn so wie die alte Welt ist auch alles Hab und Gut plötzlich nur mehr Requisite. Familie und warnende Mitmenschen wandeln sich zu bloßen Statisten.
- Wer nur mehr vor Publikum spielt, genießt das Ansehen anderer.
- Ohne Rücksicht auf Verluste geht es dem Spieler mehr und mehr darum, den Zuschauern zu gefallen. Je mehr er riskiert, desto frenetischer ihr Applaus.
- Stolz und zugleich auch Scham bilden hierbei wiederum die Antriebsfedern. Der User wird süchtig nach väterlichem Lob und Anerkennung. Aber davon haben Engelsverkäufer ja genug.

Von Allmacht zu Ohnmacht

„Du bist ein reinkarnierter atlantischer Meister." Solche und ähnliche Botschaften verleihen ein vermeintliches Gefühl von Macht. Sie bedienen den Narzissmus ihrer Konsumenten und entheben sie ihrer scheinbaren Bedeutungslosigkeit. In Wahrheit aber überladen sie ihre Träger mit zu viel Verantwortung. „Mit jedem Gedanken erschaffst du Realität", derartige Glaubenssätze klingen vielleicht verlockend, doch wirken sie wie Dynamit in Händen der Auserkorenen.

Dem zu hohen Auftrag nicht gewachsen, sehnen diese sich noch mehr nach Führung. Gechannelte Literatur bedient sich somit ähnlicher Mechanismen, wie sie laut Margaret Thaler Singer in Sekten immer schon zur Anwendung kamen. Die radikale

Verantwortlichkeit nicht nur für sich selbst, sondern für die ganze Welt sorgt beständig für ein schlechtes Gewissen. Aus der „Einweihung in den Allmachtsaspekt" resultiert letztendlich Ohnmacht.
Quellen: [105] [102]

Das Publikum macht den Star

An dieser Stelle sei noch der identitätsstiftende Faktor virtueller Fanclubs hervorzuheben. Denn was die Heldenreise und das fiktive Kollektiv in die Wege leiteten, erhält mit den fingierten Schlachtenbummlern nun einen Riegel mit Verstärker. Immerhin bezeugen die zahllosen astralen Begutachter unentwegt das neue phantastische Ich der Transformierten. Sie dienen sozusagen als Augenzeugen der vollzogenen eigenen Verwandlung. Ein Mechanismus, der dem einen oder anderen wohl auch aus irdischen Identitätstauschbörsen bekannt sein dürfte: „697 Friends online". Schließlich bieten gerade Cyber-Bekanntschaften schon für viele von uns ein neu gefundenes soziales Umfeld. Dabei bestätigen unsere teils semivirtuellen Freunde oftmals auch nur ein heimliches Wunsch-Ich. Stets abrufbar und immer mit dabei in der Hosentasche, das schöngefärbte Image im Netz ist nicht nur schwer löschbar, sondern sorgt – beglaubigt durch unentwegt zwitscherndes soziales Feedback – für eine schicke zweite Identität. Denn so wie mich meine Freunde sehen, so bin ich auch.

„Zeige mir Deine Freunde, und ich zeige Dir, wer Du bist", schulmeistert dazu passend ein altes Sprichwort. Ein Ausspruch, der gerade auch im Umfeld der Neuen Zeit verstärkt an Aktualität gewinnt. Denn vor allem der Lichtarbeiter aktualisiert angesichts seiner astralen Verehrer beständig sein neu gefundenes Selbstbild und versichert sich seiner tragenden Rolle beim großen Dimensionswechsel.

Wolfgang Bergmann und Gerald Hüther, zwei Experten für Onlinespielsucht, würden es wohl so formulieren: All die klug in Szene gesetzten World-of-Soulcraft-Figuren dienen als Spiegelungen der eigenen Größenphantasie. Die Ich-Fiktion erstrahlt dabei in einem Glanz, der dem Alltags-Ich partout nicht gelingen will. Mit anderen Spielern ausgetauscht bleibt nun diese imaginierte Vollkommenheit nicht für sich. Vielmehr wird diese innerhalb der Community geteilt und gewinnt damit nach Auffassung der Spezialisten eine „eigenwillige kommunikative Realität“ [106], auf die wir in Schritt 8 noch näher eingehen werden.

info

Seine unsichtbaren Freunde formen zusätzlich die Identität des Users und helfen dabei, das neue Selbstbild dauerhaft zu fixieren. Das Publikum macht so den Aufsteiger zum Star. Seine phantastischen Fans loben ihn förmlich in den Himmel.

Kein Held ohne Hymne

Ein ganz besonderes Highlight spiritueller Ehrerbietung erlebte am „Kryonfestival“ im Herbst 2010 seine Uraufführung:

„omare ta satt, omm tat sat, omare ta satt ...
wir sind bereit omm tat satt, wir sind bereit ...
omare ta sat omm tat satt, omarte ta satt ...
wir ööffnen das tooor zur wirk-lich-keit“

Zum Mitsingen nehmen Sie ganz einfach die Melodie von „Es gibt kein Bier auf Hawaii“. Tonfolge und Rhythmus klingen nahezu ident. Nebenbei lässt dies erahnen, in welch inspirierenden Lokalitäten esoterische Drehbuchschreiber ihre Schöpferkraft beziehen. Die Animateurin macht's in „Stadl-Manier“ vor und der voll besetzte Rosenheimer Kursaal stimmt ein:

„und dann alle im Chor ...
... wir tragen das Licht in diese Zeit
... der neue Morgen ist nicht mehr weit
... wir sind die Pioniere der Neuen Zeit“

Dabei haben die Organisatoren eines begriffen: Hymnische Lobgesänge entfalten eine ganz besondere Wirkung. Denn die Mitmachenden bejubeln sich selbst und werden so zu ihrem eigenen Publikum. Nicht fehlen darf da die Taktvorgabe durch eine fähige Dirigentin. Beatrice Reszat kennt das Showbiz in- und auswendig und hat als Songwriterin für Udo Lindenberg und Peter Maffay Gespür für Hitverdächtiges bewiesen. Und was am Oktoberfest funktioniert, lädt auch in Rosenheim zum Schunkeln ein. Ob nun feuchtfröhliche Bierseligkeit auf der „Wies'n“ oder himmlische Tranquilität im Kongresszentrum: Da wie dort zelebriert man das Reinheitsgebot. Das vermeintlich Erhabene scheint dem so oft getadelten Niederen wohl näher, als man glaubt.

SCHRITT 3

Die Tankfüllung

Spirituelle Energieträger und fesselndes Marketing

Nachdem wir das Drumherum nun eingehend besprochen haben, wollen wir uns im Folgenden damit befassen, wie spirituelle Vermarkter ihren Erzeugnissen zu nachhaltigem Absatz verhelfen. Schließlich sollen diese den Raumfahrer in höhere Sphären katapultieren. Dabei ist es in erster Linie die Produktpalette, die hier den Ausschlag gibt. Denn je mannigfaltiger das Angebot, desto weiter geht's hinauf. Warum genau, das lehrt uns wieder das Diesseits.

Variatio delectat (lat. „Abwechslung macht Freude")

Ob nun 16 Sorten Designerkaffee, 18 Kompositionen handgeschöpfte Schokolade oder 19 „sinnliche Variationen" von Gourmet-Popcorn [107] – die Vielfalt moderner Warenwelten verkauft uns vor allem eines: das Gefühl, eine Wahl zu haben. Dort, wo die multimediale Vernetzung uns täglich mit Ohnmacht und Unvermögen konfrontiert, ist es vor allem die Expertise im Kleinen, welche uns über globale Kontrollverluste hinwegtröstet. Der Boom an multioptionalen Warenwelten versinnbildlicht, wie sehr wir uns nach so etwas wie Entscheidungsspielraum sehnen. Plötzlich erwachsen aus ehemals harmlosen Konsumgütern ganze Universen für Eingeweihte. Der Aufstieg zum Hobby-Sommelier etabliert sich als Breitensport. Ob nun für Wein, Käse, Kaffee oder Senf: Es gibt kaum einen Bereich, der von den selbst ernannten Experten verschont geblieben wäre. Seife allein scheint da nicht mehr genug: „Hanföl", „Johanniskraut", „Latschenkiefer", „Melisse", „Teebaumöl" oder „Stutenmilch" [108] sind nun die neuen Must-Haves im Gästebad. Das Sehen, Riechen, Schmecken, Spüren wird zum Erfahrungsraum einer Konsumgesellschaft. Diese Sinnesfülle vermittelt das Gefühl von Lebendigkeit. Das Versinken in Sinnlichkeit wird zum wiedergefundenen Sinn.

Kein Wunder also, wenn esoterische Erzeuger auf diesen Zug aufspringen: 32 Sorten Engelsspray, 37 Gattungen Lichtkristalle oder gezählte 109 Variationen von Aura-Soma-Ölen – und all das in jeder erdenklichen Kolorierung, Duftnote oder haptischen Ausführung. Mit Sprühverschluss, aus geschliffenem Glas oder im dekorativen Miniflakon zum Umhängen: Auch hier vermittelt das Erlebnis selbst so etwas wie Sinn. Sinn aus dem Überangebot der Reize, Spiritualität, oder besser spirituelles Feeling, als Ergebnis eindringlicher Ästhetik. Das Resultat ziert die Regale und Aufsteller heimischer Drogerien und Esoterikläden. Ja, wer heutzutage „beim spirituellen Wachstum" nicht mehr hintanstehen möchte, der duscht seine seelischen Blockaden nun einfach weg. Eine delikate Selektion der 14 „Flower Shower-Duschgels" [109] durchdringt mit ihren „Schwingungen (...) den gesamten menschlichen Organismus" und betört nicht nur die Nase, sondern auch „Geist und Seele".

info

Esoterische Versandhäuser orientieren sich am Merchandising irdischer Verbrauchsgüter. Sie bieten ihre Produkte stets in multipler Ausführung und schaffen so eine breite Angriffsfläche beim Kunden. Für jeden Geschmack ist etwas dabei.

„Du bist die Farbe, die du wählst" [110]

Mit diesem Ausspruch trifft die Aura-Soma-Begründerin Vicky Wall den Nerv von Millionen. Man will nicht nur wissen, wer man ist, der Selbstsucher will auch die Wahl haben. Denn im Zeitalter des sogenannten Self-Designs liefern Beruf, Familie und soziale Herkunft kaum mehr stabile Identitätsmodelle. Jeder steht so vor der Aufgabe, seinem Leben Sinn und Form zu geben. Die Trendbüros sprechen hier treffend vom „Identity Management" [111]. Dabei sind es allen voran unsere Wahl- und Kaufentscheidungen, die darüber bestimmen, als wer oder was wir uns fühlen.
Wenn aber Identität nach Einschätzung führender Marktbeobachter bereits eine Frage unserer Konsumgewohnheiten ist, dann wird genauso auch Spiritualität als erlebter Sinn zum Ergebnis unseres Shoppings. Das Spirituelle mutiert so zum Massenprodukt am Markt einer „Experience Economy". Man sammelt sinnliche Er-

fahrungen und bummelt sich konsequent in höhere Sphären. Der Facettenreichtum esoterischer Konsumgüter erstreckt sich folglich ins schier Unendliche. Alles irgendwie das Gleiche, dafür aber in zigfacher Variation. Dieses Panorama an energetischen Mittelchen geht Hand in Hand mit der Unermesslichkeit der feilgebotenen Sphären. Ein jeder erhält hier Raum zur Selbstverwirklichung. Jeder kann sein Selbst nach seinen Wünschen modellieren.

Öl Nr. 83: *„Türkis/Gold – kreativer Einsatz der eigenen Potentiale“*
Öl Nr. 32: *„Königsblau/Gold – Feinfühligkeit in Beziehungen“* [112].

Der „Bewusst-Leben-Shop“ im Stadtzentrum dient somit vielen als Malkasten fürs spirituelle Image. Seine verschwenderisch vorhandene Auswahl täuscht nebenbei geschickt darüber hinweg, dass wir es hier mit Massenartikeln zu tun haben. Und das ist auch gut so. Denn wie die Selbstverwirklicher gehören zwar auch Lichtarbeiter zu einer immer breiter werdenden Masse, doch innerhalb der Strömung betont ein jeder seine ganz individuelle Note.

info

Die übergroße Auswahl lichtvoller Waren liefert dem Kunden ausreichend Freiraum, sein spirituelles Selbstbild nach Belieben zu designen. Bedient wird die Sehnsucht nach Einzigartigkeit.

Esoterisches Who is Who: Vicky Wall (1918–1991) & Aura Soma

Vicky Wall war eine britische Geistheilerin, die von „höherer Warte“ dazu inspiriert worden war, „Aura Soma“ der Öffentlichkeit vorzustellen. Aura Soma bezieht sich auf das „feinstoffliche Energiefeld“ *(aura:* lat. Lufthauch, *soma:* griech. Körper) und besteht in seiner ursprünglichen Konzeption aus 94 Fläschchen. Die Sprache der Farben soll es ermöglichen, tiefe Lebensmuster zu erkennen und zu überwinden und informiert zudem über zukünftige Ereignisse. Unterstützend wirken hierbei ein eigenes „Aura-Soma-Farb-Lexikon“ und eine Vielzahl spezifischer „Heil-Affirmationen“. Die Fläschchen werden auf rituelle Weise geschüttelt und das bunte Wasser-Öl-Gemisch meist auf die Chakren aufgetragen. Besonders hervorzuheben sind auch die Meister-Quintessenzen, deren Energien bedeutenden spirituellen Meistern zugeordnet werden. Darunter finden sich für die Szene sehr typische Namen sogenannter „aufgestiegener Meister“: St. Germain, Lao-Tse, Pallas Athene, Serapis Bey, Hilarion, Lady Nada, Christus (Sanada), Sanat Kumara. Alle ihres Zeichens wiederum Figuren, die auf Helena Blavatskys „Große weiße Bruderschaft“ verweisen. Vicky

Walls Konzept dürfte für vielerlei Trittbrettfahrer als Vorlage gedient haben und tut dies immer noch. Denn nicht nur in Sachen Merchandising, sondern auch in puncto Namensgebung innerhalb des Produktsortiments haben unzählige esoterische Essenzen-Vermarkter von ihrem Modell abgekupfert.

Produkte: Essenzen, Öle, Kosmetika, Bücher, Poster, allerlei Accessoires und allerhand Ausbildungen
Unternehmen: ®AURA SOMA ist eingetragenes Warenzeichen der Firma Aura-Soma Products Limited, Web: UK. http://www.aurasoma.de
Quelle: [113]

Mach das Ob zum Wie – die Qual der Wahl

Esoterische Fabrikate bestechen also durch ihre farbenfrohe Vielfalt. Doch abseits ihrer Nutzbarmachung als Mittel zur Eigendefinition kommen hier noch weitere psychologische Faktoren zum Tragen. Denken wir wieder an die reichlich befüllten Aufsteller von Aura Soma. Die bewusst arrangierte Qual der Wahl stellt den Anwärter vor neue Herausforderungen. Viele kleine bunte Fläschchen mit vielen kleinen Etiketten und noch viel mehr Bedeutungen. Was uns ein esoterischer Marktführer so offensichtlich vor Augen führt, entpuppt sich erst bei distanzierter Betrachtung als genau das, was jedem Verkäufer als „Alternativtechnik“ bekannt sein sollte: Hier wirkt aufs Neue das Überangebot an Wahlmöglichkeiten. Denn die Überladung mit zu vielen scheinbaren Alternativen lässt dem Kunden schlussendlich gar keine echte Wahloption mehr. Sei es nun im Onlinestore oder in der Drogerie: Die prallvollen Wände mit allerlei Energietinkturen und Engelszerstäubern laden unentwegt ein zur Beschäftigung mit diesen Welten. Die dargebotene Unendlichkeit wirkt dabei verführerisch. Der Konsument spielt in Gedanken bereits mit dem Besitz des einen oder anderen Artikels und verlagert seinen Entscheidungsspielraum auf die Innenseite des künstlichen Schlaraffenlandes. Man überlegt demgemäß nicht mehr, *ob* man sich überhaupt auf das Ganze einlässt –„Was nun genau?“ wird zur alles bestimmenden Frage. Und wie jeder erfahrene Sales-Fachmann weiß, der Kauf ist dann bereits über die Bühne.
Doch lassen wir die Meister des Engelsbusiness selbst zu Wort kommen. Die folgende Einladung zum „Infotag“ wirbt gezielt mit dieser multioptionalen Überladung:

„Bereits seit 1999 gibt es unsere Engelssymbole und Engelsessenzen (...) Wie an einem großen Buffet kann sich jeder das aussuchen, was er gerade benötigt. Manchmal könnte man sich jedoch aufgrund des umfassenden Angebotes vielleicht etwas überfordert fühlen." [70]

Frau Auer weiß, wovon sie spricht. Von der Website bis zum 32-seitigen Hochglanzprospekt[25] – der gesamte Auftritt des Engelmediums bringt genau das zum Ausdruck, was der amerikanische Comedian George Carlin als „Illusion of Choice" [114] persiflierte: Gerade weil wir in wichtigen Gebieten (Politik, Ökonomie, Religion) so etwas wie Mitspracherecht und Handlungsspielraum vermissen, sehnen wir uns nach Wirkwelten, in denen unsere Entscheidungen und damit wir selbst wieder Bedeutung gewinnen. Beim Anblick Hunderter Schwingungsdestillate haben wir endlich wieder so etwas wie Einfluss. Unsere Meinung zählt. Die Produzenten des Feinstofflichen verkaufen Anerkennung und geben uns ein Gefühl von Würde zurück. Von der übervollen Produktpalette beglückt, erfreuen sich ihre Kunden an dieser Illusion der freien Wahl.

info

Esoterische Versandhäuser konfrontieren den Kunden gerne mit einem Zuviel an Alternativen. Dieser genießt die Illusion der Wahlfreiheit, lässt sich kaufen und entscheidet nur mehr *innerhalb* des jeweiligen Sortiments.

Vom Esprit zum Spirit – ästhetische Überladung

Dabei befriedigt diese Fülle an spirituellen Versatzstücken nichts anderes als eine kaum stillbare Sehnsucht nach Sinnlichkeit. Wir haben es bereits angesprochen: Wenn das Leben erleben zur bestimmenden Aufgabe des Daseins wird, entwickelt sich erfahrbare Sinneslust zum Sinnspender. Werbestrategen wie Christian Mikunda sprechen diesbezüglich von „Joy" [61], der Freude am Sinnlichen und der damit verbundenen psychedelischen Wirkung. Diese kennen wir alle nur zu gut. Die Rede ist hier vom Shopping-*Erlebnis*. Suchen, Stöbern, Entdecken, Begutachten, Vergleichen: Abgetaucht in eine ausufernde Warenwelt fühlen wir uns plötzlich wieder wie im Dschungel. Instinkthaft bewegen wir uns durch das üppig ausgestattete Designer-Outlet am Wochenende. Unser Gemütszustand gleicht dem von Kindern im Eissalon. Denn Fülle stoppt alle Gedanken, sie macht uns froh, wir greifen zu.

*„Colour up your life“ (*Aura-Soma-Shop) [115]
Der Slogan weist den Weg, der Webshop liefert seinen Kunden den Anstrich. Gleich ihren diesseitigen Vorbildern bringen auch Aura Soma und Mitbewerber wieder Pep in unser Dasein. Sie schicken vielfärbige Fläschchen in eine graue Welt. Ihre Ästhetik spielt dabei mit unserer Wahrnehmung und bedient zugleich sämtliche Spielregeln des „Visual Merchandising“. Die für jede esoterische Spielart so typische Farbenpracht versetzt uns in eine freudvolle Gestimmtheit.

„Ich habe soeben meine große Engels-Bestellung abgeschickt und freue mich wie ein Kind!!!“ (aus dem Ingrid-Auer-Forum).

Die begeisterte Kundin spricht aus vollem Herzen: leuchtende Farben, unendliche Formen begleitet von kindlichem Überschwang. Nicht ohne Grund berichten Trendforscher vom personalisierten „Metaphysik-Baukasten“ [14]. Und dieser basiert, wie die Experten unterstreichen, auf spirituell-sinnlichen „Massenartikeln“ für die breite Masse[26].

JOY – das Füllhorn des Glücks

Joy entsteht durch eine inszenierte Vielfalt und weckt die Illusion unendlicher Möglichkeiten.

Old Age:
Farbiger Variantenreichtum von gelochten Plastiksandalen, Sinnesvielfalt auf orientalischen Basaren, Lichtermeer in Las Vegas, bunte Weihnachtsmärkte, diverse Kaffeekapsel-Kollektionen, farbenprächtige Süßwarenläden.

New Age:
Eine kitschige LSD-Farbenpracht bildet das zentrale Wesensmerkmal esoterischer Ästhetik. Elfen, Einhörner, Lichtwesen und sonstige Figuren treten immer variantenreich auf. Die Überfülle an Sinnesreizen und phantastischen Geschichten führt zur Dopamin-Ausschüttung und verleitet zum Hingreifen. Verspieltheit, Kindlichkeit und Aufgekratztheit prägen die Befindlichkeit esoterischer Konsumenten.

In Anlehnung an Christian Mikunda: „Warum wir uns Gefühle kaufen“

Wenn wir obige Gedanken weiterverfolgen, ist es nicht zuletzt der farbenfrohe Kitsch esoterischer Markenwelten, dem sich die Konsumenten hingeben. Die Neue Zeit besticht geradezu durch ihre Duft-, Klang- und vor allem Bilderflut. Dabei resultiert das freudvolle Gefühl – und somit auch das spirituelle Feeling – zu einem wesentlichen Teil aus der damit verbundenen neurochemischen Berauschung. Die feinstofflichen Designerläden fungieren als moderne Esprit-Maschinen. Sie unterscheiden sich, abgesehen von ihrer Heilsbotschaft, nur in geringem Maß vom knallig-bunten Seifenshop in der Fußgängerzone. „Boutique Spiritualität"[27] wäre hier wohl der passende Begriff. Aus Esprit wird Spirit.
Nehmen wir also Ingrid Auer beim Wort. Das ästhetische Überangebot „überfordert" wahrhaft unser Denken und betört unsere Sinne, das „große Buffet" der Farben, Symbole und Düfte schickt das Ich in den Tiefschlaf. Und das gilt nicht nur für Ingrids „Lichtpunkt"-Shop: Das Zusammenspiel zwischen ästhetischem Overload und Sinnestrunkenheit scheint im Esoterischen gängige Praxis. Warum wohl zelebriert man beim sogenannten „Festival der Sinne" [116] in Wien das „Hören über die Haut" und erlebt dabei den „Klang der Delfine"? Und das alles inmitten von „Aurareading", „Spirit of Flowers" und schamanischer „Edelsteinberatung". Die Heiterkeit, die großen Augen, kurzum die Aufgekratztheit, mit der auch Manuela von solchen Erlebnis-Messen berichtete, war beispielgebend für diesen dopamininduzierten Freudentaumel.

info

Engelsabfüller erzeugen bei ihren Kunden eine Art ästhetischen Sinnesrausch, der ihr spirituelles Empfinden bereichert. Derart „angeheiterte" Konsumenten wollen zugreifen und kaufen umso mehr.

Unendliche Weiten – die stetig wachsende Produktpalette

Bis hierher ging es darum, wie esoterische Produzenten ihre Kunden ästhetisch verzaubern. Nun werden wir uns damit befassen, wie sie diesem Schwebezustand immer mehr Raum zur Entfaltung bieten. Schlüsselelement hierfür bildet der permanente Nachschub immer neuen Brennstoffes.
Was Kritiker schlicht „Erfahrungsfundamentalismus“ [117] nennen, bestärkt feinstofflich Praktizierende auf ihrem Werdegang. Denn vor allem das, was sie *spüren*, ist für sie auch wahr. Getreu diesem Leitsatz versorgen esoterische Vermarkter ihre Abnehmer mit immer neuen Sensationen. Schließlich wollen sich ihre Kunden auch weiterhin an Sinnlichem ergötzen. Im Bemühen, das dopaminerge System der User beständig aufs Neue anzuregen, kommen im Energiebusiness wieder durchaus irdische Strategien zum Einsatz. Immerhin soll der spirituelle Verbraucher gänzlich ins Uferlose abtauchen und schlussendlich alles Mögliche als energiegeladen oder spirituell wahrnehmen.

Erfahrung ist eine Sache – ihre Interpretation eine völlig andere

Wer esoterisch Praktizierenden ihren Erfahrungsreichtum einfach nur aberkennt, zieht voreilige Schlüsse und unterschätzt den Möglichkeitsraum an Phänomenen in unserem Bewusstsein. Und so darf man es als einen Fehler der psychologischen Forschung erachten, diese Erscheinungsformen links liegen gelassen zu haben. Wer sich als Wissenschaftler esoterischen „Hirngespinsten“ zuwandte, sei es auch aus Gründen seriöser Forschung, riskierte seinen Ruf.
Dies führte dazu, dass das Feld außergewöhnlicher Erfahrungen fortan nur mehr in religiösen oder okkulten Zirkeln Beachtung fand. Fernab abstrakter Dogmen bestätigten unerklärliche Wahrnehmungen dem Mystiker und anderen spirituell Praktizierenden quasi den Wahrheitsgehalt ihrer jeweiligen Weltanschauung. Zudem trieben sie Unzählige in die Fänge von Gurus und anderen Predigern. Denn was man erlebt, gilt als echt und wahr. „Erfahrungsfundamentalismus“ ist oftmals das Resultat.
Nur was hat man wirklich erlebt? Genau an diesem Punkt wäre es die Aufgabe der Wissenschaft, die Erfahrungen Betroffener ernst zu nehmen. Denn erst so eröffnet sich die Chance, die geschilderten Eindrücke und Befindlichkeiten wissenschaftlichen Untersuchungen zugänglich zu machen. Was wir brauchen, sind angemessene Begrifflichkeiten für „übersinnliche“ Erlebnisse, die auch kultur- und vor allem ideologieübergreifend kommuniziert werden können. Erfahrung ist nämlich eine Sache – ihre Interpretation eine völlig andere.

Ein prominentes Beispiel für den Versuch, die gerade in der Esoterikszene sehr wichtigen außerkörperlichen Erfahrungen (sogenannte „Out of Body Experiences" - OBE) in einem wissenschaftlichen Modell zu erfassen, liefert der Philosoph Thomas Metzinger. Dieser widmete sich, beeindruckt von unzähligen selbst erfahrenen OBEs der Erforschung und der theoretischen Erfassung selbiger. Sein Kernkonzept basiert auf dem sogenannten „Phänomenalen Selbstmodell" (PSM) in unserem Bewusstsein. Dieses PSM kann mittels verschiedenster Interventionen manipuliert werden. Gummihände werden dann als die eigenen empfunden, verlorene Gliedmaßen sind fühlbar wieder da und mit einer relativ simplen Kamera-Videobrillen-Konstruktion kann jeder in die Illusion versetzt werden, aus seinem Körper herausgetreten zu sein. Metzinger beweist mit seinem Versuch immerhin Offenheit für den Erfahrungsraum unseres Bewusstseins und befreit das Feld spiritueller Phänomene zugleich von antiquierten Ideologien.
Quelle: [5]

Der Vergleich macht Sie sicher – der Kontrasteffekt

Wie man rein Feinstoffliches zu einer stetig expandierenden inneren Wirklichkeit transformiert, demonstriert uns ein weiterer Abstecher zu Ingrid Auer. Denn diese vergrößert ihre Produktpalette unaufhörlich. Engelsymbole und Engelessenzen bilden nämlich nur den Kern: „Transformationssymbole", „Transformationsessenzen" sowie „Meistersymbole" und „Meister-Aura-Essenzen" erweitern Ingrids Sinnspektrum nicht nur um ein Vielfaches, sie verhelfen ihren Erzeugnissen ganz beiläufig zu noch mehr Glanz.
Dabei findet diese Taktik durchaus auch im diesseitigen Marketing gerne Anwendung. Beim sogenannten „inszenierten Vergleich" lädt das Nebeneinanderstellen [61] zum intensivierten Probieren, Testen und Verkosten ein. Von der Parfümerie bis zum Werkzeugladen: Erst im Vergleich mit sehr ähnlichen Produkten entfaltet sich der besondere Charakter eines einzelnen Artikels. Man wird also regelrecht eingeladen, sich durchzuarbeiten. Die Psyche des Kunden schafft hierbei die nötigen Kontraste. Die Wahrnehmung wird herausgefordert, das Befinden belebt. Ob nun sichtbar oder unsichtbar: Der Umriss, die Aura des Produktes gewinnt irgendwie an Wirklichkeit. Eine Art Beglückung macht sich breit, als ob man nun endlich den passenden Duft oder die adäquate Kettensäge gefunden hätte. Der Vergleich macht bekanntlich sicher.

Die Farbe macht den Unterschied

Dass inszenierte Buntheit einen direkten Einfluss auf unser Konsumverhalten ausübt, bewahrheitet sich bereits beim Verzehr handelsüblicher Gummibärchen:

- Je mannigfacher das Farbspektrum der Bären, desto mehr werden gegessen.
- Werden die bunten Bären gemischt angeboten, ist der Verbrauch um 70 Prozent höher als bei getrennter Darbietung.
- Ist die Farbe nicht ersichtlich, nimmt kaum jemand einen geschmacklichen Unterschied wahr.

info

Essenzenvermarkter laden ein zum Probieren und Vergleichen. Die Wahrnehmung der User sorgt dabei für die notwendigen Kontraste, bereichert ihr spirituelles Feeling und sorgt für Gewissheit.

Unendliche Weiten

Doch erfahrene Sales-Fachleute machen an diesem Punkt keineswegs halt. Mit einigem Kalkül stellen beispielgebend auch die Produktentwickler der Crème de la Crème in Sachen Kaffee ihren schon immerhin 16 Genusssorten noch zusätzliche zehn Variationen von „Les Chocolats" gegenüber. Der so neu entstehende, noch unerschlossene Erfahrungsraum harrt geradezu seiner Entdeckung:-„Kreieren Sie Ihre eigene Symphonie." [118] Mittels aktiver Kombination erfährt nun der Kaffee-Degustateur diese exquisite „Vereinigung von Expertise und Emotionen", er taucht ein in ein wortwörtliches „Feuerwerk himmlischer Süße"[28].

Am Marktplatz des Spirituellen brauchen wir diesbezüglich nicht lange zu suchen: „Kombisymbole" und „Kombi-Essenzen" [119] eröffnen im Hochenergetischen noch ungeahnte Dimensionen. Sie erweitern den potenziellen Erlebensreichtum der „Lichtpunkt"-Kunden ins Unendliche. Und so setzt auch Frau Auer mit ihrer „Goldenen Broschüre" auf nachhaltiges Productdesign. Denn vor allem die Kombination einzelner Artikel untereinander schafft auch ständig neue Möglichkeiten der Variation.

Rechnen Sie mit: 49 verschiedene Engelessenzen mal 60 verschiedene Kombi-Öle ergibt eine Bandbreite von 2940 (zweitausendneunhundertvierzig) Möglichkeiten äußerer und innerer Salbung.[29]

Demnach ergeben sich immer neue Sinnbilder, Düfte, Geschichten und natürlich auch Autosuggestionen, auf die sich die User bedenkenlos einlassen. Die hieraus gewonnene atmosphärische Vielfalt kann so nicht nur niemals abreißen. Ganz im Gegenteil – diese nie enden wollende Blumenwiese esoterischen Erlebens floriert beständig weiter und schlussendlich wächst sie dem User über den Kopf. Für den spirituellen Verbraucher, der sich in seiner energetischen Sensibilität beständig weiterentwickelt, bleibt dieser wunderbare Traum tatsächlich ohne Erwachen.

info

Die Kollektionen energetischer Produkte werden unaufhörlich erweitert. So wird es dem Konsumenten ermöglicht, immer tiefer ins Sinnliche einzutauchen. Anhand des Überangebotes erhält dieser immer weitere Möglichkeiten, sich selbst zu entwerfen und sein Leben mit Sinn zu überfrachten.

Viel von gar nichts! Nutze die Imaginationskraft deiner Kunden

In den vorigen Schritten haben wir uns damit auseinandergesetzt, wie die Wahrnehmung esoterischer Überfülle den Erfahrungsschatz feinstofflicher User bereichert und ihnen so etwas Ähnliches wie Sinn ins Leben zaubert. Zum Gegenstand der Analyse wurde dabei die Oberfläche dieser spirituellen Warenwelten. Verpackung, Duft, Design, Produktpräsentation bis hin zur passenden Begleitlektüre verleihen der spirituellen Boutique so ihren ganz eigenen Charme. Doch damit alleine würden wir esoterischem Erleben bei Weitem nicht gerecht. Hier gilt es, noch viel tiefer Liegendes freizulegen. Wenn es also eben noch darum gegangen ist, viel von immer dem Gleichen an den Mann/die Frau zu bringen, so werden wir uns nun damit befassen, woraus denn nun dieses Gleiche eigentlich besteht.

Wenn weniger mehr ist – die Dissonanzreduktion

Wie bereits beim „Weltenbau" besprochen: Das Marketing wird oftmals wichtiger als die eigentliche Ware. Und je mehr der rein praktische Nutzen eines Produktes in den Hintergrund tritt, desto eher beginnt das Logo zu leuchten. Hier profitieren Vertriebsmanager genau von dem, was der Sozialpsychologe Leon Festinger mit dem Begriff der „Dissonanzreduktion“ [120] so passend umschrieb. Wenn Preis und reale Brauchbarkeit in keinem nachvollziehbaren Verhältnis zueinander stehen, wird der Konsument vieles daran setzen, diese Störung auszugleichen[30]. Ist die Situation geschickt arrangiert, wertet er den Gegenstand kognitiv auf. Ein harmloses Ding wird so zu einem funkelnden Wertgegenstand. Man spürt förmlich seine Aura. Und da zudem gerne noch der Faktor „Community“, also simpler Gruppendruck, mit ins Spiel kommt, erhält die dabei frei werdende Erregung einen zusätzlichen Katalysator. Der Luxus unserer Konsumgesellschaft wird so zusehends unverständlicher und basiert auf immer noch hohleren Insignien. Champagner mit Goldplättchen und Salat übersäht mit Zierperlen aus Plastik. Die Aufwertung von Waren und deren Inhabern fußt vermehrt im Irrationalen. Und wenn wir schon dabei sind: Was wohl bewog mehr als 400.000 Macintosh-Jünger dazu, bereits am ersten Auslieferungstag sämtliche Apple-iPads quer über den Globus aufzukaufen? Hätten wir damals einen dieser beneidenswerten Pioniere nach seinem Beweggrund gefragt, wie hätte wohl seine Antwort gelautet? Die Praxistauglichkeit des Produkts wäre dabei vermutlich kaum zur Sprache gekommen. Warum auch? Des Rätsels Lösung liegt nämlich gerade im Rätselhaften: Erst durch den Launch eines Produktes *ohne* klar ersichtliche, vorher definierte Sinn- und Zweckhaftigkeit erreichte der Börsenkurs ungeahnte Sphären[31]. Dabei verlangt gerade ein Gerät mit vielen Fragezeichen nach Sinngebung durch die User. Sie selbst waren fortan vor die Aufgabe gestellt, das Produkt mit Bedeutsamkeit zu segnen. Schließlich will man ja sein finanzielles Investment irgendwie rechtfertigen. Auch kann das nächtelange Campieren vor dem Apple-Store doch unmöglich umsonst gewesen sein, oder?

Wir halten kurz inne: Die „Weniger-ist-mehr-Gesellschaft“ bewegt sich also weg von der materiellen Welt, hin zum reinen *Logos* des Markenhimmels. So gesehen ist jeder von uns ein Aufsteiger. Ob uns das nun passt oder nicht, gewissermaßen sind wir bereits vergeistigte Wesen. Die esoterischen Accessoires der neuen Zeit stellen diesen Trend lediglich auf eine höhere Ebene.

info

Der Marktwert magisch aufgeladener Artikel steigt gerade mit sinkendem realem Nutzen. Der Schimmer belangloser Erzeugnisse basiert dabei auf innerpsychischen Mechanismen. Psychologen sprechen von der Reduktion kognitiver Dissonanz.

Das Nichts wird zum Alles – der feinstoffliche Luxus

Wo der Lifestyle die Vorarbeit leistet, kann der esoterische Mindstyle gut abstauben. Wenn Konsumenten schon im herkömmlichen Warenkult für immer noch weniger immer noch hemmungsloser ihre Kreditkarte belasten, dann verstehen New-Age-Vermarkter dies als Freibrief. Unter ihnen treffen wir wahre Virtuosen. Diese inszenieren den offensichtlichen Nonsens und formen aus dem sprichwörtlichen „gar nichts" etwas unglaublich Wertvolles für ihre Abnehmer. Das Feinstoffliche arriviert zum Luxusgut.

„Der ganze Luxus der High Society in einem klaren Flakon voller königlicher Träume"

So bewirbt Mario-Max Prinz zu Schaumburg-Lippe sein „Reichtums Royal Elixier". Das „Expertenprodukt" in der hochwertigen, eleganten Echtglasflasche sei „eine Entwicklung aus dem Wissen um die tausendjährige Geschichte von ewigem Royalem Reichtum" und wurde speziell „mit der grünen Reichtumsenergie aktiviert. Der feine Sprühzerstäuber stellt sicher, dass Sie glücklich und reich durchs Leben gehen können."
Preis: € 99,95 statt normal € 129,95
Quelle: [121]

Schließlich wächst gerade der Nimbus hochschwingender Produkte im selben Maße, wie sie uns zwingen, nichtssagende Flüssigkeiten und trivialste Objekte geistig zu überhöhen. Warum wohl stellen spirituelle Emittenten ihren Essenzen stets heilbringende Affirmationen zur Seite? Auch hier liegt es am User, die energetische Potenz des Produktes freizulegen. Der Käufer ist sozusagen selbst verantwortlich. Doch wo uns Apple und Co. wenigstens noch die Möglichkeit bieten, ihre Produkte einem Zweck in dieser Welt zuzuführen, erblüht im Esoterischen gerade die offensichtlich irdische Nutzlosigkeit zum Kult. Der User muss förmlich seine Augen vor der Wahrheit verschließen, um sich einem inneren Erfahrungsraum zu öffnen.

„Lichtkristall (...) Tor des Aufstieges": „Das Aufstiegstor errichtet ein geistiges Tor in Dir. (...) Bitte einfach die Kristallengel und Erzengel Metatron, mit Dir geistig zu arbeiten. (...)
Deiner Phantasie sind keine Grenzen gesetzt (...). Preis: 260,00 Euro" [122]

Der Webshop spricht eine eindeutige Sprache. Alles appelliert an das reine Phantasma. Mit den kritischen Gedanken werden zugleich auch alle diesseitigen Ängste und Sorgen zurückgelassen.

info

Mehr noch als bei Lifestyleprodukten beliefern Mindstyleproduzenten den Konsumenten mit rein feinstofflichem Luxus. Dieser ist gänzlich unsichtbar und besteht schlichtweg aus imaginierter Schwingung oder Energie. Wer diese wahrnimmt, gilt als besonders spirituell. Die Fiktion gewinnt Terrain.

Die Nicht-Erfahrung macht die Erfahrung

Die Kryonschule versteht es blendend, gerade diejenigen ihrer Schüler aufzuwerten, die nicht in den Segen intensiver spiritueller Ergriffenheit kommen.

Frage: „Ich sehe, höre und fühle nichts bei Schritt 6 - Reise durch das Sternentor."
Antwort: „Setze dich nicht unter Druck. Tue am Anfang einfach so ‚als ob' es funktionieren würde (...) Die Erfahrung hat gezeigt, dass gerade diejenigen, die am Anfang glauben, bei ihren Reisen nichts wahrzunehmen, die größten Fortschritte machen."

Ermutigt von seiner Erleuchtungsschule segnet der Anwärter so die totale Anti-Erfahrung mit seiner spirituellen Einbildungskraft. Und weil er eben *rein gar nichts* spürt, muss er immer mehr Phantasie in die Sache hineinlegen. Er tut so, *„als ob es funktionieren würde"*. Vor allem die Nicht-Erfahrung eröffnet ihm somit das Tor ins Kultische, ins Ich-Freie. Angefacht von diesem inneren Befinden ohne ersichtlichen Grund fühlt er sich nun noch spiritueller als je zuvor. Derart aus sich selbst heraus bestätigt, bleibt er folglich seinem Erleuchtungsweg treu. Ist diese Spirale einmal angetrieben, dreht sie sich unaufhaltsam immer weiter.
Quelle: [99]

Die Arbeit am Sinnlosen macht Sinn

Es mag vielleicht paradox klingen. Aber gerade diese Arbeit am Sinnlosen schafft dabei so etwas wie neuen Sinn. Ob nun mittels Anrufung, Meditation, Affirmation, Imagination oder Invokation

sei dahingestellt. Schließlich macht doch schon dieses Tun an sich den User zu einer Art von *Priester*, zu einem „Master of Ceremony". Der Prozess des Weihens per se stellt sein Dasein in ein neues Leuchten. Denn durch das Weihen weiht sich der User gewissermaßen auch selbst. Es ist nicht nur das liebäugelnde Produkt, sondern vor allem auch die Kulthandlung an sich, die das Leben esoterischer User aufhellt. Sie verleiht der Atmosphäre eine gewisse Elektrizität und erinnert an einen Tanz um ein Totem. Doch während man in alten Stammeskulturen sein Haupt noch mit einem kraftspendenden bunten Federschmuck verzierte, so sprühen sich Soulcraft-Gamer dieser Tage die Engelsschwingen per Pumpzerstäuber in die Frisur. Dieser Titel aus Manuels Bücherregal verdient abermals Erwähnung, immerhin belebt dieser esoterische Bestseller verloren geglaubte Rituale: „Engel in meinem Haar" [123].
Bekleidet mit der Strahlkraft phantasierter Lichtwesen machen sich kultisch Involvierte die Stärke neoschamanischer Krafttiere zu eigen und wechseln über in einen nicht alltäglichen Bewusstseinszustand. Dort verschwindet jede Sinnfrage und genau dadurch wird alles irgendwie bedeutungsgeladen. Das Widersinnige wird sinnvoll. Jedes damit einhergehende Gefühl von Heilung entsteht demnach bereits beim Betreten dieser Anderswelt. Erlöst vom trennenden, objektivierenden Ich fühlt man sich heil, heilig, geheilt, also irgendwie wieder ganz[32].

info

Das Phantasieren rund um esoterische Artikel verzaubert nicht nur den Gegenstand, sondern genauso die User selbst. Gebannt vom eigenen priesterlichen Gestus wechseln sie über in einen nicht alltäglichen Bewusstseinszustand. Die transformative Kraft vermeintlich lichtvoller Produkte besteht vor allem in den um sie arrangierten Kulthandlungen.

Das Unsichtbare wird spürbar – Mitkonstruktion und Neurochemie

Ähnlicher Mechanismen bedient sich auch das moderne Neuromarketing. Werbe-Insider sprechen auch von der Sogwirkung sogenannter „intensiver Bilder". Ob nun in Buchform, im Schaufenster oder auf einer Theaterbühne: Eine gut inszenierte Story liefert meist nur das Grundgerüst, verlangt aber immer auch nach Mit-

arbeit seitens des Rezipienten. Er wird dazu herausgefordert, das lückenhafte Bild, eben das scheinbar noch Unsichtbare, selbst zu Ende zu konstruieren. Rufen wir uns dabei nochmals den Prosumer ins Gedächtnis: Der User soll hier mit-wirken, oder wie uns die Vermarkter von „Litios Lichtkristallen" auffordern, er soll „mitphantasieren". Und bei eben diesem Aufwand „werden jede Menge neurochemische Substanzen frei" [61]. Provoziert durch die Neurochemie dieser Mitkonstruktion wird das viele Fragen aufwerfende Bild also fühlbar intensiv.
Führen wir uns nun die Überfülle an fragwürdigen esoterischen Accessoires vor Augen, ergeht es spirituellen Aspiranten wohl beinahe so, als würden sie einen Columbo-Kriminalfall lösen [68]. Vorerst tappt man im Dunkeln, doch irgendwann bringt man Ordnung ins Chaos und verbindet die vielen kleine Puzzlestücke zu einem scheinbar harmonischen Gesamtbild. Und siehe da, plötzlich erstrahlt das Panorama in seiner ganzen Pracht. Man bedenke auch die Bannkraft von Kreuzworträtseln: Wir lieben es, etwas zu Ende zu basteln, es zu einem großen Ganzen zu formen. Damit verbunden ist die Aktivierung des Belohnungszentrums im Gehirn und folglich die Ausschüttung von allerlei körpereigenen Endorphinen. Die Gewissheit, etwas selbst geschaffen zu haben, bereichert das Dasein zusätzlich.

info

Im Zuge der Sinnkonstruktion rund um Produkte und deren Geschichten werden neurochemische Substanzen frei. Der Akt der Imagination erfüllt den Rezipienten mit Intensität. Lust ist das Resultat.

Je widersinniger, desto besser

Gerade, wenn es darum geht, den Kunden zur Mitkonstruktion einzuladen, sind New-Age-Konzepte dem herkömmlichen Marketing um einen Paradigmenwechsel voraus. Besteht doch die zentrale Idee jeder Esoterik in der Schaffung einer großen harmonischen Gesamtschau. Ziel ist bekanntermaßen die Etablierung einer neuen Ganzheitlichkeit. Dabei beliefern unzählige Anbieter dieses feinstoffliche Puzzlespiel mit ihren Kreationen. Dass die jeweiligen Produzenten hier viele Teile von vornherein nicht mitliefern und zahllose Fragmente nicht zueinander passen, tut der Begeisterung keinen Abbruch. Denn je „mehr wir innerlich zu Ende konstruieren, umso intensiver ist das visuelle Spannungsmuster des Bildes spürbar" [61], so eine weitere Lektion im Werbe-Grundkurs. Je mehr also fehlt, desto lustvoller das Befinden des Users, umso ganzheitlicher fühlt er sich.

Fazit: Esoterische Versandhäuser verstehen es blendend, ihre Produkte mit spürbarer energetischer Intensität aufzuladen. Mithilfe gezielten Marketings verkaufen sie ihren Kunden sehr viel von „gar nichts". Je sinnloser und paradoxer der Inhalt, desto profitabler! Denn es ist die Leidenschaft der Sinnkonstruktion, welche das Erleben esoterischer Konsumenten intensiviert. Und bei alledem empfinden sie sich als irrsinnig schlau.

Kann es also Zufall sein, wenn esoterische Literatur uns ständig daran erinnert, ganzheitlich zu denken? Geht es nicht immerzu auch um die Freilegung dieser in uns schlummernden Schöpferkraft? Schon vergessen? *Jeder Gedanke ist Energie, Geist erschafft Materie, Du erschaffst deine eigene Realität.* Oder wie im Kultfilm „Bleep": *„Du bist Gott."* [42] Sicher, wir wollen derlei esoterischen Standardphrasen nicht über Gebühr an Bedeutung zuschreiben. Doch wie lautet ein weiteres dieser ehernen, kosmischen Gesetze?

„Alles hat Bedeutung – Zufälle gibt es nicht!"

info

Je mehr Lücken, Ungereimtheiten und Schwächen esoterische Lehren aufweisen, desto mehr an Vorstellungskraft wird im sehnsüchtigen Rezipienten mobilisiert. Analog zum imaginativen Eigeninvestment steigt der Erregungsgrad der Involvierten. Derart ins Phantastische gedrängt fühlen sie sich umso spiritueller.

„Und was machen die da?“, frage ich ungläubig dreinschauend.

Aussteller (lacht herzhaft): „Das ist verrückt, was da abläuft (...) Sie sitzen und hören eine Frau ... die macht ‚Schikkaku, Schikkaka‘ ... und was auch immer, dafür zahlst du 250 Euro ... und wenn du rauskommst, gibt's Aussteller. Du kannst dann kaufen oder nicht kaufen ... das ist dann freiwillig.“

SCHRITT 4

Die Zündung

Neurochemische Explosionen und die Genese feinstofflicher Sucht

Die Sehnsucht nach dem feinen Stoff

Wir starten mit einem Rückblick: Im vorherigen Schritt drehte sich alles darum, wie spirituelle Händler ihren Kunden ästhetisch überladen. Ansprechend verpackt liefern ihre ausufernden Produktvariationen einen rein äußerlichen Überfluss, ganz ohne nennenswertes Inneres. Beide Kunstgriffe für sich – die sinnliche Überreizung sowie die provozierte Sinnkonstruktion durch den Käufer – bringen die Neurotransmitter beim Kunden in Position. Die Treibstofftanks unseres Raumschiffes sind nun gefüllt.
Jetzt werden wir uns damit beschäftigen, wie eine geschickt dargebotene Aufführung dem Ganzen einen zusätzlichen Kick verleiht. Es geht um die Zündung des hochexplosiven Gemisches. Verknüpft mit allerhand spirituellen Produkten und Dienstleistungen machen feinstoffliche Fabrikanten das hieraus resultierende Hochgefühl immer und überall verfügbar.

Die Explosion im Kopf – Multisensorik

Zuallererst gilt es aufzuzeigen, welche zusätzlichen Reizkonstellationen das Befinden der User bis zum Siedepunkt aufheizen. Denn ganz ohne Chemie oder Drogen bestimmt in erster Linie die Inszenierung die Wucht der Wirkung. Ein weiterer Streifzug durch die Verkaufsstände landläufiger Bewusstseinsmessen soll dies ein wenig veranschaulichen. Sprechen sie doch allesamt eine sehr ähnliche, äußerst eindringliche Sprache.
„Wir sind bei Dir“, beteuern die zahllosen, mit uns liebäugelnden Bildchen und Figuren von Schmetterlingsmenschen, Elfen und anderen Fabelwesen. Die dazugehörenden Klänge hochfrequenter

Meister erinnern an längst vergessene Wiegenlieder. Die Haptik kuschelweicher Einhörner und Zwerge, wie sie zuhauf den „Point of Sale“ am Rainbow-Spirit-Festival zieren, lädt dazu ein, dem Dasein als Erwachsener wieder den Rücken zu kehren. Als wollte man rufen: „Mama ist wieder da!“, derart süßlich und vertraut auch der Wohlgeruch himmlischer Essenzen, wie sie uns bei einem Infotag mit Ingrid Auer fortwährend in die Aura gesprüht werden. Viele Sinneseindrücke vermitteln also das Gleiche und provozieren ein sehr stimmiges Gesamtbild. In diesem Bespiel inszenieren sie direkt die Verlockung zur Regression ins Kindesalter.

Für das, was hier passiert, gibt's einen Fachbegriff: Multisensorik, ein Terminus aus dem Neuromarketing. „Wenn zeitgleich über unsere unterschiedlichen Wahrnehmungskanäle die gleiche Botschaft in unser Gehirn dringt, gibt es einen neuronalen Verstärkermechanismus“, erklärt der Psychologe und Werbeprofi Hans-Georg Häusel den Effekt des „Multisenory Enhancement“ [124]. Und ebendiese „multisensorische Verstärkung“ führt nun wortgetreu dazu, „dass wir in unserem Bewusstsein das Ergebnis bis zu zehn Mal so stark erleben“. Wenn wir aber an dieser Stelle berücksichtigen, dass entschlossene Aufsteiger noch zusätzlich aus eigenem Antrieb visualisieren, chanten und „affirmieren“ (von lateinisch: *affirmare*, „bekräftigen“) dann werden so noch mehr der damit verbundenen *„Interneurone“* [124] im Gehirn aktiv und intensivieren den Sinneseindruck um ein Vielfaches. Vom Integrations-Elixier bis zum Pharaonen-Öl fürs Stirnchakra [125] – der User schürt auch kraft seines eigenen Vorstellungsvermögens beständig mit. Angeheizt von dieser *sogenannten „Superadditivität“* [124] beginnt der Kessel merklich zu brodeln. Es kommt mit den Worten Häusels zur buchstäblichen „Wirkungsexplosion im Kopf“ [124], einem neuronalen Feuerwerk. Der User findet sich in infantiler Glückseligkeit wieder, provoziert durch einen multisensorischen Overload. Kurzum: Er erhält den ersehnten Kick, der feine Stoff macht ihn high.

info

Die raffinierten Botschaften von Engelsvermarktern gelangen über viele Wahrnehmungswege zum Kunden. Zeitgleich dargeboten wirken diese in der Zielperson zusammen, es kommt zu einer multisensorischen Verstärkung. Zusätzlich gesteigert durch die eigene Imaginationskraft des Rezipienten bescheren sie ihm einen intensiven Kick.

„Sie halten euch, sie berühren euch" – die vermeintlichen Engel

Diese üppige Ästhetik, verbunden mit dem mentalen Mitmachen (Schritt 3) sowie die Inanspruchnahme aller möglichen Sinneskanäle führen zu durchaus spürbarer Erfüllung. Und da im Esoterischen selten Gehirnscanner und eine einigermaßen rationale Begriffswelt zum Einsatz kommen, werden kurzerhand himmlische Boten, Lichtwesen oder die Hüter der Ursprungsfrequenzen für das neurochemische Wohlfühlbad verantwortlich gemacht. Sie avancieren zu Objekten der Begierde. Aus Sicht der Psychologie würde man hier von einer klassischen Fehlzuschreibung (Fehlattribution) sprechen, doch sei hier festgehalten: Bei Channeling-Sessions *erfahren* die User tatsächlich etwas. Und das grenzt nun weniger an ein Wunder als an eine logische Konsequenz all des begeisterten Hinguckens, Lauschens, Schnupperns, Probierens, Singens und gemeinsamen Beschwörens auf spirituellen Festivals.
Lassen wir hier ein geschätztes Channelmedium am besten selbst zu Wort kommen: „Für die Arbeit mit dem Bewusstsein gibt es für diese Übergangsphase zahlreiche Techniken der Meditation, der Realisierung, der Affirmation, Visualisierung und Verbalisierung, die mit großem Vorteil in Gruppen und regelmäßigen Workshops durchgeführt werden. Die Energie der Gruppen ist in der Regel stärker und sehr viel wirkungsvoller als die Energie des einzelnen Menschen." (Reindjen Anselmi in „Der Lichtkörper") [73]
Fühlen wir uns also in die Situation ein: Man ist ganz Ohr, wenn die mediale Empfangsdame spricht. Die Augen auf das sich zähflüssig hinausziehende Schauspiel gerichtet spüren die zahllosen Anwesenden tief in den Raum hinein. Alle sind wie gebannt, denn ein derartiges kollektives Innehalten ist wohl niemand aus seinem Alltag wirklich gewohnt. Verstärkt durch die Gemeinschaft wird die Atmosphäre mit einem energetischen Prickeln aufgeladen. Die Spannung steigt und steigt, man könnte eine Stecknadel im Raum fallen hören. „Die Engel sitzen euch zu Füßen (...) Sie halten euch, sie berühren euch" [87], erteilt plötzlich die Hohepriesterin das ersehnte Signal. Nun darf sich der Erwartungsdruck endlich entladen, die Anwesenden öffnen sich ihrem inneren Weihnachten. Die Kerzen am Baum wurden zwar schon lange vorher angezündet, aber nun fällt auch der Vorhang. Jetzt erst erstrahlt all das Lametta

in seinem vollen Glanz, die vermeintlichen Engel werden zur vielleicht nur neurochemischen, aber deshalb nicht minder *spürbaren* inneren Wirklichkeit.

info Durch verschiedene Arten der Fremd- und Eigenmanipulation geraten feinstofflich Praktizierende in einen Zustand freudiger Verzückung. Da die eigentlichen Auslöser nur schwer ersichtlich sind, werden kurzerhand Engel, Lichtwesen und allerhand Energien als Verursacher herangezogen. Psychologen nennen dies eine Fehlattribution.

Verknüpfe und konditioniere

„Provoziere in deinen Kunden Hochgefühle und beliefere sie dann mit der dazu passenden Indoktrination!“ So ähnlich könnte es in einem esoterischen Kochbuch stehen. Hochgefühl plus Indoktrination, Verzückung plus Affirmation – was dabei zählt ist vor allem die Wiederholung, immer und immer wieder. Das wirkt dann ungefähr so, als würde man in ein schon loderndes Feuer beständig Öl nachgießen. Denn wenn „Reize von außen (Bilder, Töne, Ereignisse etc.) und Signale aus dem Körperinneren (Gefühle, innere Stimme, etc.) immer wieder zusammen auftreten, werden sie miteinander verknüpft“ [124], erfahren wir im Sales-Fachbuch. Und, das sei hier festzuhalten, „dabei spielt es keine Rolle, ob diese verschiedenen Informationen tatsächlich etwas miteinander zu tun haben!“
So viel zur Theorie, doch was bedeutet das in der Praxis? Dazu lohnt sich eine Visite beim Kryon-Festival in München. Die Convention der sogenannten „Familie des golden-blauen Lichtes“ [99] bildet gewissermaßen das Highlight für Clanmitglieder und geht, begleitet von zahllosen kleineren Happenings, zweimal jährlich über die Bühne. Die anwesenden Lichtarbeiter sind dort ganz unter sich. Eingebettet in ein fröhliches Miteinander wiederholen sie dort eine Art feinstoffliches Gefühlsbad, und das mehrmals täglich – vier Tage lang. Das Schema ist dabei immer das Gleiche: Relaxation – Meditation – Indoktrination – Konsumation.
Wir sollen uns vorstellen, wie wir Licht einatmen und – umhüllt von unserer golden-blauen Aura – in einem Meer aus Liebe baden, soviel zu Relaxation und Meditation. Hinzu kommt nun die eben

beschriebene Verknüpfung des so herbeigeführten Empfindens mit allerhand kosmischen Geschöpfen. In Form medialer Durchsagen vermitteln uns „Lady Nada" und andere aufgestiegene Meister irgendeine heilbringende Botschaft. Soviel zum Thema Indoktrination. Und zu guter Letzt – Sesam, öffne dich – geht's hinaus zu den prallvollen Messeständen, Stichwort Konsumation.
Diese Technik ist genauso simpel wie effizient. Bedienen sich doch Engelsvermarkter zu gerne dieser Showvariante klassischer Konditionierung. Sie speichert das spirituelle Empfinden als abrufbares Programm im Kunden. Forciert durch sein eigenes Investment verankert er dieses über den Erwerb spiritueller Fanartikel noch tiefer in seiner Psyche. Dort schlummert ab sofort dieses magische Feeling und wartet nur auf den passenden Weckruf. Getriggert durch allerhand Produkte und den damit verbundenen Ritualhandlungen kann dieses exquisite Gefühl von nun an immer und überall reaktiviert werden. Ein simples Betätigen des Pumpzerstäubers genügt und die Welt ist wieder in Ordnung.

„Kryon Festival-Afterhour in München (...) Hier finden tiefe Verankerungen der Energien des Festivals statt. (...) An diesem Tag wird dir ein ganz spezielles Muster des Schutzes eingebettet, was es Dir ermöglicht, die Energie des Festivals noch länger in dir aufrechtzuerhalten, damit du gestärkt in den Alltag zurückkehren kannst." Preis: 100 Euro pro Person. *„Kinder unter 14 Jahren haben freien Eintritt."* [126]

Dabei sei hervorgehoben: Derartige Manipulationen bedienen primitivste Gehirnstrukturen. Sie wirken vorsprachlich und sind dem Wachbewusstsein des so Konditionierten kaum zugänglich. Das Betriebssystem des Users wird gewissermaßen umgeschrieben, man installiert damit eine Art spirituellen Reflex. Einmal einstudiert, reagieren derart Konditionierte fortan automatisch. Irgendwie erinnern Channeling-Sessions an Pawlow und seinen Hund: Wenn das Glöckchen läutet, wird der Mund wässrig [127].

info

Bewusstseinsfeste segnen ihre Besucher mit allerhand lichtvollen Erfahrungen. Durch Wiederholung erhalten diese ihre Verankerung in Ritualen und im Gebrauch spiritueller Artikel. Derart konditioniert kann das spirituelle Feeling immer und überall abgerufen werden.

Ohne Fleiß kein Preis

„Ariel empfiehlt, dass man die Meditation mehrmals täglich macht, denn die Chakrenverschmelzung ist zunächst nicht bleibend."
„Anrufung des Vereinten Chakras", aus „Der Lichtkörper" [73]

Esoterische Conventions sorgen also dafür, dass ihre Besucher dort ausreichend spirituelles Festivalfeeling inhalieren. Nun werden wir uns damit beschäftigen, wie feinstoffliche Vermarkter den Konsum ihrer Produkte sehr raffiniert in den Alltag ihrer Kunden integrieren. Schließlich wird es zur Aufgabe der User, all das Gelernte in akribischer Heimarbeit zur Perfektion zu bringen.

Transformation durch Transit – das spirituelle Markenbild

Es ist noch kein Meister vom Himmel gefallen. Der Aufstieg zum Lichtboten bedarf schon einer ganzen Menge Übung. Wie bei einem Musikinstrument – nur wer täglich praktiziert, bringt sein inneres Potenzial zur vollen Entfaltung:

„Es erfüllt mich mit großer Freude und Dankbarkeit dir Bewusstseinsinhalte für dein alltägliches Leben übermitteln zu dürfen (...) Nicht Du arbeitest mit dem Heimstudium sondern das Heimstudium arbeitet mit dir". „Heimstudium in 57 DVD-Video-Studien à 45 Minuten". Preis: *„je Studie € 39,99 inkl. Versand"* [128]

Christina Soraia weiß um die Bedeutung wiederholter Trainingseinheiten. Schließlich sollen ihre sogenannten „Attribute der neuen Zeit" gänzlich in Fleisch und Blut übergehen und als neue Bewusstseinsinhalte im alltäglichen Leben ihren Platz finden.
Was dabei hinter den Kulissen abläuft, verrät uns ein weiterer Blick ins Werbegenre: „Marken sind neuronale Netzwerke" [124], so ein weiteres Credo im Neuromarketing. Meditieren, manifestieren, sprühen, riechen, spüren, affirmieren – am besten gleich mehrmals täglich. Über die Verknüpfung von Nervenzellen haben wir ja bereits gesprochen. Nun geht es darum, ein spirituelles Markenbild im User dauerhaft zu festigen. Die Werbewirtschaft gibt hier

abermals die Richtung vor. Denn „je öfter Produkt und emotionale Werbebotschaft zusammen auftauchen", desto schneller reagieren diese Netzwerke auf die auslösenden Signale. So jedenfalls steht's im Marketingfachbuch. Zum Vergleich nun ein Schwenk hinüber in den Aufstiegsratgeber: „Je häufiger die Meditation gemacht wird, desto rascher verbinden sich die Chakren wieder. Mit der Zeit genügt der bloße Gedanke, und sie schließen sich wieder zusammen." (Aus „Der Lichtkörper") [73]

Die Parallelen sind mehr als augenscheinlich. Was uns Reindjen Anselmi so praktikabel ins Esoterische übersetzt, hat also seinen Ursprung in den Schaltkreisen unserer Neurochemie. Werbeprofis sprechen in diesem Zusammenhang von einer „Langzeit-Potenzierung von Markenbildern" [124], wie sie uns heute unter Einsatz von Magnetresonanztomografen[33] bildgebend veranschaulicht wird.

Dabei bedienen sogenannte „starke Marken" wichtige Grundbedürfnisse unserer Neuroökonomie. Sie verringern Komplexität und schaffen somit „kortikale Entlastung" [124]. Die Experten sprechen wörtlich von einer „Unteraktivierung" des präfrontalen Cortex – der vermeintliche Sitz unserer Vernunft. „Man könnte es auch als Abschalten des Großhirns bezeichnen"[124], geben sie mit Nachdruck zu verstehen. Die logischen Konsequenzen für spirituell Ambitionierte bedürfen wohl keiner weiteren Erläuterung.

info

Esoterische Vermarkter bieten gerne die Möglichkeit des Fernstudiums. Multimedial aufbereitet arbeiten die Kunden von zu Hause aus an ihrer Erleuchtung. Die auf Seminaren, Festivals und anderen Conventions erlebten Konditionierungen erfahren so fortwährend Auffrischung. Es kommt zur *Langzeit-Potenzierung* des magischen Markenbildes.

Esoterisches Who is Who: Reindjen Anselmi

Reindjen Anselmi ist Schweizerin, Jahrgang 1945 und arbeitete fast 20 Jahre lang im politischen Tagesjournalismus. Mitte der 80er-Jahre setzte bei ihr laut eigener Aussage der Transformationsprozess ein.

Das von seiner „Seelenführung" berufene Channelmedium, das nach eigener Angabe Stimmen hört, schreibt regelmäßig im Magazin *Lichtfokus*, der *Zeitschrift für Lichtarbeiter*. Neben ihrem Standardwerk „Der Lichtkörper", ein „Überblick über den globalen Transmutations-Prozess" und dem Buch „Fünf Schlüssel zur Meisterschaft, dein Weg zu Harmonie, Liebe und Erfolg" fungiert Anselmis Edition Assunta (das bedeutet

so viel wie „die in den Himmel Aufgenommene") auch als Importeur US-amerikanischer Esoterik. So erscheint Reindjen Anselmi zusammen mit Barbara Tschirren auch als Herausgeberin und Übersetzerin für Lee Carrols „KRYON - Ihr werdet unermesslich geliebt", auf welchen sie sich in ihrem eigenen Schrifttum oft beruft.
Paradox: Anselmi, welche ihr Oeuvre als Offenbarung aus der geistigen Welt verkauft, rät ganz nebenbei jedem, „der nicht schon aufgrund seiner Geburtsprogrammierungen ausgeprägte Channeling-Voraussetzungen mit sich bringt", ausdrücklich von dieser medialen Praxis ab. Schließlich bestünde die Gefahr, dass dann zu viel von der Ego-Ebene mitschwingen könnte.
Quellen: [129] [73] [130] [131]

Brandig für Light Rider

Wir sind also wieder beim Branding angelangt. Doch während dieses im althergebrachten Markenkult noch durch gut platzierte Werbung, sprich von außen, in die Köpfe der Leute eindringt, wird im Neuen Zeitalter von innen her visualisiert, invokiert und selbsthypnotisiert. Innenweltler verleihen so dem Kult des *Brand Yourself* eine noch tiefer reichende Bedeutung. Sie saugen Fremdsuggestionen bereitwillig auf und machen sie zu ihren eigenen. Die dazu passenden Invokations-CDs, und Transformationsanleitungen kommen monatlich per Abonnement.[34] Kristalle und Pumpmixturen gibt's im Shop.
Worauf wollen wir hinaus? Wiederum unter Aufwendung ihrer eigenen geistigen Schöpferkraft, sprich Phantasie, brennen sich Lichtpioniere das Markenbild *selbst* ein. Denken wir zurück an Manuel und Manuela: Der Konsum energetischer Mittelchen bestimmte ihren Tagesablauf völlig und sorgte so für die notwendige Wiederholung, eben dieser Regelmäßigkeit von Botschaft, Aktion, Imagination und Emotion. Das Brandzeichen wird also immerzu aktualisiert und auf diesem Wege verewigt.

„Mit den Ich-Bin-Anrufungen in der Großen Mahatma–Invokation affirmieren wir gegenüber dem Universum (...) die Wirklichkeit, die wir nun allmählich in unser Leben ziehen wollen."
„Ich mache sie regelmäßig mindestens vor dem Einschlafen."

Reindjen Anselmi in „Der Lichtkörper" [73]

Gehirnwäsche? Aber woher denn? Sie tun es ja eigenständig, aus freiem Willen, nicht wahr?

Indoktrination auf Bestellung

Als probates Mittel, Anhänger zu assimilieren, erweist sich damals wie heute die Dauerbeschallung der Gefolgschaft mit Botschaften vom Leader persönlich. Nur eines von vielen Beispielen dieser Strategie lieferte uns der US-amerikanische Sektenführer Jim Jones. In seiner Enklave im Urwald von Guyana ließ Jones am ganzen Gelände Lautsprecher aufstellen. Die Einwohner seines „Peoples Temple" waren somit Jones' Weissagungen und Beeinflussungen unentrinnbar ausgesetzt. War der Meister selbst einmal nicht anwesend, sorgten von ihm besprochene Tonbänder für eine ununterbrochene Indoktrination seiner Gemeinde. Nicht umsonst spricht man heute noch von „Jonestown". Bei ihrem Versuch des „Übergangs auf eine andere Ebene" fanden fast alle seiner knapp 1000 Jünger auf dem Gelände in einem Massensuizid ihr tragisches Ende, darunter auch viele Kinder der Sektenanhänger.
Wo wahnsinnig gewordene Prediger ihre Schützlinge noch mühsam in eine abgeschiedene Einsamkeit locken mussten, zäumt die Spiritualität heutiger Provenienz den Gaul von hinten auf. Nun sind es die Kunden selbst, die aus freien Stücken ihre Schritte in den totalen Dimensionswechsel buchen. Channelings, Meditationen und Suggestionen bestellt man heute per Mausklick im Internet. Waren es früher noch Lautsprecher, so ist nun der iPod mitsamt brandaktuellen Durchsagen der geistigen Welt immer mit dabei.
Quellen: [132] [102]

info

Im Streben nach Meisterschaft machen die Aspiranten allerlei Fremdsuggestionen zu ihren eigenen. Mittels mantrenartiger Wiederholung und kraft ihrer eigenen Phantasie brennen sie sich das jeweilige Markenbild somit selbst ein. Die „Ich-bin-Anrufung" wird zum geradezu selbstverständlichen Branding.

Elektrochemische Autobahnen

„Lichtarbeiter im Dienst" lautet die Message, daneben das Logo, das wohlweislich an einen Adler erinnert. Die Werbefeuerzeuge der Kryonschule fungieren als Lichtspender. Und das nicht nur symbolisch für Anzuwerbende, sondern insbesondere auch für den Inhaber. Denn das Label ist von nun an immer mit dabei, quasi als Visitenkarte einer ganz besonderen Mitgliedschaft. Das so erfolgreich installierte, kortikale Markennetzwerk wird zusehends absturzsicher. Aus „den schmalen Pfaden, die die Nervenzellen im Netz verbinden", entstehen „elektrochemische Autobahnen" [128], so die Neurowissenschaft.
Führen wir uns die zahllosen Broschüren, den Markenauftritt, die multimedial aufgestellte Produktpalette, sprich die gesamte Cor-

porate Identity, der modernen Bewusstseinsindustrie vor Augen, können wir uns eines Eindrucks nicht erwehren: Die Esoterik 2.0 verkauft in erster Linie einen perfekt inszenierten Markenhimmel. Obwohl nur Fiktion, spendet dieser körperlich spürbare und vor allem geistig befreiende Sensationen. Die Transformation des Bewusstseins besteht also zu einem guten Teil im wachsenden Transit auf festgefahrenen, neuronalen Highways. Doch wie dem auch sei: Jede Ähnlichkeit mit Sucht ist vermutlich rein zufällig.

Der esoterische Verbrauchsartikel und die Gier nach mehr

„Engelsymbole sind Geschenke aus der Engelwelt.
Sie helfen, Seele und Körper in Harmonie zu halten."
Ingrid Auer in „Goldene Broschüre" [119]

Führen wir die bisherigen Überlegungen weiter, ergibt sich zwangsläufig eine anhaltende Nachfrage nach energetischen Transformationsmitteln. Und wo ausreichend Bedarf, fehlt es im Spirituellen selten an Angebot. Insbesondere die Inflation esoterischer Verbrauchsartikel zeugt nicht nur von diesem speziellen Wunsch nach Sinnschaffung und Ekstase. Sie stehen auch für eine unbändige Sehnsucht nach Aufrechterhaltung dieses neurochemischen Schwebezustandes. Urkraft-Öle, Feueressenzen und Lichtkosmetik – viele Brennmittel halten die Flammen am Lodern und machen die User zu bereitwilligen Dauerabnehmern. In dieser schönen neuen Engelswelt wird Huxleys „Soma" [133] zu Aura Soma, dem Ecstasy des spirituellen Karrieristen.

Engel für und gegen alles

Wie man seine Kunden an der Strippe hält, beweist uns aufs Neue Ingrid Auer. Ihr Lichtpunkt-Webshop bietet Hilfe für und gegen alles Mögliche, aber in erster Linie gegen Bares, versteht sich. Hier nur ein kleiner Auszug:

Motto: *„mens sana in corpore sano“* [35]
„Corael“ gegen „Verspannungen“
„Mariel“ gegen „Wetterfühligkeit“
„Armiel“ bei „Parasiten“ und gegen „übertriebene Hilfsbereitschaft“
„Arkiel“ bei „Arbeitslosigkeit“
„Doriel“ gegen „Schulängste“ und „depressive Verstimmungen“
„Nirael“ für „seelische Verletzungen und Probleme mit der Sexualität“
„Rosael“ bei „Ablehnung der weiblichen Körperlichkeit & während der Menstruation“[36]
Aus „Goldene Broschüre“, Lichtpunkt & Ekonja-Verlag [119]

Was Engel so sexy macht

Dass gerade Engel einen besonderen Charme versprühen, liegt unter anderem auch am spannungsgeladenen Mix verschiedener Wertefelder, die in ihnen zusammentreffen: Mit dem Ideal der Reinheit versprechen sie ein Gegenmodell zur hyperkomplexen Realität. Unbefleckt und keusch appellieren sie an eine neue exquisite Form von Weiblichkeit und entlasten somit von überhandnehmenden gesellschaftlichen Anforderungen. Das zugleich vermittelte Tabu der Jungfräulichkeit hingegen wirkt mitsamt dem Nimbus der Unschuld in einer übersexualisierten Gesellschaft mitunter besonders anziehend und erotisch. Aus dem „Kult der Natur“ mitsamt Supermodels und Silikonwundern erwächst laut Norbert Bolz ein Kult um die „Über-Natur“.

Quelle: [47]

info

Die feinen Stoffe von Engelsabfüllern erinnern an Suchtmittel irdischer Herkunft. Ein Leben ohne sie ist kaum mehr vorstellbar. Egal wofür, ihre Schwingungen liefern die Lösung für gar alles.

Spiritualität für Verbraucher

Ein weiteres Schlüsselelement spiritueller Produktion bildet zweifelsohne der passende esoterische Verbrauchsartikel. Dieser muss logischerweise etwas sein, das immer neue Order erfordert. Egal womit, Hauptsache die User werden zu Dauerbestellern im Onlinestore. Clevere Engelspromoter verwirklichen dieses Konzept auch im Printsektor. Bücher schreiben ist vielleicht gut und recht, ökonomisch jedoch ein Knieschuss. Viel ertragreicher hingegen präsentiert sich der Deal mit Engelkarten. Die Medien Diana Cooper und Doreen Virtue brachten dieses Konzept zur Perfektion: „Engel-Orakel für jeden Tag: 44 Karten mit Anleitung“ [134]. Und damit auch die spirituellen Aufsteiger ihren heiligen Auftrag erfüllen, gehen diese daran, derartige Integrations-, Meister- oder Energiesymbole in ihrem Umfeld zu verschenken.

Esoterisches Who is Who: Doreen Virtue

Doreen Virtue (geb. 1959) bezeichnet sich auf ihrer Homepage selbst als „spiritueller Doktor der Psychologie“ und als „Metaphysikerin der vierten Generation“. Laut Autobiografie stehe sie schon seit ihrer Kindheit in Kontakt mit ihren „unsichtbaren Freunden“. Dazu gehören Engel, Feen und Verstorbene. Geistig ist sie der amerikanischen „New Thought“-Bewegung zuzuordnen. Neben „aufgestiegenen Meistern“ propagiert sie vor allem das Konzept der „Indigo- und Kristallkinder“, für welches sie als eine der tragenden Galionsfiguren weltweit gilt.
Virtues „Angel Therapy“-Methode harmonisiert angeblich jeden Lebensaspekt. Seine Schüler zertifiziert der oftmals geladene Gast von TV-Shows (z. B. *Oprah*) zu sogenannten „Angel Therapy Practitionern“ (ATP®). Methode, Zertifikat und der Eigenname „Doreen Virtue“ sind weltweit eingetragene Markennamen. Das hieraus entstandene Netzwerk von beurkundeten Heilern und Medien erstreckt sich quer durch die USA und über weitere 47 Länder bis nach Mitteleuropa. Obwohl sich um Doreen Virtues Doktortitel im Internet einige Mythen ranken, verkaufte sich ihr Kartendeck „Messages From Your Angels“ laut Netzberichten bereits über 700.000 Mal.
Produkte: Orakel-, Erzengel-, Delfin-, Feen-, Einhorn-, Meerjungfrauen- und Aufgestiegene-Meister-Karten, Beziehungs- und Lichtarbeiter-Ratgeber sowie über 50 weitere Bücher, Workshops, Radioshows, DVD-Kurse, „Doreen Virtue Certification“-Cruises an Bord eines Kreuzfahrtschiffes (Preis $ 2000–$ 6000), u.v.m.
Unternehmen: Doreen Virtue vertreibt ihre Artikel hauptsächlich über den US-amerikanischen Hay House Verlag, Kalifornien.
Web: http://www.angeltherapy.com
Quellen: [135] [136] [137] [138]

Unter dem Wasserkrug, als Bierdeckel oder gar in der Zigarettenschachtel: Manuel unternahm vieles, um seine Freunde energetisch zu schützen. Und da ein Engelkartensatz stets vollständig sein sollte, bestellte man unaufhörlich nach – das war dann Manuelas Job. Guten Gewissens und mehrmals im Monat das gleiche Set mit ISBN-Nummer beim Onlinebuchhändler, zum selben Preis wie ein Buch, nur wesentlich öfter.
Dass man im Nebel der Hochgefühle gar alles an den Mann/die

Frau bringen kann, beweist eine weitere geistreiche Kreation: „Energy-Tattoos sind energetische Pflaster und bieten Schutz beziehungsweise Unterstützung im Alltag!" [139]. Die Rede ist von „hoch schwingenden, lemurianischen Energie-Produkten". Dabei weiß das „intelligente Energy-Tattoo" genau, „wie viel Energie benötigt wird und löst sich dann auf."

info

Esoterische Händler potenzieren ihren Umsatz über den Vertrieb spiritueller Verbrauchsartikel. Sich verflüchtigende Energieträger garantieren anhaltende Order seitens der Kunden.

Partizipation durch Konsumation

Die dargestellte Vertriebsstrategie zwingt die User also zum permanenten Nachkauf immer frischen Brennstoffes. Dabei fördert gerade dieses fortwährende Investieren innerhalb der Community einen ganz besonderen Gemeinschaftssinn. Das Unvernünftige erhält damit einen sozialen Rahmen. Es ist beinahe so wie in der Otto-Normal-Gesellschaft auch: Der Konsum entscheidet über Geltung und Schichtzugehörigkeit. Denn wie beim Kauf überteuerter Markenartikel erhält man auch hier den Zutritt zu einer Art elitärem Club. Nur diesmal erwirbt man energetische Kollektionen. Wir haben ja bereits von feinstofflichem Luxus gesprochen. In der Esoterik 2.0 wird dieser nun für jeden zugänglich. Es zählt schlichtweg der Clubbeitrag. Wer laufend zahlt, ist also dabei.

Mit diesem Verständnis ergibt sich eine klarere Sicht auf die Szene: Es bedarf keines offiziellen Beitritts zu einer spirituellen Vereinigung, denn es ist vor allem die Konsumation, mit welcher man implizit Zugehörigkeit bekundet. Das Ganze beginnt bei einem harmlosen Lifestylegetränk und findet seine bizarre Vollendung im Mindstylespray der Schwingungsindustrie. Wer eine Klientenreligion richtig inszeniert, gibt mit seinen fluiden Erzeugnissen die Welt vor, in der die Mitspielenden zueinander finden. Er braucht keine Mitgliedsbeiträge, denn er verdient hier schlichtweg an allem.

Ich konsumiere, also bin ich[37]

Der wiederholte Kauf- und Bestellvorgang sichert auch das eigene subjektive Befinden von Identität. Denn mit jedem Klick auf den „Jetzt kaufen"-Button bestätigt sich der spirituell Konsumierende immer wieder aufs Neue, wer oder was er zu sein glaubt. Er investiert sich demnach immer tiefer in diese neue Wirklichkeit, er kauft sich sozusagen ein. Angesichts seiner eigenen anhaltenden Investitionsfreude schöpft der User so abermals Gewissheit. Das Imago wird zum neuen erworbenen Selbst.

Fazit: Beziehen wir diese zwei letztgenannten Faktoren in unsere Beobachtung mit ein, so wird dieses unentwegte Zur-Neige-Gehen feinstofflicher Vorräte von den Involvierten durchaus nicht als lästig oder gar verdächtig empfunden. Ganz im Gegenteil: Mit jedem Kaufakt geht man gewissermaßen wieder online – und das nicht nur im Netz. Jede Konsumation für sich beschert ein Gefühl von Dabei-Sein und fungiert als konsumistisches Bekenntnis zum neuen Ich-Bin.

info

Moderne Esoteriker treten offiziell keiner Sekte mehr bei, vielmehr bekunden sie ihre Spiritualität über den Verbrauch energetischer Produkte. Der Konsum macht sie dabei zu Mitgliedern in einem magischen Club. Angesichts ihrer eigenen fortlaufenden Investitionsfreude vergewissern sich feinstoffliche Konsumenten kontinuierlich ihres neuen imaginativen Selbstbildes.

Das Unwiderstehliche in kleinen Fläschchen

Wie Essenzenvermarkter ihre Erzeugnisse einer möglichst breiten Käuferschaft schmackhaft machen, illustriert vor allem das gezielt eingesetzte Wording rund um spirituelle Produkte. Dieses appelliert kaum zufällig an die sogenannten „Big 3" des Neuromarketing:

- Das Balance-System (Geborgenheit, Sicherheit, Ordnung, Schutz)
- Das Dominanz-System (Durchsetzungsvermögen, Macht, Aufstieg, Erfolg)
- Das Stimulanz-System (Erlebnis, Prickeln, lustvolle Erwartung)

Übersetzt in die Produktwelt der sogenannten „Rainbow Essences®" klingt das nun folgendermaßen:

- Essenz „Confidence (...) Energiefeld (...) Sicherheit umgibt mich (...) vermittelt ein Gefühl der Sicherheit und Geborgenheit"
- Essenz „Strength (...) Solar Plexus Chakra (...) Ich erkenne meine Kraft (...) fördert unser Energiepotenzial und bringt Erfolg in unser Leben"

• Essenz „Sacred Sex (...) Sakral Chakra (...) Ich lebe meine Kreativität (...) beeinflusst unsere Einstellung zu Sexualität, Beziehung und Geld"

Ob nun Familienmensch, Karrierist oder Künstler – ausgestattet mit einer derartigen Multimotivationalität finden Güter jedweder Machart bei verschiedensten Gemütern Anklang. Die gleichzeitige Anregung unterschiedlicher (oft auch gegensätzlicher) Motivstrukturen lädt die Erzeugnisse magisch auf und findet sich auch quer durch die Palette multivariater New-Age-Artikel.

Die Verkäufer feinstofflicher Energien bespielen auf diese Weise die gesamte Klaviatur unserer „Limbic Map". Wer diese Grundregel beherzigt, macht laut Neuromarketing x-beliebige Artikel zu emotionalen Must-Haves. Dabei gelten vor allem „Produkte mit spirituellem Heilsversprechen" als besonders geeignet, Kunden dauerhaft an eine Marke zu binden. Werbefachleute sprechen von sogenannten „Gehirnfesslern".

In Anlehnung an Hans-Georg Häusel: *„Brain View. Warum Kunden kaufen"*
Quellen: [124] [140]

Im Ritus liegt die Kraft

„All das, was ihr zum Erwachen braucht, werdet ihr bekommen: viel Wissen, Techniken, Rituale und Einweihungen."
Kryon auf www.kryonschule.de [141]

Haben wir gerade eben noch von feinstofflichen Suchtmitteln gesprochen, so sei abschließend nochmals die Bannkraft des Kultischen beleuchtet. Denn verbindende Riten und Kulte festigen den Anschluss des Einzelnen an das Kollektiv. Wir werden im Folgenden das Ritualhafte rund um spirituelle Produkte ansprechen. Schließlich besteht gerade im Zeremoniell ein wesentlicher Faktor ihrer psychologischen Wirkung.

Alles beginnt beim Tabu

„Nicht mit Alkohol mischen!"[38] [142] – Besser hätten die Macher des wohl bekanntesten Energydrinks keinen Hype vom Zaun brechen können. Die Errichtung eines Tabus war es, was dem Bullen endgültig die Hörner aufsetzte. So wurde der mystifizierte Inhaltsstoff Taurin zu eben diesem außerordentlich wirkungsvollen.
Das, was Dosenabfüller zu Milliardären befördert, ist im Energiebusiness wahrhaft Gold wert. Denn egal welcher astrale Duft im An-

gebot steht, vor allem die Verbote verpassen ihm die nötige Potenz. Dabei segnet gerade die angemessene Handhabung den kultischen Gegenstand mit dem, was Anthropologen gerne als „Mana“ [143][39] bezeichnen. Erst das Ritual mit den damit verbundenen Dos und Don'ts versorgt das Objekt mit der scheinbar ihm innewohnenden Macht. Handelsübliches Saunaöl wird damit zum pulsierenden Energetikum.

Der Rest steht im Prospekt: So sollte man Schwingungsessenzen keinesfalls in der Nähe elektronischer Geräte lagern. Zu viel Licht wird auch nicht empfohlen. Jede Überdosierung sei von vorneherein strengstens zu vermeiden, und, wie könnte es anders sein: „Engelessenzen sollten immer ‚sortenrein‘ verwendet und nicht zusammengemischt werden.“ [72] Der User hantiert demnach mit etwas Hochexplosivem. Die Untersagung macht ihn quasi zum Alchemisten.

info

Mithilfe strenger Regeln verritualisieren spirituelle Unternehmer den Gebrauch ihrer Produkte. Insbesondere das Verbot schafft um den Gegenstand eine unsichtbare Tabuzone mit magischer Bannkraft.

Re-Kultivierung im ich-freien Raum

„Engel wollen, dass du dir Zeit nimmst.
Sie wollen und sie lieben Rituale.“
Skriptum der Kryonschule [87]

Haben Sie schon jemals bei einem Feuerlauf mitgemacht? Im Ritual eröffnen sich ungeahnte Weiten. Raum und Zeit enthoben, verspürt man den Anschluss an etwas Höheres, an das Ganze. Jedenfalls fühlt es sich so an. Denn im Ritus wird jedes Handeln zu einem Tun ohne Subjekt. Wo vorher ein *ich,* so ist es dann ein unpersönliches *man,* das in Aktion tritt. Etwas oder jemand lebt und wirkt durch mich, könnte man formulieren. Das Ego tritt in den Hintergrund. Probleme, Sorgen, Verantwortlichkeiten – alles Schnee von gestern.

Rituale offerieren Inseln ich-loser Freiheit. Derartige Refugien bilden zwar wichtige kulturelle Naherholungsgebiete, sind aber zusehends dem Rotstift einer Rationalisierungsdoktrin zum Opfer gefallen. Dazu gesellt sich noch eine Massenflucht aus christlichen Kirchen. Dies alles geht mit einem fortschreitenden Niedergang verbindender Riten einher. Die ohnehin schon raue See ist folglich noch stürmischer geworden, und die Menschen sehnen sich wieder zutiefst danach, sich selbst einem heiligen Dienst zu widmen. Man will das einsam treibende Floß des Schiffbrüchigen hinter sich lassen und wieder miteinander im gleichen Boot sitzen. Wer hier den Rudernden den Takt vorgibt, für den wird die Sinnsuche der anderen zum lukrativen Geschäft.

Die Re-Sakralisierung des Alltags

„Aura-Essenzen sind so etwas wie tägliche, liebevolle Begleiter durchs Leben." [72]

Die Betreiberin des Webshops weiß das eben Beschriebene gekonnt umzusetzen. Engel sind bei ihr so etwas wie der beste Freund des Menschen. Und, das hat sie uns bereits eindrucksvoll aufgezeigt, ihre hoch energiereichen Destillate geleiten die User durch wirklich alle Lebenslagen. Ob für „bedingungsloses Vertrauen" am Morgen, die „Abgrenzung von Energieräubern" bei der Arbeit oder die ganz direkte „Kontaktaufnahme mit der Engelwelt" [119] am Feierabend – ihre Erzeugnisse fungieren als permanente Begleiter. Engelssymbole und -sprays werden zum fixen Inventar in der Handtasche oder, wie uns Frau Auer persönlich im Video demonstriert, gleich unter dem BH „direkt am Körper getragen" [144]. Auf Schritt und Tritt verwandelt sich die Welt zur geweihten Wirkstätte des Users. Es ist wie bei Manuel. Alles dreht sich nur mehr darum, wo, wann und wie die kosmischen Gefährten zum Einsatz kommen. Das Leben wird zu einem einzigen großen Zeremoniell.

Dabei kommt hier noch ein weiterer Effekt zum Tragen: Durch diese Taktung des Daseins generieren esoterische User ein noch intensiveres Gefühl von Anschluss. Schließlich wird der Trott des Alltäglichen in wiederkehrenden Abständen unterbrochen, um gewissermaßen die Verbindung zur Community aufrechtzuerhalten. Gemeint ist jenes verstärkte Empfinden von Teilhabe, welches durch das gemeinsame Besinnen auf einen zentralen Fixpunkt im Leben entsteht. Als würden alle immer zur selben Zeit zum Mond hinaufschauen, empfinden auch Engelsverehrer diese gewisse Allgegenwärtigkeit – von was auch immer.[40]

„Nutzen Sie für ein kraftvolles Energiefeld zusammen mit vielen anderen Menschen dieselben Ausrichtungen zur selben Zeit, denn: Je mehr Kraft und Energie auf ein gleiches Ziel gerichtet wird, umso leichter wird es erreicht."

www.aurasomashop.at [145]

Verstärkt wird diese Wirkung durch allerlei Geschichten über „Zwillings- und Dualseelen", von „Seelenverwandtschaft" und „Co-Inkarnationen". In Frau Anselmis Büchlein finden sich genügend Vorlagen. Unter Berufung auf „intergalaktische Magnetgitter" wird so eine Art geistig-energetische Verbundenheit unter den irdischen und überirdischen Crewmitgliedern vorweggenommen. Und egal ob es sich nun um real existierende Personen oder lediglich um vom Autor erfundene Spielfiguren handelt – der User erhält, ganz gleich wo er sich gerade befindet, über dieses Rituelle einen wiederkehrenden, empathischen Zugang zu seiner neuen geistigen Familie.
Analog zum Spielverhalten jugendlicher Onlinegamer betreten somit auch World-of-Soulcraft-User über endlose Rituale und Inszenierungen einen virtuellen Raum. Dabei wird dieser über bestimmte liturgische Verhaltensweisen und Gesten rituell abgesteckt und zugleich erschaffen. Unsichtbar, aber psychisch umso aufgeladener, überlagert dieser esoterische Cyber den Alltag des spirituell Praktizierenden. Der feinstoffliche User bleibt energetisch online, also immer brav an der Leine.

info

Schwingungshändler erfüllen den Alltag ihrer Kunden mit kultischen Ritualen. Der Tagesablauf erhält so mitsamt einer ordnenden Taktung auch eine weitere sakrale Dimension. Diese spendet das Gefühl von Anschluss. Derart angebunden geht kein Abnehmer mehr verloren.

SCHRITT 5

Das Raumschiff hebt ab

Meister, ihre Ausbildung und ihre Mission: der spirituelle *Stairway to Heaven*

Auf den letzten Seiten haben wir erfahren, welche explosive Wirkmacht scheinbar harmlosen Flüssigkeiten innewohnen kann. Dabei bedingt die Wahrnehmung ihrer energetischen Potenz immer ein gewisses Bemühen seitens der User. In den kommenden Ausführungen werden wir nun erörtern, wie esoterische Unternehmer ihre Kunden mit dem Prestige spiritueller Meisterschaft abfüllen, um sie schlussendlich zu einer eigenen Mission zu bewegen. Die vermeintlich zu erklimmende Karriereleiter motiviert zusätzlich, die Himmelfahrt nimmt ihren Lauf, das Sternenschiff hebt ab.

Von Profis für Profis

Esoterische Geschäftsleute tun vieles dafür, ihre Kunden zu Profis auszubilden. Denn so werden diese wiederum selbst zum Vorbild für andere. Ein Schachzug, der längerfristig reichlich Früchte trägt. Zur Veranschaulichung starten wir wieder mit uns durchaus Bekanntem.

„Entdecken Sie Ihr Talent als Kaffee-Sommelier“ [146], propagiert der Prospekt eines prominent beworbenen Kaffee-Multis. Und das gewiss aus gutem Grund. Versorgen doch die Markendesigner von heute ihre Konsumenten mit ebenjener Rolle, die den meisten von uns im Leben verwehrt bleibt. Sie machen uns zu kleinen Experten. Wir müssten es nur entdecken. Eine in uns schlummernde Begabung, die nur darauf wartet, sich endlich entfalten zu dürfen. Der Handel mit Insiderwissen erstreckt sich dabei über alle möglichen Bereiche. Kaum zufällig erheben andere Hersteller ihren Kunden

zum sogenannten „Grillprofi“, dieser wiederum verwirklicht seinen ganz eigenen „Grilltyp“ [147], was sonst?
Was hier passiert: Die Suche nach Anerkennung bringt Menschen dazu, sich mit allerhand Detailwissen zu profilieren. Jede/r will Fachmann oder Fachfrau sein, denn hierin bestimmt sich auch sein/ihr Marktwert im kommunalen Tauschhandel. Es zählt also wiederum das „Survival of the Fittest“. Ausgetragen wird dieses Wettrüsten am Spielfeld unzähliger Welten von Profis für Profis. Und so blicken die Bewohner einer globalisierten Welt zwar tagtäglich ihrem eigenen Unvermögen ins Antlitz, aber in Sachen Aroma und handgeschöpfter Schokolade kennen sie sich aus!

Das Feinsinnige macht den Meister

Es besteht kein Zweifel. Der gesellschaftliche Konkurrenzdruck steigt und damit dringt auch das Verlangen nach Selbstprofilierung in immer noch geheimnisvollere Sphären vor. „Wenn Sie die verschiedenen ‚Grand Crus‘ miteinander vergleichen, wird Ihre Wahrnehmung der unterschiedlichen Aroma-Profile sensibilisiert“ [146], doziert das Booklet zur Espressomaschine.
Handelsüblicher Kaffee wird so zum heiligen Nektar eines sozialen Initiationsritus. Das mag nun vielleicht übertrieben anmuten, doch vor allem diese Verfeinerung unserer Sinne lässt uns scheinbar in höhere Kreise aufsteigen. Und dazu bedarf es einer fortwährenden Schärfung unserer Wahrnehmung oder meinetwegen Einbildung. Wohl aus diesem Grund spricht der Anbieter von der „Seele des Kaffees“ [148], die es da zu enthüllen gilt. Dem Ruf der Marke und seinem eigenen Drang nach Geltung folgend, hypersensibilisiert sich der Kunde wieder selbst. Der ehemalige Konsument avanciert zum Eingeweihten, zum Connaisseur.

info

Gut inszenierte Marken laden den Kunden ein, sich anhand ihrer Produktlandschaft zu profilieren. Der werdende Experte muss sich in die Warenvielfalt einarbeiten und seine Wahrnehmung entsprechend verfeinern. Dieses vermeintliche Können in der kleinen Welt verdeckt geschickt das eigene Versagen in der großen.

Der Engelsprofi

Natürlich springen die Vermarkter Heil bringender Wässerchen auf diesen Zug auf, winkt doch gerade die Esoterik mit verborgenen Weisheiten exklusiver Zirkel. Denken wir zurück an Ingrid Auers Schwingungsessenzen in multipler Ausführung: Jede von ihnen enthält eine ganz eigene Wesenhaftigkeit und entfaltet – die adäquate Handhabe vorausgesetzt – ihr Potenzial im ihr zugedachten Wirkungsspektrum. Bereits hier zieht das kunterbunte Sammelsurium viele aufstrebende Energieexperten magisch an.
Doch übertroffen wird Ingrids Fundus allemal von Aurasoma: Vom „Equilibriumöl B0", dem „spirituellen Notfallöl" [149] bis hin zu „B109 Erzengel Zachariel" „für mehr Harmonie, Symmetrie und Geometrie im Leben", liegt es am User, diese feinen Nuancen voneinander zu unterscheiden. Überfrachtet mit Symbolen, Düften und Bedeutungen beginnt der spirituelle Anwärter, sich hier ein fachmännisches Image aufzubauen. Er macht sich selbst zum spirituell Wissenden, zum Engelsprofi. Als feinstoffliche Koryphäe denkt, schafft und wirkt er von nun an *innerhalb* der jeweiligen Marke.

info Ähnlich ihren Vorbildern am Lifestylemarkt laden auch esoterische Produktdesigner ihre Kunden ein, zum Fachmann aufzusteigen. Die Produktvielfalt und damit auch die Andockstellen für werdende Experten präsentieren sich jedoch ungleich mannigfaltiger. Der energetische User erarbeitet sich so ein Meister-Image innerhalb der jeweiligen Markenwelt.

You make the Difference

Alles dreht sich um die Zurschaustellung eigenen Wissens und Erkennens. Jegliche Unterscheidung der vermeintlich wahrgenommenen Energien kann nur mehr im Unsichtbaren oder genauer genommen im Übersinnlichen liegen. Der User wird hierdurch regelrecht ins Metaphysische gedrängt. Denn als Profianwärter *muss* er hier einen Unterschied machen. Es liegt somit am Anwender, nicht nur seine Phantasie zu bemühen. Angelockt von spirituellem Glamour und beeindruckt von der Feinfühligkeit seiner Mitstreiter macht er sich und anderen zusätzlich etwas vor. Er stellt eine Scheinwirklichkeit über seine eigene Wahrnehmung und lernt damit immer mehr, seinem Verstand und damit auch seinem alten Ich zu misstrauen. Sozial ausgetauscht und sprachlich untermauert wird so das Nicht-Sichtbare immer mehr zur Gewissheit. „Ich seh' etwas, was du nicht siehst!" Der Kaiser erhält endlich seine Kleider.

info

Geködert von spirituellem Prestige manipulieren Lichtpioniere ihre eigene Wahrnehmung und phantasieren engelhafte Energien herbei. Verstärkt durch Interaktion mit allerlei Gleichgesinnten entsteht ein sozialer Druck. Der Selbstbetrug wird zur Diktion.

Das Diplom

„Nach den 57 Studien erhältst du ein Zertifikat zur/m Bioenergie Therapeutin/Therapeut nach Christina Soraia, ausgestellt mit dem Qualitätsmerkmal der Kryon University, eine Universität der neuen Zeit." [128]

Je mehr Unwahrheiten sich im Umlauf befinden, desto vielfältiger die Urkunden zu deren Beglaubigung. Ohne hier auf diese unendliche Palette näher eingehen zu wollen: Kaum eine Branche besticht durch ein derartiges Überangebot an möglichen „Abschlüssen". Vom ausgebildeten „Angel Therapy Practitioner®" (certified by Doreen Virtue) [150] über „Angel Healing Touch" [151] über „Alpha-Angel-Healing®" [152] bis hin zum „Familienstellen mit Engeln" [153], das Sammelsurium an übersinnlichen Zeugnissen scheint unerschöpflich. Besonderen Einfallsreichtum beweist hier abermals eine prosperierende Bewusstseinsschmiede im Süden Deutschlands. Dort nennt man sie die „Berufe der neuen Zeit" [154]. Vom „Erdheiler" über die Befähigung zum „Raftan Trainer" bis hin zum „Meister der Aspekte" kann man hier beinahe jeden Freibrief erwerben, käuflich versteht sich.

Geistheilung mit Gewerbeschein

In Österreich verschafft man esoterischen Dienstleistungen eine staatliche Legitimation. Denn immerhin gehört laut der österreichischen Wirtschaftskammer die gewerbliche Tätigkeit der sogenannten „Energethik" jener „Berufsgruppe an (...), die die größte wirtschaftliche Dynamik in Österreich entfalten", so die dazugehörige Berufsgruppen-Info. Die Anzahl der angemeldeten „Energethiker" belief sich im Jahr 2012 auf über 20.600 - und das in einem Land mit acht Millionen Einwohnern. Man spricht von einer anhaltenden „Weiterentwicklung der Branche", weshalb gleich drei neue Berufszweige geschaffen wurden:

Der „Humanenergethiker": Sein Beruf „umfasst alle Tätigkeiten, die sich auf das wissenschaftlich derzeit noch nicht erfassbare Energiefeld, das alles umgibt und durchdringt", beziehen. Dazu gehört auch die „Anwendung" und „Herstellung" energetischer Substanzen.

Der „Tierenergethiker": Dieser nimmt sich der „Blockaden, Fülle- oder Leerezustände der Energieflüsse" bei Tieren jeder Art an - kinesiologischer Muskeltest inklusive.

Der „Raumenergethiker" oder „Lebensraum-Consultant": Dieser achtet auf „Planetenkonstellationen" und lunare Energien - unter Anwendung von „Numerologie und Symbolik" sowie mithilfe von Kristallen und Essenzen.

Beim „Energethiker" handelt es sich um ein freies Gewerbe, für dessen Anmeldung kein Befähigungsnachweis im Sinne einer Ausbildung oder Prüfung erforderlich ist. Die Schreibweise mit „th" soll die Bedeutung des Wortes „Ethik" für diesen Berufsstand hervorheben.

Quellen: [155] [156] [157] [158]

Für die Seriosität der Angebote sprechen hierbei die branchenüblichen Gütesiegel: Nicht umsonst werben die Kryonschule und deren Ableger mit einem sogenannten „OMSP"-Zertifikat. Die „Bewusstseinsschule der Neuen Zeit" profiliert sich dadurch als „eine weltweit anerkannte Ausbildung, die nach dem Abschluss zur Führung des Titels ‚Bioenergietherapeut' berechtigt" [141]. Dafür bürgen, kaum lesbar, aber mit umso mehr Stempeln, die „Organizacion Mundial de la Salud Publica" (OMSP) sowie das „Institudo Escuela de Humanides" [159]. Wer motiviert zu einer langwierigen Recherche die Virenwarnungen seines Rechners ignoriert, landet virtuell in Buenos Aires [160].

Abgestempelt und quasi amtlich beglaubigt erfüllen derartige Gutachten, abgesehen von den Einnahmen der dahinter stehenden Schulungsindustrie, wichtige Funktionen für den spirituellen Aufsteiger: Die vermeintliche Hellfühligkeit erhält so etwas wie ein amtliches Brief und Siegel. Durch das erkaufte Diplom wird der Selbstbetrug mit Ovationen honoriert. Berauscht von Bewunderung vergisst der frisch gebackene Meister gerne, worauf sein ganzer Stolz basiert – nämlich auf einem simplen, aber uneingestandenen Bluff.

info

Brief und Siegel erhalten die herbeiaffirmierten neuen Wirklichkeiten mithilfe zahlloser spiritueller Diplome. Der Selbsttäuschung greift und wird mittels sozialer Achtung über Gebühr entschädigt.

Ernenne Deinen Kunden zum Mitarbeiter

„Merlin und Myriel rufen die Priesterinnen des golden-blauen Lichts."
„Spürst du den Ruf deiner Seele, dich wieder hineinzubegeben in das wahre Charisma als Priesterin oder Priester?" – „Dann könnte dies der Ruf an deine Seele sein, auf den du gewartet hast."

Merlin & Myriel aus Rosenheim [161]

Angefacht durch Geltungsdrang dringen spirituell Aufstrebende somit immer noch weiter ins Mysterium vor. Engelszertifikate und Matrixmeistergrade liefern dabei den sichtbaren Beweis, dass sie es im Unsichtbaren schon zu etwas gebracht haben. Die nicht unbeträchtlichen Geldmengen, die sie bisher in ihre Ausbildung investierten, werten die Befähigungsurkunden zur Lichtarbeit nur zusätzlich auf. Wer bereits so eine lange Wegstrecke hinter sich hat, hungert förmlich danach, sein höheres Wissen einem breiteren Publikum kundzutun. Was wohl käme feinstofflichen Händlern hier gelegener, als den Energieabsolventen endlich ihre ganz eigene Mission zu offenbaren?

Vom guten Gewissen zum höheren Auftrag

Old Age:
Im Dienste der Nachhaltigkeit erwirbt man teure Bio- und Fairtrade-Produkte und erkauft sich via Lifestyleshopping ein gutes Gewissen.

New Age:
Esoterische Konsumenten wollen mithilfe von „spirituellen" Ausbildungen und Artikeln die Welt retten und erstehen mittels Mindstyle-Shopping einen höheren Auftrag.

Das „Corps Diplomatique" – astrale Botschafter

„Ihr seid meine Leuchttürme und wir brauchen euch!"
Kryon auf www.kryonschule.de [162]

Der obige Appell klingt zwar eher nach einem Befehl, steht aber beispielgebend für eine gängige Praxis in spirituellen Unternehmungen. Erteilen sie doch ab einem gewissen Punkt die sehnsuchtsvoll erwartete Dienstfreigabe für ihre Kunden. Ein namhafter esoterischer Filmvertrieb aus Stuttgart bringt es dabei auf den Punkt. Die dahinter stehenden Betreiber ernennen ihre Abnehmer kurzerhand zu „Botschaftern für ein bewussteres Leben" [163].
Das klingt auch schon viel besser als etwa „Re-Seller" oder gar „Vertreter". Von oben berufen werden die User nun selbst zu Delegierten der astralen Welt, Engels-Attachés sozusagen. Ausreichend dekoriert dürfen fortan auch sie selbst zum magischen Pendel greifen, Magnetgitter herbeisprühen oder Schutzkreise installieren oder eben auch anderen von den Ursprungsfrequenzen berichten [164]. Die dazu nötigen Utensilien bekommen sie – wie könnte es anders sein – rund um die Uhr im Webshop ihres Labels:
Ausbildungsset „Botschafter der Ursprungsfrequenzen": „Selbst Menschen, die bereits erwacht sind, werden durch diesen Beruf noch einmal auf eine höhere Bewusstseinsebene geführt." Preis: 440 Euro [164]

info

Spirituelle Vertriebsfirmen erheben ihre Kunden zu stolzen Mitarbeitern und erhöhen so ihre Marktdurchdringung. Via Webshop erwerben die User die Arbeitsmittel für ihre tägliche Praxis.

Sie werben – spirituelles Outsourcing

Die Werbepolitik angesagter Bewusstseinsschulen ähnelt damit der Vorgangsweise gängiger Kultmarken. Sie orientiert sich nicht nur nach außen, sondern viel mehr noch nach innen. Das Marketing wird dadurch zum Kultzentrum für all jene, die schon dabei sind. So wird der gläserne Mac-Würfel in New York für einen audiovisuell bekennenden Fankunden wortwörtlich zum *„Macca"*[41] [165], zur Pilgerstätte einer Art Techno- und Lifestylereligion. Vergleichbar dazu die Szenerie im Esoterischen. Denn auch hier bilden die Messen, Webportale und Conventions der Lichtbotschafter einen kultischen Mittelpunkt für diejenigen, welche schon als assimiliert gelten. Die Öffentlichkeitsarbeit wird bei Kultmarken verstärkt Richtung Anhängerschaft ausgelagert. So verwundert es kaum, wenn da eine Biobäuerin ihre Futtermittel und die dazugehörenden Kühe mit Auraspays parfümiert oder eine Hauptschullehrerin aus Wiener Neustadt Engelsessenzen im Unterreicht propagiert: „Es ist mittlerweile so, dass die Kinder am Beginn der Stunde die Engelsymbole bereits verlangen!" [7]

Mit derartigen Videobotschaften im Internet handeln die Damen durchaus im Interesse des dahinter stehenden Labels. Denn sie, die Jünger, sollen ja werben. Betriebswirte nennen das *„Outsourcing"*. Und mit dieser Strategie fahren spirituelle Fabrikanten nicht nur ökonomischer, der Sog derartiger Mitmach-Bewegungen wirkt umso magnetischer. „Don't love Mac, love the community!" [165] ruft uns der begeisterte Videobotschafter zu. Entflammte Fangemeinden sind die profitabelsten Werbeträger. In diversen Popsongs klingt das etwas eingängiger. Dort adressiert man nicht nur Lichtarbeiter, sondern treffender *Mitstreiter*. Sie mögen gemeinsam das Feld bestellen.

Vom bloßen Fankunden kann und will demnach im Esoterischen keine Rede mehr sein. Astral berufen versteht man sich als Bundesgenossen in höherer Sache. Verglichen dazu erscheint der Prosumer geradewegs wie ein Softie von gestern. Esoterik schafft nämlich genau das, woran sich sogar etablierte Kultmarken noch die Zähne ausbeißen. Von Stolz getragen widmen spirituelle Botschafter ihr gesamtes Dasein einem fiktiven Projekt und erfüllen damit ihre vermeintliche Bestimmung. Sie bauen gemeinsam am Neuen Zeitalter.

Denn sie sind waschechte Licht-Arbeiter, das selbstbewussteste Proletariat, das die Welt je gesehen hat.

info

Analog zu irdischen Kultmarken instrumentalisieren auch esoterische Labels ihre eigenen Kunden als Werbeträger. Diese erhalten mit dem Anwerben weiterer Klientel eine zentrale Lebensaufgabe. Der neue Beruf wird buchstäblich zur Be-rufung.

„Lichtarbeiter"

Auch Popstar Nena propagiert in vielen Songs ein lichtvolles neues Zeitalter. Nicht umsonst nennt sich ihre Fanzeitschrift „Lichtarbeiter". Das Musikvideo zu ihrem Lied „Wir sind wahr" ist eine Hommage der bekennenden Osho-Anhängerin an die Bhagwan-Bewegung. Ihr Song „Ich bin hyperaktiv" kann durchaus als Anspielung auf das New-Age-Konzept der „Indigokinder" verstanden werden. Diese gelten gemeinhin als besonders sensitiv, brauchen sehr wenig Schlaf und erinnern sich an ihre früheren Leben.
Quelle: [166]

Kein User ohne Mission

„Trage dein Licht nach außen.
Gerade in einer Umgebung, in der du mit Menschen zu tun hast, die mit diesem Weg und diesem Licht der Neuen Energie wenig anzufangen wissen."
Skriptum der Kryonschule [87]

Die Botschafter sind also berufen. Nun geht es darum, welche Zielgruppe sie ansprechen sollen. Hierbei ergeben sich wiederum umsatzträchtige Parallelen zu herkömmlichen Vertriebsfirmen. Denn prinzipiell hat *jeder* Mitmensch Anspruch auf Heilung und gilt somit auch als ein potenzieller Kunde. Das Tätigkeitsfeld der Missionare ist demnach unendlich groß. Auch der Ungeübteste wird seine Abnehmer finden. Ob nun Putzmittel oder energetische Reinigung im Angebot sind, scheint beinahe egal. Familie, Verwandte, Bekannte – so wie praktische Plastikboxen kann jeder die Energien der Neuen Zeit gebrauchen. Man darf sie niemandem vorenthalten.

Schutzengel haben mit Staubsaugern vor allem eines gemeinsam – es besteht immer ein gewisser Bedarf.
Und folgen wir einem gängigen New-Age-Grundsatz, so geschieht nichts zufällig, alles hat Sinn. Dementsprechend interpretieren auch astral Delegierte jede beliebige Begegnung als einen heiligen Auftrag von oben. Nachgeholfen wird dabei gerne mit „Karmischen Versprechen", die die User bereits vor ihrer Inkarnation abgelegt haben:

„Du hast dir ausgesucht, als das, was du jetzt bist, hier zu inkarnieren (...) Du bist ein Leuchtturm! Und ein Leuchtturm ist immer da, wo er sein soll (...)
Kein Lichtarbeiter wird ohne Aufgabe sein."

Kryon durch Barbara Bessen, die „Absichtserklärung" [167]

Esoterisches Who is Who – Barbara Bessen

Die ehemalige Journalistin Barbara Bessen (geb. 1949) sprach laut Eigenbeschreibung immer schon „mit besonderen Stimmen im Kopf" und spielte bereits seit ihrer Kindheit „mit imaginären Freunden". Als sie „um die 40 Jahre alt war", überbrachten Barbaras geistige Freunde „Saint Germain und Erzengel Gabriel" ihr den Auftrag, „Botschaften und Energien an andere Menschen weiterzugeben", um diesen zu helfen, selbst wiederum „tiefer in diese geistigen Sphären vorzudringen".
Bekannt wurde Barbara Bessen durch das mediale Empfangen von „Kryon", dessen Durchsagen sie seit 2002 erfolgreich in Buchform verlegt. Bessens Schrifttum gehört zum Standardrepertoire vieler Lichtarbeiter und umfasst mittlerweile neun Titel. Sie arbeitet mit der sogenannten „Goldenen Welle" und channelt nebenbei auch andere branchenbekannte Namen wie „Sanat Kumara", „Maria Magdalena" oder „Erzengel Michael". Als Veranstalterin des sogenannten „Zukunftskongresses" (besser bekannt als „St.-Germain-Kongress") in Hamburg machte sich die Unternehmerin zu einer Schlüsselfigur der esoterischen Szene. Frei nach dem Schema „Ich lass dich in meiner Show auftreten, dafür bekomme ich meinen Auftritt in deiner" geben sich hier alljährlich Top-Referenten der Szene ein Stelldichein. Wohl aufgrund eines inflationären Zuwachses an Kryon-Medien in Deutschland und einer etwaigen Konkurrenz zur Kryonschule Rosenheim verlagert sich Bessens Wirken in den letzten Jahren immer mehr weg von Kryon hin zu „Saint Germain".

Produkte: Kongresse, Channelings, Meisterschaftsseminare, Vorträge, Kryon-Lichtkarten, Heilungs-CDs, Bücher, spirituelle Reisen (Mallorca, Bali, Hawaii), spirituelle Firmencoachings, Hausklärungen
Unternehmen: Bessen & Rinow GbR, Hamburg (D)
Web: http://www.barbara-bessen.com
Quellen: [168] [169] [79]

Manuel lieferte ein Musterstück spiritueller Dienstbeflissenheit. Ob nun bei einer Einladung zum Dinner oder beim Bankgespräch – das Engelskartenset war stets in der Jackentasche. „Ich soll hinausgehen und die Menschen heilen", war er sich gewiss, denn „damit folge ich dem Ruf meiner Seelenebene". Die Anweisungen von jenseits des Schleiers erfüllten sein Dasein mit einer Art Geheimauftrag. Die damit verbundene Direktive verlieh seinem Leben mehr als nur einen Hauch von Mystik. Das Ganze erinnerte nicht selten an die Absorbiertheit leidenschaftlicher Onlinegamer. Immerzu auf Mission, wird der ganz normale Mitmensch zur Zielperson, die gesamte Lebensumwelt somit zum Schauplatz der eigenen Berufung. Die permanente Akquise verleiht dem Dasein Richtung, denn sie vergrößert das Feld der Mitspieler. Jeder Tag gerät so zum Abenteuer.

info

Wie in herkömmlichen Vertriebsfirmen startet die Mission im direkten Umfeld des esoterisch Involvierten. Seinem Heilsauftrag folgend wird jeder Mitmensch zur Zielperson, das eigene Dasein zur Werbeeinschaltung.

Vom Markenmythos zur Kultmarke

Die Esoterikszene arbeitet nach dem Vorbild gängiger Kultmarken. Die Wirkmechanismen sind dieselben.

Der Markenmythos

- Kultmarken erzählen immer einen Mythos. Diese „Mythen sind hochemotional", denn „die Sehnsucht nach Spiritualität, Sinn und sinnvermittelnden Geschichten ist im Hirn angelegt".
- Besonders betont wird dabei stets die Entstehungsgeschichte (der Schöpfungsmythos) einer Marke.
- Markenmythen erzählen von Menschen mit Ideen und Visionen (ideelle Aufladung).
- „Meist steht hinter diesen Marken ein Inhaber oder eine Inhaberfamilie, der oder die mit seinem/ihrem Namen der Marke Vertrauen gibt."

Die Kultmarke:

- Um Kultmarken herum entwickeln sich Rituale von Insidern.
- Kultmarken schaffen so eine beträchtliche Distanz zwischen Kultanhängern und Nichtkonsumenten.
- Fankunden sind die besten Verkäufer. Sie tragen die Markenbotschaft in die Welt.

Laut Karsten Kilian handelt es sich bei einer Kultmarke um „die außergewöhnliche Verehrung eines Produktes oder einer Dienstleistung, die bei den Anhängern der Marke ungeahnte Kräfte freisetzt und überzogene Huldigungen inklusive dazugehöriger Devotionalien hervorruft". Quellen: [124] [170]

Das Gelübde – der Vertrag

„Du kannst von heute auf morgen deine Arbeit beenden und sagen: ‚Ich habe den Mut und gehe vorwärts und mache was anderes.'"
Kryon, die „Absichtserklärung" [167]

Damit der heilige Auftrag noch die nötige Portion Verbindlichkeit erhält, leisten spirituelle Absolventen immer eine Art Absichtserklärung. Sie gehen somit über das, was die US-Sektenexpertin Margaret Thaler Singer [102] als erste und für den weiteren Weg entscheidende Schwelle bezeichnen würde. Ob nun als Livedurchsage bei Barbara Bessen oder auf CD zum Bestellen im Onlinebuchhandel:

„Erwachen in der Einheit der Liebe. Die Absichtserklärung mit der CD Liebe und CD Melek Metatron" [171]

Keine Bewusstseinstruppe vergisst auf diesen so wirkmächtigen Schwur, eine Art Schlachtruf, der die Pioniere entschlossen aufs Feld treibt. Als besonders effektiv erweist sich dabei der Kunstgriff des Anti-Gelübdes. Zur Illustration studiere man Reindjen Anselmis Bibel für esoterische Aufsteiger. Denn nach Ansicht der Schweizer Autorin bauten alle Lichtarbeiter, bevor sie auf die Erde kamen, bewusst „Blockaden in ihre Persönlichkeit und ihre Energiefelder" ein, „die verhindern sollten, dass sie als Inkarnierte zur Unzeit realisieren, wer sie wirklich sind" [73]. Und eben diese „Blockaden dürfen nun mit Einwilligung aller planetaren, galaktischen und kosmischen Räte aufgelöst werden".
Es geht hier wörtlich um die „Aufhebung alter Gelübde", also um so etwas wie eine Ent-Schließung. Und diese führt geradewegs zu noch massiverer „Ent-schlossenheit". Über diese scheinbare Befreiung aus einem vermeintlich uralten Versprechen verpflichten sich die User so endgültig zur Zwangsarbeit im Namen des Neuen Zeitalters. Die dazugehörende Invokation von Engel Ariel findet sich nicht nur in handelsüblichen esoterischen Aufstiegsfibeln, sondern auch querbeet im rosaroten Internet:

„Ich widerrufe jedes und alle Gelübde, die ich abgelegt habe, um die Illusion von Unbewusstheit zu erfahren. Als Lichtträger meiner gene-

tischen Abstammungslinie widerrufe ich diese Gelübde für mich und alle meine Vorfahren. Ich erkläre diese Gelübde für null und nichtig in dieser Inkarnation und in allen unseren Inkarnationen quer durch Zeit und Raum, in allen parallelen Wirklichkeiten, parallelen Universen, alternativen Wirklichkeiten und alternativen Universen, allen planetaren Systemen, allen Dimensionen und des Alls. (...) Im Namen des Gnadenrechts und der Siegeserklärung!" [172]

info

Wer in den Dienstgrad des Lichtbotschafters übergeht, leistet eine Absichtserklärung. Solche Gelübde werden im Esoterischen nicht abverlangt, viel eher legen die User diese aus freien Stücken selbst ab. Als psychologisch besonders effizient erweist sich dabei die Masche mit dem „Anti-Gelübde".

Treueschwur bei Scientology

Vergleichbar zu den Absichtserklärungen und Gelübden in Lichtarbeiterschulen leisten auch Scientologen einen äußerst verbindlichen Kontrakt. So unterzeichnen die Mitglieder der sogenannten „Sea Org", einer Elitetruppe, die sich als eine Art „Avantgarde der Menschheit" versteht, laut Medienberichten einen „Einstellungsvertrag" mit einem „Ewigkeitsgelübde". Seine Laufzeit beträgt eine Milliarde Jahre und erstreckt sich auch auf alle kommenden Inkarnationen des Eingetretenen. Hierbei enthebt abermals eine unvorstellbare Zeitdimension den Rezipienten seiner diesseitigen Bezüge und appelliert am Verstand vorbei an das reine Phantasma.
Quellen: [173] [174]

Geld spielt keine Rolle – Aufmerksamkeitsökonomie

Last but not least wollen wir uns dem finanziellen Aspekt widmen. Folgendes sei hier schon einmal hervorgehoben: Geld spielt innerhalb der „World of Soulcraft" keine tragende Rolle. Die Währungen heißen Energie und Ansehen. Schließlich betrachten viele Lichtarbeiter ihren Dienst als ganz besonderes Ehrenamt. Im Zentrum ihres Sinnens steht primär die Anerkennung durch andere.
Was sie selbst vielleicht glauben, aber noch nicht so ganz wissen, machen sie durch ihre eigene Überzeugungsarbeit wett. Ihre ersten dankbaren Klienten geben den frisch ernannten Botschaftern die Selbstbestätigung (oder eher Fremdbestätigung), nach der sie

sich so sehnen. Die Entlohnung zahlreicher esoterischer Pioniere gehorcht damit den Regeln moderner Medienwelten. Man spricht von der „Ökonomie der Aufmerksamkeit“ [175]. Und halten wir uns an die Überlegungen von Georg Franck, sticht die Aufmerksamkeit anderer Menschen „jedes andere Einkommen aus“. Wie der Städteplaner hervorhebt, verblasst jeder Reichtum neben der Prominenz. Übertragen auf esoterische Vertriebsmechanismen findet dieser so bezeichnete „mentale Kapitalismus“ beinahe so etwas wie eine Vollendung. Dies spätestens dann, wenn die Berufenen erstmals selbst als Therapeut oder Karma-Austreiber die Bewunderung anderer einfahren. Franck bringt es auf den Punkt: „Die Aufmerksamkeit anderer Menschen ist die unwiderstehlichste aller Drogen.“
Demnach funktioniert der esoterische Vertrieb analog zu den Prinzipien, wie wir sie auch in den Werbekampagnen des Social-Media-Aktivismus antreffen: Bereitwillig treten die Bewohner feinstofflicher Netzwerke in den Dienst eines Markenkultes und werben für ein bestimmtes Label. Und das meist, *ohne* selbst finanziell mitzuschneiden. Wie bei Facebook- oder Twitter-Kampagnen wird damit auch im Esoterischen die Botschaft von Konsument zu Konsument weitergetragen. Nur hier spricht man vom „Follower“ und da vom „Gefolge“. Im Cyber des Internet wird so die eigene Seite zur Fan-Site für alles Mögliche. Im Zauber der Engelswelt gerät das eigene Leben zur Werbeeinschaltung für magische Wunderwelten. In beiderlei Fällen bemisst sich der Lohn größtenteils in der so generierten Publicity. Die Schwingungsproduzenten von heute ernennen ihre Kunden zu Botschaftern – sie *lassen* also werben. Und so bleibt das Gros des Gewinnes immer bei ihnen.

info

Die Initiatoren von Erleuchtungsschulen verdienen Geld, ihre Schüler verdienen Aufmerksamkeit. Jeder bekommt genau das, wonach er sich sehnt.

Stairway to Heaven

„Darum haben wir – Kryon und ich – uns dazu entschlossen, diese Schule zu gründen." [162]

Wie wir gesehen haben, bauen die Betreiber spiritueller Clubs im Besonderen auf die Entschlossenheit ihrer User. Immerzu aufs Neue geprüft können sich esoterische Aspiranten so ein Bild ihres eigenen Entwicklungsstandes machen. Ein simples Stufenmodell im Hintergrund erleichtert hierbei die eigene Ortung. Dieses erinnert völlig zu Recht an gebräuchliche Karrierepläne großer Vertriebsfirmen. Angesichts der systemeigenen Rankings weiß jeder, wie weit er schon ist beziehungsweise was oder wie viel er noch erreichen muss. Diese Aufstiegsleiter bildet somit die zentrale Säule jeder spirituellen Kaderschmiede.

Step by Step

„Viel zu lernen du noch hast, junger Skywalker."
Meister Yoda in „Star Wars"

Saint Clair – Internationale Heilerschule	22 Schritte in die Wirklichkeit der 5. Dimension, 11:11 Schritte der Pioniere, Glücksschritte etc.
S. Sangitar – Kryonschule Rosenheim	48 Aufstiegsschritte, Pionierschritte, SOL'A'VANA-Schritte
H. Schucman – Ein Kurs in Wundern	Universeller spiritueller Lehrplan mittels Lektionen 1–365
R. Bartlett – Matrix Energetics®	Matrix Energetics Levels 1–4 und allerlei Specials
R. Anselmi – Der Lichtkörper-Prozess	12 Schritte vom dichten zum lichten Körper
Scientology – Die Brücke zur völligen Freiheit	Mehrstufige Reinigungs-Auditings bis zum Clear-Status, 15 Operating-Thetan-Stufen, 12-stufige Ausbildung zum Auditor

Quellen: [176] [177] [178]

Egal welche der hier beschriebenen esoterischen Schulen wir unter die Lupe nehmen, allen gemein ist dieses schrittweise Vorgehen. Step by Step geleiten sie ihre Schützlinge in höhere Sphären. Getriggert werden hierbei Motivationsstrukturen aus unserem irdischen Arbeitsleben, schließlich wollen wir uns mit anderen messen. Doch in Anbetracht der historischen Zusammenhänge werden noch weitere Gründe für diesen stets stufenartigen Erleuchtungsweg erkennbar: So fußen die Vorstellungen des New Age zu einem großen Teil in der Theosophie des 19. Jahrhunderts. Von den einzelnen Geistwesen, der entsprechenden Terminologie bis hin zum Menschen- und Weltbild wurde bereits vieles von Helena Blavatsky vorweggenommen. Nicht fehlen darf hier die Lichttreppe zur eigenen Vervollkommnung, welche die Urmutter der uns bekannten Esoterik der damaligen Freimaurerei entlehnte [179]. Je tiefer die Einweihung, desto höher der Grad, umso exklusiver der innere Zirkel: so das altbewährte Prinzip, das Anwärter wie magisch in immer noch innerlichere Kreise lockt.[42]

info

Der spirituelle Aufstieg wird stets schrittweise verkauft. Die Entwicklungsstufen zu mehr Innerlichkeit erinnern dabei an die Einweihungsgrade elitärer Freimaurerlogen.

Schema F

„Auf jeder Stufe werden wir in einen höheren Lichtfrequenzbereich gehoben, wir schwingen uns auf neue Frequenzmuster ein und meistern von Stufe zu Stufe unsere Transformationsprozesse und ihre Lektionen".
www.saintclairs.net [180]

So auch bei Patricia Müller-Dambier (alias Patricia Saint Clair). Und da ihr in diesem Buch noch zu wenig Beachtung widerfuhr, rücken wir nun auch einmal ihre „Saint Clair Akademie" in unseren Fokus. Immerhin wurde der selbst ernannte Kanal der „Mutter Göttin Isis" – vermutlich eine Anlehnung an Blavatskys Standardwerk

„Die entschleierte Isis" (1877) [181] – von der göttlichen Quelle dazu aufgefordert, die sogenannten „22 Schritte in die Wirklichkeit der 5. Dimension" [180] unters Volk zu bringen. So viel zum beinahe stereotypen Gründungsmythos, der bei „starken Marken" niemals fehlen darf. Dabei beinhalten alle Schritte „eine Lichtarbeiterausbildung und können im Fernlehrgang in der Saint Clair Akademie oder bei einem unserer ausgebildeten Trainer bestellt werden", erläutert die Homepage weiter. Hier also wieder das übliche Heimstudium, welches mitsamt MP3-Player, Lehrbuch und allerhand Meditationen geliefert wird. Und eben diese Meditationen haben's in sich. Von der „Vereinigung der Chakren" und von „Karmaauflösung" wird da gesprochen, doch auch von der „Entfernung von Implantaten" oder der „Einweihung durch Jesus Christus" persönlich. Und da gut Ding immer Weile braucht, geschieht niemals alles auf einmal, immer nur Schritt für Schritt.

Esoterisches Who is Who: Patricia Saint Clair

Patricia Saint Clair, bürgerlich Patricia Müller-Dambier, kam laut Eigenbeschreibung 1962 „als Wassermannfrau" auf die Welt. Ihre Mutter, ihr Opa und ihre Uroma hätten ihr die „Gabe des Hellsehens in die Wiege gelegt" und ihre spirituelle Entwicklung unterstützt. Schon in jungen Jahren erlebte sie ihren „ersten Kontakt mit der Göttin Isis", die sie auf ihre heutige Arbeit vorbereitete. Seitdem wirkt diese altägyptische Gottheit durch ihren Kanal. Patricia Saint Clair hat sich laut eigener Angabe auf Hypnose spezialisiert, arbeitet mit der sogenannten „Lolo Welle" und lässt gerne mal auch ihre Klienten publikumswirksam umfallen. Sie begleitet „viele tausend Lichtkörperprozesse" in ganz Europa und führt ihre Kunden durch ein speziell von ihr entwickeltes Stufenprogramm von „Lichtinsel zu Lichtinsel". Ihr Mann „Hannes" unterstützt die „Saint Clair Akademie" als Arzt für ästhetische Medizin, Zahnarzt und Experte für „Quantenmedizin" sowie mir seiner eigenen Kreation namens „Matrix Illumination". Patricia nennt ihre Abnehmer liebevoll „Saintclairs". Ein „Hier spenden"-Button rundet ihren Webauftritt ab.

Produkte: Heilbehandlungen, Fernheiltage (à 100 Euro), Gruppenclearings, Seminare, Workshops, Trainerausbildungen, Medical Beauty, Waxing by Angels, Matrix Illumination, DNS-Reunion, Grace Integrits® mitsamt „Christuslicht", diverse Aura-Purifier, Tieraufrichtungen, Fernbehandlungen (90 Min. à 200 Euro) Engelskosmetika, energetische Schutzseren, DVDs, CDs, Bücher ...

Unternehmen: Saint Clair GmBH, Saint Clair Verlag, Meckenheim (D)

Web: http://www.saintclairs.net/

Quelle: [182]

Das Spiel von Geben und Nehmen

Ein Kernmerkmal spiritueller Aufstiegsdramaturgie besteht im Versprechen phantastischer Gewinne. Fülle und Friede werden dabei getoppt von Hellsichtigkeit, Telekinese und Verschmelzungen in wahrer Liebe. Doch jedes Gimmick für sich verlangt wiederum nach einem ganz spezifischen Opfer des Kunden. Wobei anzumerken sei, dass im Unterschied zu Goethes „Faust" niemals die ganze Seele auf einmal eingefordert wird. Nein, peu à peu lassen die Aufstrebenden immer nur Teile ihrer Persönlichkeit hinter sich.

Reindjen Anselmis Lichtkörper-Anleitung zum Beispiel ist voll mit derartigen Deals. So erwarten den User auf „Lichtkörperstufe 3" eine „Verstärkung der physischen Sinne sowie eine Zunahme der sexuellen Stimulierung" [73]. Als Preis hierfür muss nun aber auch „der am stärksten kontrollierende Teil der Persönlichkeit Terrain preisgeben", womit „alte Bilder der Wirklichkeit" einem sogenannten „Entsorgungsvorgang" anheimfallen. Stufe 8: Unser Gehirn wird von seiner bisherigen „10-bis-15-Prozent-Nutzung" auf volle „100 Prozent" aktiviert. Was hier ein wenig an scientologische Dianetik-Slogans [183] erinnert, bedeutet aber auch, dass der „ganze Denkbereich" nicht mehr „wie einst" funktioniert. Hinzu kommt, dass persönliche Beziehungen mit „weniger harmonischen" Menschen überhaupt nicht mehr gesucht werden, dafür aber ein gleich schwingender Seelenpartner schon auf uns wartet.

Und im selben Ton geht's weiter: Stufe für Stufe erwarten den Sehnsüchtigen immer noch tollere Preise und damit auch immer noch größere Opfer. Schlussendlich kommt dann noch, was kommen muss: die „Auflösung der Persönlichkeit" bei Saint Clairs [180] oder die „totale Auflösung des Egos" bei Anselmi [73], was dann einen voll ausgereiften multidimensionalen Menschen, einen scientologischen „Clear Status" oder Patricias „Erwachen im Lotusherzen" zur Folge hat. Fortgeschrittene Kryonschüler würden es wohl ihre „Reise zum Ashtar-Raumschiff" [87] nennen, doch das dürfen sie wiederum keinem Außenstehenden verraten.

Quid pro quo – die Reziprozitätsregel

Die Betreiber spiritueller Clubs handeln nicht nur allesamt nach demselben Schema. Sie dürften auch ein wesentliches Grundprinzip kapiert haben: „Mit Speck fängt man Mäuse." Sie geben ihren Jüngern scheinbar immer mehr, dafür nehmen sie ihnen schrittweise ihre Freiheit. Der US-amerikanische Sozialpsychologe Robert Levine hat derartige Strategien untersucht. Vom eher harmlosen Autoverkäufer bis zum fatalistischen Sektenguru – wer anderen etwas aufschwatzen möchte, instrumentalisiert gerne die sogenannte „Reziprozitätsregel" [132]: ein simples Skript, das eine elementare Richtlinie für soziale Interaktionen bildet. Denn jeder Beschenkte will sich seinerseits auch gefällig erweisen, das befiehlt ihm schließlich sein schlechtes Gewissen. Doch der einzige Weg, seine Dankbarkeit zu demonstrieren, besteht oftmals nur darin, immer konformer zu werden. Noch schlimmer wird's bei zu großen Geschenken, denn die erzeugen regelrechte Schuldgefühle beim Empfänger.

info

Esoterische Aufstiegslehrgänge verlaufen immer nach demselben Schema. Sie überhäufen den spirituell Ambitionierten mit allerhand neuen Fähigkeiten und spirituellen Geschenken. Derart zu einer Gegenleistung genötigt, opfert der User immer mehr Teile seiner Persönlichkeit zugunsten von immer mehr Konformität.

Suggerierte Selbsterfüllung

Worin sich nun diese erwünschte Konformität äußert, erfahren Lichtarbeiter im jeweiligen Aufstiegsdrehbuch. Beschreiben doch die Autoren ziemlich ausschweifend, was genau auf welcher Stufe mit dem Aufsteiger passieren wird, oder besser, was mit ihm passieren *soll*. So beginnt der User bereits auf Lichtkörperstufe 8 als „multidimensionales Wesen zu funktionieren": *„Alles, was man jetzt tut, wird von der Überseele gelenkt. Die Aura ist von Blockaden weitgehend gereinigt, was dazu führt, dass man auf andere Menschen noch unpersönlicher wirkt."* [73]

Dass der Aufstrebende in der Hoffnung auf Belohnung hier selbst ein wenig mithilft, versteht sich von selbst. Er hält sich an das

Skript und verhält sich abermals gemäß der ihm zugedachten Rolle. Wir werden später noch einmal darauf zurückkommen, doch ein Faktor sei hier schon mal hervorgehoben: Das Ausmaß der hier geleisteten Selbst-Erfüllung tut der Begeisterung des Users keinen Abbruch, eröffnen sich hierdurch doch neue Möglichkeiten des Verdrängens.

Intelligente Menschen sind oftmals die besseren Gläubigen

Wer glaubt, gegen manipulative Beeinflussungen immun zu sein, kann sich leicht irren. Denn einmal in eine Dissonanzspirale eingetreten, erweisen sich gerade intelligente Menschen als die besseren Rationalisierer. Immerhin verfügen sie über ein ausreichendes intellektuelles Repertoire, ihr eigenes Handeln vor sich und anderen zu rechtfertigen, und außerdem sind sie wohl die Letzten, die sich irrationales Verhalten eingestehen würden. Sie erweisen sich laut dem US-amerikanischen Wissenschaftshistoriker Michael Shermer als besonders gut darin, seltsame Auffassungen zu untermauern, zu denen sie auf emotionalen Wegen gekommen sind. Frei nach dem Motto: „Wenn ich keine Erklärung habe, dann kann es nur eine übernatürliche geben", wird so mancher pseudowissenschaftlicher Ausritt an sich schlauer Köpfe verständlicher. Dass gerade auch gebildete Menschen keineswegs vor Fanatismus gefeit sind, sollte spätestens seit den Anschlägen der Baader-Meinhof-Gruppe (RAF) bekannt sein.
Quelle: [184]

Immer schön langsam, Schritt für Schritt erbringen die so Umworbenen also immer mehr kleine Anpassungsleistungen. Stufe um Stufe machen sie sich dabei selbst zum Gegengeschenk. Robert Levine spricht von einer allmählichen Verschiebung der Referenz- oder Ankerpunkte [132]. Ehemals Verrücktes wird eben nicht plötzlich, sondern sukzessive immer selbstverständlicher.

„Um das zu verstehen, musst du dein Bewusstsein etwas verändern und deinen Blickwinkel verrücken. Du sollst erkennen, dass die Fantasie die Wahrheit bedeutet."

Kryonschule, Schritt 6 (von 48) [87]

Dieser immer nur graduelle Temperaturanstieg wird vom Manipulierten selbst nicht als bedenklich wahrgenommen. Wie geschickte Händler treiben esoterische Verführer hier die Investitionsbereitschaft des Kunden nach oben. Die Einstiegsdroge gibt's, wie am Beispiel eines kostenlos gechannelten Ursprungsnamens ersichtlich, meist gratis. Nach einer kurzen Gewöhnungsphase folgt bald eine Dosissteigerung. Schön langsam, aber dafür unmerklich gleiten die User in eine neue Wirklichkeit.

info

Der erwünschte Entwicklungsweg des Aspiranten wird in Aufstiegsfibeln bereits vorweggenommen. Seinem Drang nach spiritueller Karriere gehorchend hält sich der User an unterschwellige Sollbilder. Da die Wesensänderung nur schrittweise vonstatten geht, regen sich im Betroffenen keinerlei Bedenken.

Je später der Abend, desto höher die Einsätze – die Fehlinvestitionsfalle

„Schritt 12 – Die Quelle ohne Wiederkehr"
www.saintclairs.net [185]

Zuerst kommen also eher kleine Forderungen. Ist dann eine Schuld beglichen, folgt postwendend die nächste kleine Verpflichtung. Mit zunehmender spiritueller Entfaltung häufen sich auch die Verbindlichkeiten. Zugeständnis um Zugeständnis fühlt sich der Involvierte nicht nur einer Sache verbunden, vielmehr verspielt er seine geistige Wachsamkeit und verliert sich in einem spirituellen Tunnelblick. An diesem Punkt entwickelt das Geschehen eine Eigendynamik: Die Verluste im Diesseitigen sollen mit noch mehr Investment im Jenseitigen wettgemacht werden. Denken wir dabei an absorbierte Onlinegamer. Der durchs Spielen provozierte Schwund an Lebensfreude im Offlinemodus wird mit noch massiverer Flucht ins Phantasma der Netzwelt kompensiert. Einmal in diesem Strudel gefangen, fliehen spirituelle Überflieger sozusagen ins Lichtvolle. In der Sozialpsychologie spricht man von einer sogenannten „Fehlinvestitionsfalle" [132]. Je mehr man bereits gegeben hat, umso quälender wäre das Eingeständnis, auf dem Holzweg zu sein, deshalb wirft man sich noch mehr in die Schlacht. Die zugleich im Hinterkopf ablaufenden Rationalisierungen und der angehäufte Berg an Selbstrechtfertigung machen den spirituellen Aufstieg zu einer Himmelfahrt ohne Wiederkehr.

Aufstieg im Namen der Republik

Das österreichische Wirtschaftsförderungsinstitut (WIFI), nach eigenen Angaben der führende Anbieter im Bereich beruflicher Aus- und Weiterbildung, präsentiert sich mit seinem „Kursbuch" ganz am Puls der Zeit: Ganz besonders hervorzuheben ist hier Kurs Nr. 7010, ein kostenfreier „Informationsabend der Kryon Schule". Nicht mehr ganz so günstig, dafür aber umso intensiver die Kurse 7012, „Kryon Schule Lehrgang zum diplomierten Bioenergethiker (Schritt 1 bis 26)", sechzehn Einheiten für 228 Euro pro Schritt, sowie Kurs Nr. 7014, „Schritte 27 bis 48" um jeweils 224 Euro.

Das Wirtschaftsförderungsinstitut macht also seinem Namen alle Ehre. Denn alle „angebotenen Kurse, Seminare und Lehrgänge sind von der Wirtschaft anerkannt und genießen darüber hinaus einen hervorragenden Ruf".

Die staatliche Einrichtung versteht sich also nicht von ungefähr als „Partner von Menschen und Organisationen, die sich weiterentwickeln wollen".

Quelle: [186]

Die erzwungene Freiwilligkeit

Ein ähnliches Verhalten beobachten wir beispielsweise auch im Casino. Je höher die Verluste, desto mehr wird nachgeworfen. Und analog zur Spielbank unterliegen auch esoterische Investoren auf den ersten Blick keinem äußeren Zwang. Fernlehrgänge sind gerade deshalb ideale Manipulationsmittel, weil niemand von irgendwem dazu gedrängt wird, sein Kapital durch den Kamin zu räuchern. Alles geschieht oft von zu Hause aus und, wie schon erwähnt wurde, in höchstem Maße freiwillig. Kryon bringt diesen vermeintlichen Nicht-Zwang unentwegt aufs Tapet:

Wir würden alles hergeben, um die Regeln der freien Wahl außer Kraft zu setzen (...) Doch auf diesem Planeten der freien Wahl seid ihr es, die die Tür zu uns öffnen müsst."

Kryon durch Lee Carroll (kryon.de) [187]

Und damit hat er schon den sprichwörtlichen Fuß in der Tür. Dabei verhält es sich hier ähnlich wie schon bei der zuvor beschriebenen Überladung mit Allmacht. Je mehr man den freien Willen betont – und das tun alle permanent –, desto mehr Druck wird durch die Hintertür erzeugt, umso mehr sehnt sich der Rezipient in Wahrheit nach Führung und Anschluss. Dieselbe Taktik kennt man auch von

Sektenführern. Mit der simplen Botschaft „Du kannst jederzeit gehen“ erzeugen sie im Manipulierten eine illusorische Form von Freiwilligkeit. Bedenken wir nun aber den zugleich wirkenden, eben nicht sichtbaren Gruppendruck, so forciert dieser im Getäuschten genau das, was Psychologen eine „Dissonanzspirale“ nennen.
Der ständig nachwerfende User erwischt sich dabei, wie er immerzu neue Opfer bringt. Und da er keinerlei offensichtlichen äußeren Anlass (zum Beispiel einen charismatischen Guru) für sein schwer verständliches Verhalten dingfest machen kann, bleibt ihm gar nichts anderes übrig, als auf eine ganz besondere, ihm innewohnende Überzeugtheit zu schließen: „Ich tue etwas Außergewöhnliches – und das ohne äußeren Druck, also kann nur der Ruf meiner Herzensebene der Grund sein.“ So ungefähr müssen wir uns die Attributionsvorgänge im Verführten vorstellen. Der User ringt sich vollends dazu durch, die übernommene Weltsicht wäre tatsächlich seine eigene, und zieht fortan noch frenetischer ins Feld.

info

Mit der steigenden Zahl der erbrachten Opfer sinkt beim User die Wahrscheinlichkeit einer Umkehr. Gefangen in einer Fehlinvestitionsfalle investiert er immer noch selbstloser. Konfrontiert mit einer trügerischen Freiwilligkeit seines Tuns schließt er auf eine außergewöhnliche Überzeugtheit in ihm selbst. Diese treibt ihn zu noch höheren Einsätzen.

Lichtfasten

Eine Sonderform spiritueller Opferbereitschaft stellt das Konzept der sogenannten „Lichtnahrung" dar. Über ein mehrwöchiges Fasten und eiserne Disziplin soll der menschliche Körper lernen, rein von Licht zu leben. Kritiker betonen zu Recht die Unmöglichkeit dieses Unterfangens, doch gehen sie gerade dadurch am kultischen Moment dieser Praxis vorbei. Denn Schmerz verbindet und kollektiv erlittene Qualen schweißen zu einer Art Blutsgemeinschaft zusammen. Ob Lichtnahrung funktioniert oder nicht, ist nicht die Frage, auf jeden Fall aber schafft sie Phantasma, Realitätsverweigerung, Reinheitsdenken und Community.
Dass dieses kultische Phänomen durchaus ein Massenpublikum fasziniert, beweist Peter-Arthur Straubingers Film „Am Anfang war das Licht", der sich scheinbar kritisch mit diesem Thema auseinandersetzt, schlussendlich aber dennoch so etwas wie die Allmacht unseres Geistes verherrlicht. Der Film war mit über 95.000 Kinobesuchern die erfolgreichste Dokumentation 2010 in Österreich sowie die international erfolgreichste österreichische Kinoproduktion in diesem Jahr. Immerhin hat der Streifen auch das Prädikat „besonders wertvoll" bekommen.

„Von Licht ernährt – bis in den Tod", lautete bald darauf eine Headline im Schweizer *Tagesanzeiger.* So habe Straubingers Film eine Ostschweizerin dazu animiert, diesen „Lichtnahrungsprozess" zu absolvieren. „Das spirituelle Experiment bezahlte sie mit dem Leben." Nichtsdestotrotz findet sich auf der Website zum Film immer noch das Logo des „Österreichischen Bundesministeriums für Unterricht, Kunst und Kultur" (bm:ukk), welches den Streifen als „annehmbaren Diskussionsfilm ab 12 Jahren" ausweist.
Quellen: [188] [189] [190] [191]

Mind Control

Das eben Beschriebene könnte man auch als Lenken ohne sichtbaren Druck bezeichnen. Und genau hierin besteht die Königsdisziplin gewiefter Anführer. Sie bringen ihre Jünger dazu, sich die jeweilige Doktrin selbst anzueignen. Sanft und gelassen markieren sie die Unschuld in Person, während andere sich, von der eigenen Opferbereitschaft berauscht, eine völlig neue Werte- und Scheinwelt aneignen. Der Fachbegriff hierfür heißt „Mind Control". Und rechnen wir nun hinzu, dass ab Lichtkörperstufe 8 auch der sogenannte „Empfang der Licht-Sprache" [73] am Programm steht, dann ist die so installierte Gedankenpolizei voll einsatzfähig. Alle negativen Gedanken und insbesondere das alte Ich müssen draußen bleiben. Auf die „Entfernung von Implantaten" folgt beispielsweise bei Saint Clair eine „Aktivierung der neuen Implantate" [185].
Beziehen wir nun die erwähnten Absichtserklärungen in unsere Kalkulation mit ein, dann erhalten wir einen Vorgeschmack darauf, worin die Unentrinnbarkeit aus diesem „New Cage" beruht: Nach jedem Schritt, jedem Opfer, jeder einzelnen Loyalitätsbezeugung fällt hinter dem esoterischen Aufsteiger gewissermaßen eine Tür zu. Vielleicht sollten wir uns hierzu ein Bild mit ineinander verschachtelten Lebend-Mausefallen vorstellen. Der User dringt immer weiter in diese phantastische innere Welt vor. Zusätzlich getrübt durch sprachliche Simplifizierungen erfährt sein Bewusstsein dabei eine immer massivere Einengung. Die damit einhergehende Leichtgläubigkeit hält er für die beginnenden Anzeichen von Erleuchtung. Versagensängste und potenzielle Schamgefühle versperren zugleich jeden Weg zurück und fungieren als Widerhaken. Es bleibt nur noch eines – die magische Flucht nach vorne. Folglich

agiert der Aspirant immer noch gedankenloser und zugleich motivierter. Die so oft zitierte „Welt im Außen" sowie seine Mitmenschen erscheinen hingegen immer feindlicher und kälter. Frau Anselmi spricht bereits bei Stufe 6 (von 12) klare Worte: „Die ganze Identität eines Menschen kann sich auflösen." [73]
In anderen Worten: „World of Soulcraft" wird zum neuen Betriebssystem. Es ergreift Besitz von seinem Spieler und dirigiert spätestens ab hier vollends seinen Lebenswandel. Dass derlei Ergebenheit mitunter auch katastrophale Folgen nach sich zieht, unterstreicht eine weitere dieser himmlischen Weissagungen aus einem esoterischen Standardwerk:

„Da die sechste Lichtkörperebene für die meisten Menschen sehr unangenehm ist, verlassen hier viele Menschen den Planeten."

Aus Tashira Tachi-ren, „Der Lichtkörper-Prozess" [1]

info

Esoterische Dramaturgen bedienen sich sämtlicher Kunstriffe des sogenannten „Mind Control". Sie lenken dabei ohne sichtbaren Druck. Gefangen im Spannungsfeld zwischen Sehnsucht und Scham sind die so Manipulierten mitunter bereit, auch bis zum Äußersten zu gehen.

SCHRITT 6

Haupttriebwerk und Booster

Der esoterische Verdrängungsmotor steigert Nachfrage und Umsatz

Das Sternenfahrzeug hat also abgehoben und schiebt sich immer weiter hinauf in sauerstoffarme Sphären. Betört von so viel Höhenluft erscheint alles Irdische plötzlich nichtig und klein. Nun ist es an der Zeit, ins Herzstück der hier skizzierten spirituellen Bewegungen vorzudringen. Ein leistungsstarker Generator rotiert im Inneren und hält das ganze Getriebe am Laufen. Rationale Sparsamkeit gehört aber nicht zu seinen Stärken. Permanent müssen die Raumfahrer spirituelles Transformationsöl nachtanken. Und so lange diese Maschine im Kern auf Hochtouren läuft, bleibt auch der Absatz an energiereichen Destillaten gesichert.

Es lebe der Zweifel – das Haupttriebwerk

Wenn wir aber wissen wollen, was denn genau dieses Aggregat im Inneren ausmacht, wäre es klüger, danach zu fragen, woraus es eben *nicht* besteht. Denn die Triebfeder im Zentrum verfügt selbst über keinerlei Substanz. Viel eher beruht sie auf dem genauen Gegenteil des gesamten Weltentwurfes. Die Antriebswelle innerhalb der Bewegung basiert schlicht auf dem Zweifel an selbiger. Das mag nun paradox klingen – und ist es vielleicht auch. Denn es sind der verdrängte Verstand, das unterdrückte alte Ich und haufenweise quälende Fragen, die ein nicht enden wollendes internes Rumoren verursachen. Der nüchterne Beobachter fühlt sich dazu verleitet, von einem „Unbehagen in der Subkultur"[43] zu sprechen.

Diese Anlehnung an Sigmund Freud [192] soll hier vereinfacht eines verdeutlichen: Die Entstehung eines ganzen Movements, einer Art neuen Kultur, geschieht aus dem gemeinsam Verdrängten heraus. Und genau diese abgeschottete Unruhe bringt mit sich, dass der Bedarf nach feinstofflichen Elixieren und energetischen Diensten unaufhaltsam wächst. Sie funktioniert wie ein verborgenes Schwungrad. Jeder der Gefolgsleute trägt dieses tief im Herzen in sich. Wir sprechen hier also von der heimlichen Zwiespältigkeit, der Disharmonie in den Jüngern selbst. Sie hält den Karren am Laufen und treibt den Verbrauch an die Spitze. *Meisteressenz „Hilarion": „Befreit dich von Zweifel (...) hilft Dir die Angst zu verlieren"*, „gechannelt durch das Medium Sabine Sangitar Wenig" [193].

Der Zweifel versetzt Berge – aus paradox wird orthodox

Beobachtern der Szene mag es merkwürdig erscheinen: Während esoterische Einsteiger ihre Weltsicht noch gerne mit allerlei Quantenphysik und „morphischen Feldern"[44] zu untermauern versuchen, erkennt man bei den Propagandisten fortgeschrittener Spiritualität keinerlei Bemühen, ihre Weltsicht intellektuell aufzuputzen. Was bei Ersteren noch als Hinweis auf eine Art *Rest-Ratio* verstanden werden darf, beweist bei Zweiteren wohl die endgültige Erhabenheit über alles Irdische. Und so finden „wissenschaftliche" Grundlagen in einem Seminar von Ingrid Auer wenig bis kaum eine Erwähnung, bei Bewusstseinsschmieden härterer Gangart scheint jedes Hinterfragen gänzlich erloschen. Wozu auch? Denn die wahren Wissenden verzichten freimütig auf jeden Beweis. Alle Erkenntnis gibt's nur mehr in gechannelter Form. Ob nun von „Toth dem Atlanter" [194] oder am „Initiationsweg" mit „Merlin & Myriel" [161] aus Rosenheim, je kurioser und phantastischer das Glaubenskonstrukt, desto besser.

Doch wer hier die Schwachstelle esoterischer Leergebäude vermutet, geht am Kern der Sache vorbei. *Credo quia absurdum* (lat. für: *„Ich glaube, weil es unvernünftig ist."*), lautet das Wirkprinzip im Irrationalen. Denn genau dieses Widersinnige, das ganz und gar nicht Verständliche, ermöglicht eine Art gedankenlose Hingabe und damit eine Befreiung vom grübelnden Kopf. Genau hierin liegt die Stärke dieser neuen Hochgeistigkeit.

info

Esoterische Geschichtenschreiber inszenieren das Widersinnige nicht ohne Kalkül. Denn mit dem indirekt angeregten Zweifel zwingen sie zur Verdrängung und schüren so zusätzlich Gläubigkeit und Konsumation der User.

Sie strahlen von innen

„Spirituelles Lifting (...) ermöglicht uns von innen heraus zu strahlen, zu glänzen (...). Nach einer Sitzung hat man das Gefühl jede Menge an Schwere und Belastung aufgelöst zu haben“. – „Energieausgleich (...) 60 Euro“

Nica Schuemi, Bewusstseinstrainerin,
Lichtkosmetikerin®, Engelreadings [195]

Bei aller Bemühung zur Lichtwerdung: Logik, Urteilsvermögen und eine gesunde Portion Skepsis haben der Menschheit bisher enorme evolutionäre Vorteile verschafft. Man kann sie nicht einfach wegspritzen. Der Zweifel bleibt daher im Innersten lebendig. So werden die Brennstäbe der Ungläubigkeit vielleicht vergraben und zubetoniert, aber sie glühen dennoch weiter. Und immer wieder bekommt die äußere Hülle kleinere und größere Risse. Der Druck steigt und drängt nach Entladung. Es ist wie bei Botox: Einmal angefangen muss man permanent nachbessern. Die User greifen somit verstärkt nach spirituellen Produkten und Selbsthilfeangeboten. Denn diese fungieren gleichsam als Palliativmittel, die den inwendigen Schmerz für einige Zeit mundtot machen. Lichtextrakte und Engelsbalsam: Spiritueller Zuckerguss soll fortan die Risse im System verkleben. Dabei schenkt er eben nur „das Gefühl“ von Erleichterung. Der Reaktor im Kern strahlt jedoch munter weiter. Die daraus resultierende Formel besticht durch ihre Einfachheit: Schüre den Zweifel und vermehre auf diesem Weg deinen Umsatz!

Die folgende Handlungsanweisung könnte einem esoterischen Kochbuch entstammen:

- Nimm keinerlei Rücksicht auf Logik oder Nachvollziehbarkeit in deinen Lehren. Ganz im Gegenteil: Formuliere deinen

Weltentwurf gegen jede Vernunft. Für den Verstand ist das ein Schlag ins Gesicht, doch die Berufenen sind begeistert.

- Nach dem ersten Knock-out muss das Denken permanent am Boden gehalten werden. Aber genau dieser Kraftaufwand beflügelt dein Geschäft mit spirituellem Valium.
- Predige „bedingungslose Liebe und inneren Frieden“: Diese Ideale sollen den Anhängern ihr eigenes Zweifeln unerträglich machen. Je größer nun der innere Kampf, desto mehr werden sie deinen Rat suchen. Seminare, CDs, Broschüren und Symbolkarten helfen durch diese schwierigen Prozesse.
- Die Jünger stellen Fragen um Fragen, aber jede deiner Antworten wirft nur noch weitere Fragen auf. Gute Verkäufer wissen eines genau: Wer nachfragt, der kauft auch.
- Wer hierauf seine innere Ruhe erst recht nicht findet, der ist wie immer selber schuld. Angesichts seiner offensichtlichen Unreife forciert der User nun seinen Konsum spiritueller Workshops.
- Sei niemals perfekt und biete deinen Kunden stets einen latenten Grund zu Argwohn und Misstrauen. *It's not a bug, it's a feature!* Mach es wie ein Elektronikriese und inszeniere deine Makel. Denn so bietest du deinen Anhängern immer neue Gelegenheiten zur inneren und äußeren Rechtfertigung.
- Und wo es rumort, wird noch eifriger missioniert. Ihre ureigene Unruhe projizieren die User kurzerhand auf andere, die hoffnungslosen „Old Ager“. Der Berufene fühlt sich dadurch selbst ein wenig reifer, um nicht zu sagen spiritueller.

Gift und Gegengift

Spirituelle Vermarkter arbeiten also bewusst daran, den Unfrieden in ihren Kunden zu mehren. Gemäß der Logik der vorhin beschriebenen Fehlinvestitionsfalle versuchen Involvierte, esoterisch provozierte Probleme mit noch mehr Esoterik zu lösen. *Similia similibus curentur* – Ähnliches soll also durch Ähnliches geheilt werden –, um hier einen Grundsatz der Homöopathie zu zitieren. Sie bestellen somit immer noch mehr Mixturen, mit denen sie ihr Unbehagen zerstäuben und hinunterspülen können. Die Probleme auf einer Ebene werden mit dem Betreten der nächsthöheren „ent-wirklicht“.

Denn nur der Kult selbst und – mit diesem immer fix verlinkt – die spirituelle Fachdrogerie führt die Arznei für ihre Leiden. Schließlich liefern angesichts der energetischen Veränderungen auf unserem Planeten die Engel stets punktgenau die „Hilfsmittel, die die Menschen durch diesen Prozess begleiten und unterstützen“ [119], liest man in einem führenden Lichtportal. Es ist beinahe so, als würde man einen Drogenrausch mit Alkohol bekämpfen. Der Kunde wird nicht nur doppelt so high, sondern auch doppelt so abhängig. Wir sprechen hier nicht von stoffgebundener, sondern eher von feinstofflicher Sucht. Genau hierauf basiert das ganze Geschäft.

info

Symbolisch gesprochen verkaufen spirituelle Provider ihren Kunden sowohl Gift als auch Gegengift. Mit ihren unzähligen Extrakten, Therapieformen und Aufstiegsschritten kurieren sie dabei Symptome, die es ohne sie nicht gäbe.

Stoffungebundene und feinstoffliche Sucht

Bisher hatten Forscher und Therapeuten im Wesentlichen sogenannte „stoffgebundene" Süchte im Visier (zum Beispiel Alkohol- oder Drogensucht). Doch mit Mager-, Spiel- oder Arbeitssucht befinden sich nun Suchterkrankungen *ohne* entsprechende Stoffeinnahme auf dem Vormarsch. Dabei kann man einige der relevanten Wirkfaktoren bei spielsüchtigen Onlinegamern auch auf Erscheinungsformen esoterischer Weltflucht umlegen:

- Ausgangsbasis ist meist ein besonders emotionaler Zustand: Kränkung, pubertäre Sorgen, Selbstzweifel, Versagensängste ...
- Diese innere Unruhe wird man plötzlich auf wunderbare Weise los: zum Beispiel indem man sich in ein Spiel einloggt.
- Die vormals unspezifische Erregung verwandelt sich nun in ein „geordnetes, harmonisiertes und synchronisiertes Erregungsmuster". Die Verunsicherung verschwindet schlagartig. Hieraus resultiert ein „extrem starkes Gefühl". Dieser „Kick" versetzt das Belohnungszentrum im Zwischenhirn optimal in Erregung.
- Dies gilt besonders dann, wenn so ein Problem auf „möglichst überraschende Weise" gelöst wird - zum Beispiel durch den bloßen Wechsel in eine andere Geistesverfassung.
- Es folgen die Ausschüttung von Dopamin und die Freisetzung endogener Opiate. Damit verbunden sind ein „rauschartiger Zustand und dieses enorme Glücksgefühl".
- Als „neuroplastischer Botenstoff" setzt Dopamin eine ganze „Kaskade von Reaktionen" in Gang. Es kommt zu „äußerst effizienten Bahnungsprozessen" zwischen den gleichzeitig mit der befriedigenden Verhaltensweise aktivierten Nervenzellen.

- Weil das entsprechende Verhalten überraschenderweise so befriedigend ist, wird es ständig wiederholt. Das damit gesteuerte Verhalten sowie die zugrunde liegenden Denkmuster laufen früher oder später fast automatisch ab und verewigen sich im Suchtgehirn.
- Die so gefundene Bewältigungsstrategie wird zu einer Sucht ohne Stoff.

Auch bei esoterischen Rollenspielen werden schon alleine durch das Betreten der virtuellen Sphären Probleme auf magische Weise entwirklicht. Dabei mehren sich natürlich die Schwierigkeiten in der Außenwelt. Mittels Meditationen und Ritualen klinkt sich der Betroffene nun immer öfter und länger ins Phantastische ein. Je unbefriedigender nun die schnöde Realität, je mehr Depressionen und Ängste sich ansammeln, umso erlösender wirkt das Umschalten in diesen feinstofflichen Bewusstseinszustand. Das frustrierte alte Ich wird dem Süchtigen dadurch immer unerträglicher. Er ersetzt dieses durch ein heroisches Imago im esoterischen Cyber und flüchtet sich spiralförmig immer tiefer hinein in ein fiktives paradiesisches Innenleben. Der Absorbierte erliegt einer Art feinstofflichen Sucht.

In Anlehnung an W. Bergmann und G. Hüther: *„Computersüchtig: Kinder im Sog der modernen Medien"*
Quelle: [106]

Über jeden Zweifel erhaben – der Fels in der Brandung

„Es gibt derzeit viele Menschen, die nicht wollen, dass du erwachst (...) Steige nicht auf den Zweifel der Menschen ein."
Kryonschule, Schritt 6 [87]

Transformationslehren säen also den Zweifel und verkaufen gleichzeitig die Behelfe, ihn zu verdrängen. Dabei formt gerade dieses Bemühen, das Unbehagen zu sublimieren, aus den Usern eine Community von Gleichgesinnten. Schließlich wohnt einem jeden dasselbe Streben nach Vollkommenheit und Harmonie inne. Doch wo die Abwehr negativer Gedanken, nach innen gerichtet, zu einer neuen Gemeinschaft der Heiligen zusammenschweißt, erscheint es mindestens ebenso effizient, wenn sich die User auch dem Zweifel von außen mutig entgegenstellen. Gemeint ist die Verteidigungsleistung gegen Ungläubige. Nennen wir sie Skeptiker, Rationalisten oder ganz einfach übermäßig besorgte Angehörige aus der „alten Energie"[45]. Sie sind von nun an der Ansturm, der die User nicht nur nicht umwirft – nein, sie finden im Angesicht dieses allzu ernüch-

ternden Gegenwinds zu noch massiverer Standhaftigkeit. Aus den Leuchttürmen erwachsen somit wehrhafte Wachtürme.
Demgemäß tut es dem feinstofflichen Umsatz keinen Abbruch, wenn spirituell Ambitionierte vermehrt auf Unverständnis und warnende Zurufe aus dem Freundeskreis treffen. Denn gerade diese Konfrontation mit dem äußeren Zweifel lässt sie ihren inneren noch mehr vergessen. Psychodynamisch gesehen können sie nun ihre eigene inwendige Unruhe auf den Kritiker projizieren. Je verzweifelter dieser nun argumentiert, desto weniger nimmt der Gutgläubige seinen eigenen Zweifel wahr, umso unzweifelhafter wirkt auf ihn seine eigene innere Überzeugung. Derart bestärkt, generieren esoterisch Indoktrinierte eine beinahe unheimliche Courage gegenüber externen Angriffen: Gleich Manuel fühlen sie sich nach jeder überstandenen Welle über alle Kritik umso erhabener. Betört von der eigenen Beharrlichkeit wird aus dem Jünger nun ein unerschütterlicher Fels in der Brandung. Schließlich erleben sich die User fortwährend dabei, wie sie, entgegen jeder Vernunft, für etwas offensichtlich Unvertretbares Partei ergreifen. Derlei Widerspruch schreit abermals nach interner Rechtfertigung. Denn wenn kein diesseitiger Grund für mein Verhalten ersichtlich ist, dann kann es quasi nur einen jenseitigen geben, oder? Also je mehr Kritiker, desto besser. Fundamentalismus trägt somit stets dieselben unbeirrbaren Züge. Erst im Ansturm verspürt ein Wachturm seine Standfestigkeit.

info

Überzeugte Esoteriker lieben die Konfrontation mit Kritikern. An ihnen können sie ihr eigenes verdrängtes Unbehagen dingfest machen und sich zudem ihre innere Gewissheit beweisen. Dabei resultiert dieses Gefühl von inwendiger Überzeugung zu einem guten Teil erst aus dem damit einhergehenden Abwehrkampf gegenüber externen Zweiflern.

Verdrängungswettbewerb – der Booster

Haben wir uns eben noch damit befasst, wie esoterische Inszenierer den Zweifel als Antriebsaggregat tief drinnen in ihren Usern versenken, geht es im Folgenden darum, wie sie rund um diese

Verdrängungsleistung einen regelrechten Wettbewerb entfachen. Konkurrenz belebt bekanntlich den Markt.
Wer ist weiter? War es früher noch der Porsche des Nachbarn, der zu Neidkomplexen führte, so ist es jetzt sein spiritueller Reinheitsgrad, der über Besser oder Schlechter entscheidet. „Er ist schon auf Lichtkörper-Stufe 8, ich nur auf 5", verraten die missgünstigen Blicke. Dabei haben alle, die hier an den Start gehen, eines gemeinsam. Irgendwo tief drinnen schlummert die Vermutung, dass all die Elfen, Engel und Einhörner nichts weiter als bloße Hirngespinste sein könnten. Doch derlei Gedanken sind tabu. Und so wetteifern die Aufsteiger in ihrem Vermögen, jeden berechtigten Verdacht loszuwerden. Wer sich hier besonders verdient macht, steigt auf. Er gehört zu den Siegern eines Wettbewerbs im Verdrängen.

Der magnetische Secret Service

Esoterische Bewusstseinsschmieden unserer Tage instrumentalisieren gerne ein altbekanntes Stilmittel. Wie exklusive Logen stilisieren sie mittels Verschwiegenheitspflicht ihre Kunden zu Geheimnisträgern:

„Dieses Skript wurde für deinen Energiekörper erstellt und ist energetisch auf dich persönlich abgestimmt. Bitte kopiere oder vervielfältige es nicht und reiche es an keinen Dritten weiter, da alles der gespeicherten Energie schadet." (Skriptum der Kryonschule)

Der Käufer wird dadurch in den Stand eines Insiders erhoben, die Auflage der Geheimhaltung macht aus den schon Eingeweihten Verbündete. Als Inhaber verborgenen Wissens wirkt man auf andere noch interessanter und entwickelt ein ganz besonderes Charisma. Angezogen vom Reiz des Verborgenen wollen Nicht-Eingeweihte am Mysterium teilhaben und füllen das Bestellformular im Internet aus.
Quellen: [87] [174]

Deutschland sucht den Superengel

Forciert wird dieser spirituelle Wettlauf durch die bereits angesprochene Propagierung eines extraterrestrischen Publikums. Schließlich geht es darum, der „Großen Weißen Bruderschaft"[46] oder sonst einem Gremium zu gefallen, und das um jeden Preis. Die User wollen die Gunst der Zuseher gewinnen, denn deren Votum entscheidet letzten Endes über Aufstieg und Fall auf der spirituellen Karriereleiter.

Diese Taktik findet so ziemlich bei allen esoterischen Weltenbauern Anwendung. Die Vorlage hierfür findet sich allwöchentlich auf allen möglichen Kanälen. Gemeint ist „die Sucht nach Aufmerksamkeit und das Tribunal der Medien", die sich bereits als gesellschaftliche Normalität etabliert haben. Die Medienwissenschaftler Bernhard Pörksen und Wolfgang Krischke sprechen von einer „Casting-Gesellschaft" [196]. Es sind also nicht mehr nur Prominente und Publicityprofis, die öffentlich um die Wette glänzen, nein, die oft zitierte „Ich-will-berühmt-sein-Psychose" [197] ist endlich beim Otto Normalverbraucher angekommen. Gecastet wird heute auf allen Ebenen. Ob nun für den Superstar, das Topmodel oder den spirituellen Überflieger: Das dabei ablaufende Drehbuch ist immer dasselbe. Zum Jurymitglied hoffnungsvoll emporblickend, legen die einen nicht nur ihre Kleidung ab, sondern auch ihre Würde, die anderen wollen sich spirituell verdient machen und entledigen sich aller Bedenken und „negativer" Gedanken. Die selbst gedrehten Werbevideos von Schritt 5 erinnern nicht ohne Grund an eine Samstagabendshow: Wer sich am gekonntesten die Blöße gibt – und das in aller Öffentlichkeit –, kommt in die nächste Runde.

info

Spirituelle Dramaturgen entfachen unter ihren Mitspielern einen subtilen Wettstreit in Sachen Lichtwerdung. Wer hingebungsvoll loslässt, der steigt auf.

Konkurrenz belebt den Markt – *the winner takes it all*

Kryonfestival Rosenheim, Fest der Engel Frankfurt, Rainbow-Spirit-Festival Berlin ...

Um die Dramaturgie innerhalb der Community ein wenig anzuheizen, achten esoterische Vermarkter stets darauf, dass sich ihre Aufstrebenden regelmäßig zu gemeinsamen Happenings einfinden. Conventions und Bewusstseinstage bieten hierzu gute Gelegenheiten. Doch profitieren die Organisatoren nicht nur von überirdischen Eintrittspreisen. Vielmehr dienen derlei Get-togethers dem weiteren Ansporn ihrer Rennpferde. Dabei bewährt sich vor allem die publikumswirksame Hervorhebung persönlicher Lichtwerdung. Hierzu inszenieren die Veranstalter oftmals regelrechte Beförderungszeremonien.

Das Kryonfestival

Ein original *Kryonfestival* kostet pro Wochenende 140 Euro (für Kinder 25 Euro pro Tag). Die flankierenden Seminare am Freitag und Montag kosten zusätzlich je 110 Euro (ohne Unterkunft und Verpflegung). Die 4-Tages-Veranstaltung kommt also pro Person (ohne Kinder) auf 360 Euro und findet zweimal jährlich in München (früher in Rosenheim) statt. Zu beachten sind hierbei auch die mit derartigen Events verbundenen Nächtigungen und sonstigen Nebeneinnahmen, welche gerade kleineren Gemeinden willkommene Einnahmen bescheren. Interessant ist auch der Umstand, dass eine derart ausgebuchte Veranstaltung (der „Saal Bayern" fasst 1655 Plätze) im Programm des Rosenheimer Kur- und Kongresszentrums bisher keinerlei Erwähnung fand.

Als Musterbeispiel dient hier wieder einmal Sabine Sangitars Kryonschule. Diese übersiedelte mit ihrem „Kryonfestival", dem sogenannten „Treffen der Familie" [198], aus Platzgründen nach München. Wirtschaftlich keine schlechte Entscheidung – immerhin fasst der neue Festsaal jetzt mehr als nur 1600 Personen[47], also Öffentlichkeit genug, um besonders verdiente Schüler mit einem Gefühl triumphaler Erhabenheit abzufüllen. Als besonderes Highlight präsentiert sich dabei die „Kuvertübergabe Priesterschaft" [199]. Ganze Massen drängen dabei nach vorne, um ihre heiß ersehnten Beglaubigungsurkunden in Empfang zu nehmen. Rote, goldene und blaue Umschläge[48] finden hier würdige Abnehmer. Die engelhafte Abgesandte in goldigem Weiß kürt ihre frisch gebackenen Nachwuchspriester. Man gratuliert sich gegenseitig. Überschäumender Frohsinn, gemischt mit einem Hauch von Stolz beim Geber und beim Nehmer.
Alles eitel Wonne – wären da nicht diese Gesichter im Hintergrund. Warum dieser verbissene Ausdruck, woher dieses gequälte Lachen? Ist da dem einen oder der anderen vielleicht gar so was Ähnliches wie Neid anzusehen? Spricht Eifersucht vor allem aus den Antlitzen jener, welche den Sprung in diese nächste Etage noch nicht geschafft haben? „Warum sie, warum nicht ich?", könnte man die Denkblasen über so manchem Nicht-Geehrten füllen. Es würde jedenfalls nicht verwundern, denn in einem Umfeld

von Aufstieg und Pioniergehabe wird die Würdigung des einen stets zur latenten Blamage des anderen. Ein altbewährter Kunstgriff, der in groß angelegten Karrieresystemen da wie dort zum Einsatz kommt. Denn endlose Beförderungszeremonielle ziehen eine schmerzhafte Trennlinie zwischen den Gewinnern und den im Schatten der Scheinwerfer stehenden Losern. Noch schlimmer wird es, wenn Letztere die Ehrung der Ersteren klatschend begleiten müssen. Das tut doppelt weh. Schließlich sollten sich doch gerade spirituell Durchdrungene am Wohle ihrer Mitmenschen immerzu erfreuen, nicht wahr?
Mit solchen Aufführungen schüren die Drahtzieher eine umsatzfördernde Diskrepanz zwischen Haben und Soll in ihren Usern. Dabei müssen auch diejenigen, die heute noch durch die Finger schauen, nicht zwangsläufig leer ausgehen. Die „goldene Gondel“ von Schritt 22 [87] ist nämlich noch nicht endgültig abgefahren. Wer reinen Herzens ist, bekommt sicher eine zweite Chance. Das nächste Festival wartet also schon auf neue Anmeldungen. Währenddessen haben die Verlierer genügend Zeit, hart an sich zu arbeiten, sprich, über das Belegen weiterer Kurse ein Ticket zum Aufstieg zu lösen. Vielleicht gelingt es ja beim nächsten Mal.

info

Mittels wiederholter Treffen wird der spirituelle Ehrgeiz der User zusätzlich angestachelt. Besonders verdiente Lichtpioniere werden beklatscht und erhalten jede Menge Aufmerksamkeit. Nachzügler empfinden Neid und erhöhen ihren geistigen und finanziellen Einsatz.

Fröhlichkeitskult – Love Parade

„Denn Rosarot ist die Farbe der Liebe,
das Bekenntnis dessen, was die Liebe in dir beinhaltet“
Lady Nada, Kryonschule, Schritt 21 [87]

Wenn ein „Sie sind nicht motiviert“ schon als gängiger moralischer Vorwurf im ganz normalen Büroalltag ertönt, dann findet die Neue Zeit hier ein solides Fundament, auf dem sie ihre Himmelsleiter aufrichten kann. Barbara Ehrenreich schildert uns die „Ideologie des positiven Denkens“ [200] in ihren schillerndsten Auswüchsen. Das zentrale Credo dieser mythischen Philosophie besteht in der Ansicht, Erfolg, Wohlstand und Fülle seien eine rein geistige Angelegenheit. Laut Ehrenreich erweist sich die heutige Motivations- und Coachingindustrie als moderne Fortführung calvinistischen Gedankengutes, wonach materielles Wohlergehen quasi als Spiegelbild geistiger Reife anzusehen ist. In die Jetztzeit übersetzt äußert sich derlei Sozialdarwinismus in Werken wie „Bleep“, „The Secret und Co.“ von Jürgen Höller, über „Bestellungen beim Universum“ bis hin zum „Gesetz der Anziehung“. Überall finden wir dieselbe Doktrin: „Jeder ist seines eigenen Glückes Schmied.“ Ob nun arbeitslos oder krebskrank – positive Gedanken ziehen Positives an, wer negativ denkt, bekommt über kurz oder lang die Rechnung präsentiert.

Selber schuld, da wie dort

Scientology

Laut dem ehemaligen Leiter von Scientology-Österreich, Wilfried Handl, gilt Krankheit im scientologischen System als sogenannter „unterdrückerischer Akt". Wer Unfälle erleidet oder krank wird, muss Böses getan haben. Seine eigene Krebserkrankung wurde dem späteren Aussteiger laut eigener Auskunft als eine Art „Systemfehler" angelastet.

New Age

Auch handelsübliche Esoterik verspricht Freiheit von Leid und Unglück. Wer jedoch entgegen der kosmischen Gesetze handelt, der zieht seine „Lern-Lektionen" selbst an. Ein prominentes und zugleich tragisches Beispiel für diese magische Weltsicht liefert uns Bärbel Mohr. Gesundheit ist bei ihr nämlich „weniger eine Sache des Schicksals als eine Sache der Entscheidung". Denn laut der Bestsellerautorin könne man sich Gesundheit einfach herbeiwünschen. Im Umkehrschluss wird somit Krankheit implizit zu persönlichem Versagen.
Dass die Realität auch an überzeugten Esoterikern nicht vorübergeht, beweist ihre eigene Geschichte. Bärbel Mohr erlitt ein Burn-out und verstarb im Jahre 2010 mit nur 46 Jahren an Krebs. Dennoch wird ihr Schrifttum von ihrem Ehemann Manfred Mohr weiter vertrieben und findet nach wie vor regen Absatz. Bärbel Mohr schrieb insgesamt 25 Bücher, diese wurden in 21 Sprachen übersetzt. Alleine im deutschsprachigen Raum verkaufte sich „Bestellungen beim Universum" rund zwei Millionen Mal.

Quellen: [201] [174] [202] [203] [204]

Um hier abzukürzen: Frohsinn und rosarote Brillen sind heutzutage beinahe Pflicht. Der motivierteste Mitarbeiter ist der Beste. Barbara Ehrenreich spricht hier wohl wissend vom „Fröhlichkeitskult". Und was der Zeitgeist vorwegnimmt, findet reichlich Niederschlag in der Neuen Zeit. „Gut drin, gut dran, gut drauf" – Lichtpioniere versinnbildlichen geradezu dieses Ideal des aufstrebenden, stets sonnigen Erfolgstyps. Von der „Lebensfreude Messe" [205] bis hin zum Wohlfühl-Kongress – Outfit, Auftreten und Charisma werden hier zum selben Instrumentarium wie anderswo auch. Nur diesmal gibt man sich als „Hohepriesterin in Samtweiß" oder als „Waldfee in zarten Pastellfarben". Als Erleuchteter mimt man den Enthuasiasten, denn hieraus erschließt das Gegenüber mein spirituelles Standing. „Smile or die" – Ehrenreichs Buchtitel umschreibt derartige Milieus sehr treffend.

info

Wie edle Gewänder tragen Lichtwerdende ihre spirituelle Erfülltheit nach außen. Die plakative gute Laune wird dabei zum Insignium spiritueller Reife. Man gibt sich motiviert und strahlt um die Wette.

Wer bietet mehr?

„Der finanzielle Ausgleich ist bei dieser Arbeit sehr wichtig, denn durch den Ausgleich bekundest du unter anderem deine Absicht zu Erwachen."

Aus dem Fragenkatalog für Interessenten und Kryonschüler [99]

Abschließend sei noch der *sichtbare* Luxus im Esoterischen kurz angesprochen. Die zu jeder spirituellen Karriere gehörigen materiellen Insignien gibt es wiederum am Messeverkaufsstand. Dieser darf bei keinem Festival fehlen und fungiert als Fundus zur Selbstdekoration. Und so werden die Medaillen und Orden der astralen Rennbahn nicht unbedingt verliehen, nein, die User kaufen sich die dazugehörigen Pokale bereitwillig selbst. Entscheidend wie immer das Sortiment, anhand dessen man seinen eigenen spirituellen Werdegang und seine Entschlossenheit unter Beweis stellt.

Denn über die Bereitschaft zur Investition signalisiert der User sich selbst und anderen, wer und vor allem wie weit er ist. Dabei bestimmt aber nicht nur die Menge, sondern vor allem der Erwerb immer kostspieligerer Artikel über die Aufrichtigkeit der spirituellen Absichtserklärung. Der User unterstreicht mit dem Preis also zusätzlich sein Ranking. Sprays und Essenzen sind eher etwas für Anfänger, Engelscolliers und Goldengel dienen als Kennzeichnungen für Fortgeschrittene: „Der Schmuck der Michael-Angelo-Collection symbolisiert unsere innere, reine Perle, unseren inneren, einzigartigen Edelstein." [206]

Der Festivalaussteller nimmt vorweg, was den Träger erhebt. Der Preis bestimmt den Reinheitsgrad und entscheidet über das weitere Vorankommen. Die Palette reicht vom „Führungsengel" „Ongkanon" (Ring, Sterlingsilber) für 245 Euro über exquisite Kryon-Accessoires bis hin zum Engelmotiv mitsamt fünfreihigem Collier aus reinem Platin mit einem „lupenreinen Diamanten im Trapezschliff" [207]. Das nennt sich dann „Engel der Reinheit" und kostet 4530 Euro.

Fazit: All die Abzeichen, Lichtschwerter, Amulette und Zerstäuber bilden die Lanzen und Schilde einer „World of Soulcraft". Nur diesmal nicht zum Download, sondern als Bestellartikel im Shop. Der Lichtkrieger kauft sich sozusagen nach oben. Wer meisterlich abwehrt und verdrängt, wird nicht nur sauber, sondern rein.

info

Spirituell Entschlossene scheuen keine Kosten, wenn es darum geht, ihr bedingungsloses Vertrauen in die Engelwelt zu demonstrieren. Durch den Kauf besonders luxuriöser Schmuckstücke signalisieren Aufsteiger sich selbst und anderen, „wie weit" oder „wie rein" sie schon sind.

„Was machen die mit all dem Geld?“, will ich wissen.

Aussteller (enthusiastisch): „Sie sind stinkreich geworden (...), sie kaufen Villen, Hotels, sie reisen ... Sie machen sich ein schönes Leben. Ich weiß nur, diese Leute verdienen sich dumm und dämlich!“

SCHRITT 7

Die Schaltzentrale

Die Drahtzieher bleiben im Hintergrund und verdienen an allem

Die bisherigen Ausführungen verdeutlichen die Praktiken spiritueller Unternehmer: Ohne Unterlass nähren sie in ihren Kunden die Illusion von Auserwähltheit gepaart mit Allmacht und appellieren so zugleich an das Pflichtbewusstsein ihrer User. Scheinbar zwanglos und aus eigenem Antrieb arbeiten sich jene nach oben. Dass die Hauptschubkraft aus dem Verdrängen des eigenen Unbehagens resultiert, haben wir bereits besprochen. Wenn wir nun genau hinsehen, wird hier eine zentrale Strategie erkennbar. Diese durchzieht das Management in der Esoterik 2.0 wie ein roter Faden und sorgt so für einen äußerst effizienten Markenauftritt. Schließlich wissen die Leute an den Schalthebeln ziemlich genau, wie sie ihren persönlichen Aufwand auf ein Minimum reduzieren (Stichwort unternehmerisches Eigeninvestment); wie sie dabei weder Haftung noch Verantwortung tragen (Stichwort Sicherheit) und trotzdem so viel wie möglich herausholen (Stichwort Ertrag).
Nicht ohne Grund erinnern die eben genannten Punkte an das sogenannte „magische Dreieck“ aus der Finanzwirtschaft[49], beschreiben sie doch miteinander konkurrierende Ziele. Nun wollen wir erörtern, wie feinstoffliche Energieversorger diese offensichtlichen Widersprüche trotzdem unter einen Hut bringen.

Primus inter pares[50]

Da wie dort beherzigen clevere Firmeninhaber die Grundregel: „Hebe Dich ab, aber bleibe am Boden!“ Und damit orientieren sie sich abermals an den Herrschern im alten Rom. Verstanden sich doch die Klügsten unter ihnen lediglich als „Erste unter Gleichen“. Dass sich ein derartiges Understatement auch heute bezahlt macht,

unterstreicht das Beispiel von Ikea-Gründer Ingvar Kamprad. Der Chef des schwedischen Möbelkonzerns gehörte laut „Forbes“ zwar lange zu den reichsten Menschen der Welt [208], doch leitete er sein Milliardenimperium stets ohne zur Schau gestellten Protz. Als Industriekapitän wirkte Kamprad keineswegs abgehoben und gab sich vorbildlich genügsam. Ja, sogar eine offen eingestandene Lese- und Rechtschreibschwäche konnte Kamprads Karriere nicht bremsen.
Scheinbar lassen sich esoterische Fabrikanten von solchen Erfolgsstorys inspirieren. Denn ein zu offensichtliches Führergehabe oder gar ein Starauftritt à la Hollywood verschlingen nur wertvolles Kapital und finden in der Esoterik 2.0 keinen Anklang. Schließlich leben wir im Zeitgeist des „Simplify your Life“ [209][51]. Und das tragen spirituelle Führer unserer Tage demonstrativ nach außen. Diesem Ideal entsprechend zelebriert man das Einfache, will zurück zur Natur und übt sich in Volksnähe und Bescheidenheit.
Dabei verkörpern gerade Engelsmedien eine augenscheinliche Form von Unschuld: Jana Haas liefert hierzu ein herzerweichendes Exempel. Das aus Kasachstan stammende Sternchen der Channelingszene versprüht den Charme einer Siebzehnjährigen und den Liebreiz eines Hauskätzchens. Fernab von ausgefeilter Rhetorik sind es vor allem Akzent und Kindlichkeit, die sie zum Headliner ganzer Kongresse[52] werden lassen. Dass sie mit ihrem Markenauftritt richtig liegt, beweist auch ihr beruflicher Werdegang. Die zur Hellsichtigkeit Berufene leitet mittlerweile ihr eigenes „Cosmogetic“ Lehrinstitut im Allgäu [210][53], hält vielerorts Vorträge und verkauft DVDs, Engelkartensets sowie einschlägige Kalender en masse. Gerade ihr so plakativ argloses Wesen macht sie so zu einer der „beeindruckendsten Botschafterinnen der spirituellen Gemeinschaft“ [211]. So jedenfalls steht's im *Engelmagazin*, das Janas Image regelmäßig neu aufpoliert.

Esoterisches Who is Who – Jana Haas

Jana Haas (geborene Jana Butakova) verbrachte ihre Kindheit in Kasachstan und ist nach eigener Angabe seit ihrer Geburt hellsichtig. Nach einer Ausbildung zur Immobilienkauffrau ließ sie sich in traditionellen russischen Heilmethoden unterweisen, wandte sich später aber vermehrt der Geistheilung zu. Sie betreibt eine Heilerschule und ist Autorin zahlreicher Bücher. Laut eigener Aussage sei ihre Gabe gottgegeben und hängt mit ihrer Berufung zusammen. Als Lehrende zur Kommunikation mit Geistwesen weiß Jana Haas Folgendes zu sagen: „Das größte Hemmnis ist der Intellekt des Menschen, denn Engel sind feinstoffliche Seelenschwingungen und können nur auf der Seelenebene wahrgenommen werden."

Produkte: Ausbildung zum Cosmogetischen Heiler, Engel-Gruppensitzungen (2 Stunden für 45 Euro), Workshops, Bücher, Vorträge, Engelkarten, DVDs, Schutzengelkalender, Audio-CDs
Unternehmen: Cosmogetic - Institut für spirituelle Entwicklung und geistiges Heilen, Herdwangen-Schönach (D)
Web: http://www.jana-haas.de
Quellen: [212] [213] [214]

info

Engelsbotschafter stilisieren ihre Einfachheit zum Kult. Jeder Aufwand an Prunk und Selbstinszenierung wird so minimiert.

Professionelle Unprofessionalität, die sich lohnt

Die Erfolgreichen der Lichtindustrie wirken scheu und geben sich eher schüchtern. Sie sprechen selten selber. Viel lieber lassen sie andere für sich sprechen. Und wenn sie einmal selbst sprechen, dann sprechen wiederum andere durch sie. So einfach ist das. Medial Begabte wie die genannte Jana bilden vielleicht eine Art esoterische Prominenz, doch bringt insbesondere diese vordergründige Nicht-Inszenierung ihrer selbst für derartige Antigurus drei sehr angenehme Effekte mit sich:

- Zum einen können sie die Sensationslust gängiger Skandalreportagen kaum befriedigen, weshalb sie auch für die normale Tagespresse uninteressant bleiben. Ihr Geschäft floriert so ungeachtet jeder Öffentlichkeit.
- Zum anderen sind diese spirituellen Besserverdiener trotz oder gerade wegen ihrer Unscheinbarkeit eine ideale Projektionsfläche für die Community.
- Drittens ermuntert ihre „Gewöhnlichkeit" zur Nachahmung durch die User. Das Medium dient sozusagen als Abziehbild für seine Anhänger. Und das wiederum vervielfältigt dessen Umsatz.

Schwächen, Fehler und eine gewisse Unbedarftheit sind in dieser neuesoterischen Szene also kein Manko. Ganz im Gegenteil – gerade das Unkomplizierte, das Naive gehört hier zu jenen Charakterstärken, welche es auch innerhalb der Gemeinde zu festigen gilt. Vielleicht ist gerade deshalb Patricia Saint Clairs Buch „Go Lolo: Fühle positiv und liebe dich glücklich" mit Rechtschreibfehlern geradezu gespickt. Ja, oft fehlen laut Rezensionen ganze Worte [215]. Ob nun bewusst intendiert oder als Zeichen kognitiver Leichtigkeit: Effizient scheint dieses Stilmittel allemal. Denn zu offensichtliche Professionalität würde nur alles verderben. Man einigt sich gewissermaßen auf den kleinsten gemeinsamen Nenner. Niemand wird ausgeschlossen, jeder darf sich anschließen, Hauptsache er konsumiert.

Exkurs: Der charismatische Mangel

Auch in klassischen Kulten sind es nicht immer nur illustre Führungsfiguren oder passionierte Redner, die ihre Anhänger bis zum gänzlich Undenkbaren motivieren konnten. Robert Levine liefert mit dem amerikanischen Sektenoberhaupt Marshall „Do" Applewhite ein tragisches Beispiel: Der ehemalige Musikprofessor und Sohn eines presbyterianischen Pfarrers hörte nicht nur allerlei Stimmen, sondern war auch der festen Überzeugung, dass die Welt auf das unausweichliche Armageddon zusteuere. Dabei waren es mehr seine manipulatorischen Fähigkeiten als sein Charisma, welche ihn zum Initiator der bekannten „Heaven's Gate"-Sekte werden ließen. Levine hebt in diesem Zusammenhang ausdrücklich Applewhites „Mangel an Charisma" als einen zentralen Schlüsselfaktor zu dessen „Erfolg" hervor. Denn egal in welche Abstrusitäten seine Wahnvorstellungen abglitten, gerade „weil gewiss niemand sein Bleiben der rhetorischen Begabung dieses Mannes zuschreiben konnte", folgten Applewhites Anhänger diesem überall hin.

„Ich bin hier, weil ich es will", so oder ähnlich erklang wohl die innere Rechtfertigung in ihren Köpfen. Und das wohlweislich bis zum bitteren Ende. Dieses ereignete sich auf dramatische Weise im März 1997. In einem Versuch, die dem Untergang geweihte Erde zu verlassen, versuchten er und seine Anhänger das nächste Level übermenschlicher Existenz zu erreichen und vertrauten auf die Errettung durch ein UFO. Der einzige Weg, diesen Dimensionswechsel zu vollenden, bestand für Applewhite in kollektivem Massenselbstmord. 39 Mitglieder von „Heaven's Gate" hielten seine Überzeugungen für ihre eigenen und folgten ihrem eher unscheinbaren Anführer blind bis in den Tod.
Quelle: [132]

Vormachen und Nachleben – das spirituelle Role-Model

„Ich muss mich selber noch entwickeln", betont eine durchaus basisorientierte Ingrid Auer beim Infotag in Emmersdorf an der

Donau [216]. Sie erinnert uns damit an den legendären Steve Jobs, welcher stets medienwirksam in Jeans und Turnschuhen vor seine Fangemeinde trat. „Ich bin einer von euch", lautete die subtile Message, „meine Geschichte könnte die eure sein", die darin mitschwingende Frohbotschaft. Doch egal ob nun bei Ingrid oder Steve, beide stellen beziehungsweise stellten sich mit ihrem bewusst kolportierten Image geschickt auf die Seite ihrer Einkäufer.

Denken wir hierbei zurück an die spirituellen Botschafter. Der Konsumierende soll dazu ermutigt werden, es seinem Idol gleichzutun. Und hierzu stapelt man ganz bewusst ein wenig tiefer. Denn will man eine möglichst große Community um sich versammeln, so bedarf es eines Idealbildes, mit dem sich möglichst viele identifizieren können. Das einfache Mädel vom Land wird so zur Ikone in der esoterischen Community. Lieschen Müller steigt auf zum Engel auf Erden. Und viele weitere folgen ihr nach. Die Leitfigur muss demnach jemand sein, der für alle Beteiligten eine Art erreichbares Ziel symbolisiert – eben ein möglichst einfach gestrickter Erster unter Gleichen, ein zweckdienliches Role-Model.

info

Lichtverkäufer geben sich möglichst unbedarft. Der Widerspruch zwischen der vorgegebenen Hochgeistigkeit und der offensichtlichen Normalität aktiviert nicht nur die Imaginationskraft des Publikums, sondern ermuntert in gleichem Maße zu Identifikation und Nachahmung. Mithilfe eines spirituellen Vervielfältigungsgetriebes sorgt man so für weitere Abnehmer und minimiert dadurch den eigenen organisatorischen Aufwand.

Die spirituelle Biografie und ihre Funktion

Gerade in Krisenzeiten suchen Menschen nach schnellen Identitätsangeboten. Dabei erzeugt vor allem die Annahme einer nahenden Welttransformation einen künstlichen Zeitdruck. Beschleunigt durch Torschlusspanik machen sich spirituelle Pioniere eine lichtvolle Ersatzidentität von der Stange zu eignen. Die dazu passenden Kopiervorlagen werden von spirituellen Unternehmern multimedial in Szene gesetzt und bestehen immer aus denselben Stationen:

- *Auserwähltheit:* „Von Kindheit an habe ich die Gabe der Hellsichtigkeit [...] Mein gesamtes Wissen ist nicht angelesen, sondern ich erhalte es ausschließlich von Gott und den Engeln." (Jana Haas)
- *Der Auftrag:* „Als ich um die vierzig Jahre alt war, kamen der geistige Freund Saint

Germain und Erzengel Gabriel intensiv in mein Leben (...) und sagten mir auch, ich würde meine Arbeit noch einmal ganz verändern." (Barbara Bessen)

- *Mut zum Risiko:* „Also gab ich meine gesamte Tätigkeit auf und sagte alle laufenden Ausbildungen in meiner Praxis ab." (Sabine Sangitar)
- *Prüfungen und absolutes Vertrauen:* „Und ich weiß für mich persönlich Situationen, die ich nicht so geschafft und so durchlebt hätte, hätte ich nicht ganz bewusst mit ihnen [den Engeln] zusammengearbeitet." (Ingrid Auer)
- *Gelingen:* „Nach anfänglichen Schwierigkeiten verbreitete sich die Kryonschule in Windeseile, mittlerweile auch auf der ganzen Welt." (Sabine Sangitar)
- *Lebensglück:* „Als Pionier des neuen Bewusstseins lebe ich meine wahre Berufung." (Patricia Saint Clair)
- *Purer Altruismus:* „In Seminaren und Lehrgängen gebe ich mein Wissensgut weiter und lehre die Teilnehmer, selbst in Kontakt mit der lichtvollen geistigen Welt zu treten." (Jana Haas)

Mit ihren beinahe deckungsgleichen Lebensmythen instrumentalisieren spirituelle Leitmedien nicht nur das klassische Heldenskript, sondern sie leben damit zugleich auch vieles vor, was von ihren Azubis verinnerlicht werden soll. Die subtile Botschaft ist immer die gleiche - wer sich blindlings hingibt, wird schlussendlich belohnt.
Abermals wirkt hier der ganz besondere Zauber der Biografie. Denn je atemberaubender die entsprechende Geschichte, desto weniger wird der Verstand angesprochen. Wo es nichts zu kapieren gibt, bleibt den Sehnsüchtigen lediglich die Option des Kopierens. Was mit dem Gehirn nicht nachvollzogen werden kann, wird als Herzensbegegnung empathisch verinnerlicht. Im Drang nach Annäherung an das entsprechende Wunschbild schwingen sich die User auf die Story ein, sie imitieren. In einer Art Copy-and-paste-Verfahren überschreiben berufene Aufsteiger so ihre alte Geschichte von sich selbst und machen sich zu Plagiaten ihrer stereotypen Vorbilder.
Quellen: [217] [168] [218] [219] [182]

Sie sollen ihrer Intuition folgen

„Lauft keinem Guru hinterher!"
Ingrid Auer am Infotag [70]

Ein ganz entscheidender Kunstgriff, der niemals fehlen darf, besteht darin, die Kunden glauben zu machen, sämtliche Beweggründe ihrer Getriebenheit entsprängen einer ihnen innewohnenden Seelenführung. Die User sollen also, wie Ingrid immerzu ermutigt, „keinem Guru" hinterherlaufen, sondern, viel besser noch, ihrer Intuition. Immerhin wurde ihnen der Zugang zu dieser ominösen inneren Instanz schon lange vorab mit allerhand Seminaren, Büchern und Audioguides erheblich erleichtert. Viel leichter ist logischerweise nun auch ihre Geldbörse, die sie – nicht minder intuitiv – hierfür geplündert haben. Durch ihr eigenes finanzielles Investment bestärkt, glauben die User, ihrem ganz eigenen Gespür zu folgen. Doch in Wahrheit verhält es sich ein wenig anders: Wie bei einem geschickten Händler wurden die Abnehmer vorher ausreichend emotionalisiert. Hoffnungen wurden geweckt, Ängste geschürt und Sicherheit offeriert. Die Richtung ist also vorgegeben, ihr Tunnelblick bereits fixiert. Der finale Schritt jedoch – die Kaufentscheidung an sich – muss bereitwillig vom Kunden selbst getätigt werden. Was läge hier näher, als nach diesen endlosen Gefühlsbädern und vollmundigen Versprechungen nun an ihr ureigenes höheres Wissen, ihre Intuition zu appellieren?

„Die Intuition in der Neuen Zeit geschieht über das Vereinigte Chakra. Dies ist vielleicht weniger spürbar, doch wird dadurch gewährleistet, dass der Verstand ausgeschaltet ist. Jesus Christus wird den Intuitionskanal öffnen und einweihen." (Preis: 270 Euro)

Aus dem Webshop der Kryonschule [220]

Robert Levine hat wohl recht. Nach seiner Ansicht entpuppt sich vieles von dem, was da oft so feierlich als „Intuition" oder „Bauchgefühl" angepriesen wird, nur als das „blinde Folgen gegenüber einem verinnerlichten Vorbild" [132]. Dass ihre vermeintlich eigenständige Entscheidung für ein Leben in der „World of Soulcraft" schon lange zuvor beschlossene Sache war, haben die User entweder vergessen oder erfolgreich verdrängt. Bei ihrem Entschluss, sich noch weiter von allem Irdischen zu entfernen, erfüllt die Aufsteiger zusätzlich ein gutes Gefühl. Sie wähnen sich in der Gewissheit, eine Sache wirklich aus sich selbst heraus und nicht aufgrund äußeren Drucks angepackt zu haben. Vollgetankt mit Selbstvertrauen verlassen sie sich von nun an ausschließlich auf ihre sogenannte innere Stimme. Nein, wir müssen Frau Ingrid schon zustimmen, Sie brauchen nun wirklich „keinem Guru" mehr hinterherzulaufen. Denn dieser sitzt bereits in Ihnen drinnen. Der Wille des Leitmediums ist ab sofort der Ihrige. Dieser bestimmt fortan Ihren Lebens- oder – treffender – Leidensweg.

info Bewusstseinsschulen verkaufen ihren Schülern eine vermeintlich neue Eigenständigkeit. Diese wird in Intuitions- und Seelenführungskursen erworben. Über die Assimilation der darin mitgelieferten Wunschbilder hält sich der Schüler von da an selber auf Kurs und fühlt sich hierdurch spirituell berufener als je zuvor. Die Drahtzieher im Hintergrund können sich getrost zurücklehnen.

Keinerlei Haftung oder Verantwortung

Nun ist es an der Zeit, ein ganz wesentliches Erfolgsgeheimnis neuesoterischer Geschäftsführer aufs Tapet zu bringen. Denn egal welche finanziellen Wonnen ihnen zuteil werden. Sie tragen weder ein Haftungsrisiko noch irgendeine Form von Verantwortung.

Der erste Anhänger

Wie uns diese spirituellen Aushängeschilder vorhin so lebhaft bewiesen haben, inszeniert sich niemand von ihnen als tonangebende Führungsfigur: „Wir wollen nicht angebetet werden." (Schritt 16, Kryonschule) [87]
Aber dennoch bleibt ihr Part der wichtigste. Denn die Vortänzerin ist schließlich die Erste, durch die das Unsichtbare quasi Gestalt annimmt. Die weiteren Sympathisanten sind zwar unverzichtbar, dienen aber nur als Feldverstärker. Wir reden hier von der gänzlich unaufdringlich wirkenden Frau am Podium, durch sie kommt die Kugel erst ins Rollen. Mit ihrem Vorbild zeigt sie anderen, was und wie sie es zu tun haben.
„The first follower transforms a lone nut into a leader!" [221]. Besser könnte es der Kommentator kaum in Worte fassen. Wer Derek Sivers berühmt gewordene Videopräsentation gesehen hat begreift, dass sich ein wenig Bescheidenheit auszahlt. „How to start a movement", lautet der simple Titel und die Botschaft könnte auch einfacher nicht sein: Niemand braucht einem offensichtlichen Anführer zu folgen. Denn esoterische Clubbetreiber von heute verstehen sich viel eher als Animateure. Und diese zeigen allen anderen, wie man einem Engel, Meister, der golden-blauen Frequenz oder

sonst wem die Aufwartung macht. „Der erste Anhänger zu sein ist eine unterschätzte Form der Führung" [222], demonstriert Sivers, der erfolgreiche Unternehmer und einstige Zirkusmusiker. Denn erst der „Primus", seines Zeichens nur der erste vieler weiterer Follower, macht aus einer Fata Morgana eine Führungsgestalt. Er wird so zum ersten Gefolgsmann seines eigenen Prosumer-Movements. Er *animiert* also lediglich andere. Und genau hierin liegt des Pudels Kern, als charismatischer Guru tritt er selbst nicht in Erscheinung.

Geblendet im Rampenlicht

Und wie uns die zahllosen medial Delegierten im Internet beweisen, braucht jede Bewegung vor allem eines – Öffentlichkeit. „Jedermann muss die Anhänger sehen, da neue Anhänger den Anhängern nacheifern – nicht dem Anführer" [222] erklärt uns diesbezüglich Sivers.

Und so bedienen die Inszenierer einer Esoterik 2.0 geschickt die Scheinwerfer. Ob nun einen speziellen Engel, Konfuzius, Jesus Christus oder gar das eifrig mitklatschende Publikum selbst – sie stellen beständig andere ins Rampenlicht und viel weniger sich selbst. Schließlich tun sie alles nicht zu ihrer, sondern zur Ehre der Community. Die Atmosphäre im Kursaal füllt sich mit Erhabenheit, die Kamera schwenkt unentwegt durch die erlesene Zuschauerschaft und projiziert deren Gesichter auf fünf mal sechs Meter Größe. Das Befinden der Anwesenden wird auf diese Weise königlich und der Blender lenkt nebenbei sehr gekonnt von sich selbst ab. Er ist und bleibt scheinbar nichts weiter als ein demütiger Diener der geistigen Welt.

info

Spirituelle Kultvermarkter dieser Tage wollen nicht angebetet werden. Sie machen sich selbst zum vermeintlich ersten Jünger anderer und stecken damit wieder weitere Anhänger an. Denn diese folgen den Anhängern, nicht dem Anführer. Selbst nicht als Guru auftretend tragen die eigentlichen Verantwortlichen so keinerlei Verantwortung.

Sie können nichts dafür – Gehorsam

Abschließend beleuchten wir noch einen wesentlichen juridischen Vorteil des hier beschriebenen spirituellen Understatements. Denn wer sich selbst zum Jünger degradiert, den trifft logischerweise auch keinerlei Haftung. Er gibt sie gewissermaßen nach oben ab. Schließlich handeln göttliche Kanäle stets nur im Auftrag und auf Rechnung ihrer kosmischen Lehrer. Wie Manuel sehen sie sich als „Licht-Verteilerkasten". Sie lenken die Energie in die richtigen Bahnen – als eine Art Elektriker im feinstofflichen Bereich. Der Schaltplan – sprich jede Federführung – liegt somit ausschließlich bei den Engeln.

„Ich freue mich von Herzen über diese verantwortungsvolle Aufgabe. Ich möchte jetzt meinen Vertrag erfüllen und KRYON die Möglichkeit schaffen, noch mehr Seelen in Deutschland mit seinen Botschaften zu erreichen."

Das Medium Barbara Bessen [223]

Aus dem Skriptum der Kryonschule

„§ 6 Gewährleistung und Haftung:
Das Lesen der Skripte und die Verwendung der CDs erfolgen in alleiniger Verantwortung des Nutzers. Jegliche Haftung des Anbieters aus eventuell entstehenden nachteiligen Folgen des Nutzers und/oder aufgrund eines Fehlverhaltens des Nutzers ist ausgeschlossen. Des Weiteren sind die Schritte nur als Hilfestellung zu verstehen. Daher kann auch keine Forderung aus entstandenen Unfällen bei der Verwendung oder in Verbindung mit den Schritten erhoben werden."
Quelle: [87]

Die Art und Weise, mit der Channelmedien ihr eigenes Pflichtbewusstsein unterstreichen, erinnert an einen Klassiker aus der psychologischen Forschung. Denn bloße Befehlsempfänger waren damals auch die Versuchspersonen im berühmt gewordenen Experiment rund um Autorität und Gehorsam. Nur wo der Yale-Psychologe Stanley Milgram [224] seinen Schülern noch Versuchsleiter in weißen Kitteln an die Seite stellte[54], um sie zum Äußersten zu motivieren, propagieren Dorren Virtue und viele weitere Diener der Engelwelt nun „himmlische Führung" [225].
Damals war es elektrischer Strom, der die Probanden zu Tätern

werden ließ, nun fließen himmlische Lichtenergien. Und anstatt einem Autorität vermittelnden Versuchsleiter überträgt der Berufene diesmal jede Verantwortung auf die aufgestiegenen Meister. Doch im Unterschied zu Milgram erfährt das Ganze hier noch eine Steigerungsstufe: Je blinder ihr Gehorsam, desto mehr beweisen die Auserwählten ihr Vertrauen in die göttlichen Hierarchien, umso erhabener erscheinen sie sich und anderen. Folgten Milgrams Probanden immerhin noch geplagt von inneren Kämpfen dem Diktum des Experiments, schreiten Engelsbeauftragte nun erhobenen Hauptes ihres Weges. Wo die Versuchsteilnehmer des Milgram-Experiments die Voltzahl immer höher schraubten, ist es bei Leitern esoterischer Lehrstätten der Wahnsinn, den sie permanent steigern. Schritt für Schritt und Stufe für Stufe legen sie die entsprechenden Schalter um. Doch die Verantwortung für all ihr Tun übergeben sie im Gottvertrauen an die Engel. Von allen Anhaftungen befreit, also bar jeder Bodenhaftung, „haften" spirituelle Energieversorger schlichtweg für gar nichts mehr. Damit ist oft eine sonderbar-arrogante Gewissenlosigkeit verbunden: *„Halbe Sachen sind nicht mehr möglich, wir sind jetzt endlich nicht mehr kompromissbereit. Keine Opferunterstützung mehr!"* („Angel Call Report", August 2012, www.saintclairs.net) [226] Ein weiterer Erklärungsversuch diesbezüglich folgt noch in Schritt 10.

info

Engelsmedien verstehen sich als von oben berufene Erfüllungsgehilfen. Ganz gleichgültig wie viel sie ihren Kunden aus der Tasche ziehen, sie tragen keinerlei Haftung für ihr Tun. Je offensichtlicher sie jede Federführung an die geistige Welt abgeben, desto spiritueller erscheinen sie sich und anderen.

Die Bank gewinnt immer

Über Minimierung des Aufwandes haben wir bereits gesprochen, das gleichzeitige Abgeben jeder Verantwortung wurde eben diskutiert. Nun kommen wir zur Maximierung des Gewinnes im esoterischen Business. Dazu starten wir erneut mit einem Ausflug ins Diesseitige. Denn auch in Sachen Währungspolitik erweist sich das Transzendente dem Weltlichen oftmals näher, als man glaubt.

So haben wir spätestens anhand der letzten Weltwirtschaftskrise eines deutlich zu spüren bekommen: Staatsoberhäupter und Minister lenken nur vordergründig die Geschicke dieser Welt. Sie stehen vielleicht im Zentrum des medialen Interesses, doch ihre tatsächliche Macht wird bei Weitem überschätzt. In schwierigen Phasen droht ihnen die Abwahl. Ganz im Gegensatz hierzu die Kaste der Bankmanager: Bonuszahlungen sind ihr Profit, und das größtenteils unabhängig von wirtschaftlichen Notlagen. Die Investmenthäuser und Geldinstitute beeinflussen unser Dasein in weit größerem Maße als so mancher politischer Akteur. Sie regeln den Geldfluss in unserem Wirtschaftssystem. Die Notenbanken versorgen uns mit dem Trägermedium für den globalen Tauschhandel. Abseits von gewählten Volksvertretern und sonstigen Anführern sind sie es, die eine ökonomische Welt in dieser Form erst möglich machen.

Energie ist die Währung

Eine ähnlich bedeutsame Position bekleiden die Direktoren esoterischer Fantasy-Resorts. Denn auch sie fungieren als Ermöglicher des ganzen Trubels. Dabei liefern sie nicht nur das Storyboard, in dem die Eingeklinkten ihren Figuren Leben einhauchen, sondern zudem die Ressource, um die es sich zu kämpfen lohnt.
Dreht sich in „World of Warcraft" noch alles um das „WoW-Gold", eine virtuelle Währung, die über den Erwerb von Schutzschilden und Skills entscheidet, so basiert die „World of Soulcraft" (WoS) auf dem Handel mit Energie. Energetischer Schutz, Lichtkörper-Aktivierungen und Schritte ins Erwachen werden hier gekauft. Lösen Onlinegamer Monat für Monat ihr Erspartes dafür ein, an dieser elektronischen Welt partizipieren zu dürfen, so reinvestieren sich spirituelle Insider fortwährend mit feinstofflichen Verbrauchsgütern. Da wie dort bezahlt man für eine geliehene Identität, einen virtuellen Avatar. Und damit nicht genug, auch in Lichtarbeiter-Schulen fließt das Geld gerne in monatlichen Raten[55]. Der Gewinner ist wie immer die Bank. Ob nun Gold, Euro, Facebook-Likes[56] oder eben Energie, sie definiert die Leitwährung im jeweiligen System.

Geld & Energie – die Schlüssel zum Universum

Aus dem Blickwinkel des Neuromarketings liegt die besondere Faszination des Geldes nicht unbedingt in der direkten Befriedigung spezifischer Motivstrukturen. Vielmehr fungiert Geld als mächtige Universalie, welche es dem Menschen erlaubt, seine Wünsche und Bedürfnisse zu erfüllen. Ob nun Dominanz-, Stimulanz- oder Balancemotiv: Geld ist der „Universalschlüssel", mit dem alles zu jeder Zeit möglich wird. Übertragen ins Neue Zeitalter erfährt das Geld eine Entwertung und „Energie" übernimmt dessen Multifunktionalität:

Old Age: Geld zum Beispiel als Schlüssel zum größeren Auto (Dominanz), als Ermöglicher einer Weltreise (Stimulanz) oder zur Sicherstellung von Wellness und Gesundheit (Balance).

New Age: Energie als Universalie für mehr Macht und Mächtigkeit mittels „Bestellungen beim Universum" (Dominanz), als spürbares Phänomen beim Meditativen Heilsingen (Stimulanz), als „Lichtkosmetik" oder auch als göttlicher Heilstrom zur Bewahrung ewiger Jugend und innerer Reinheit (Balance).

Egal ob Geld oder Energie, beide kann man zu jeder Zeit und in jeder Situation einsetzen. Das gewonnene Gefühl von Freiheit und Autonomie ist hoch emotional. Der Verkaufsfachmann spricht diesbezüglich von einer „Joker-Funktion".

In Anlehnung an Hans-Georg Häusel: *„Brain View – Warum Kunden kaufen"*
Quelle: [124]

info

Die Großen im Engels- und Energiebusiness sind selbst nicht „Part of the Game". Vielmehr bekleiden sie die Position der Spielbank. Sie geben die Jetons aus, durch deren Erwerb die anderen ihr Erspartes verzocken.

Spirituelles Leasing

Wir haben es bereits angeschnitten: Will der User im Innerweltlichen lebendig sein, muss er energetisch laufend *flüssig* bleiben. Er hat keine andere Wahl, als unablässig zu konsumieren. So grundlegend das Finanzielle für „Programm 1" ist, mindestens ebenso unverzichtbar erscheint in „Programm 2" jede Form von spiritueller Energie. Glücklicherweise erhält der User diese ja Tag und Nacht im Webshop der Neuen Zeit. Und sollten die Reserven doch mal erschöpft sein, so können spirituell Entschlossene bekanntlich jederzeit nachtanken. Dabei wird hier noch eine weitere Parallele zur herkömmlichen Ökonomie schlagend: Was uns im Kapitalismus die Inflation beschert, besorgt hier der schon erwähnte esoterische Verbrauchsartikel. Pharaonen-Essenzen, Lichtöle und energetische Nagellacke haben mit Geld eines gemeinsam: Sie verflüchtigen sich rasch!

Hier also die finanzielle Konsumkraft, da die spirituell-schöpferische Potenz – beide schwinden. Die daraus resultierende Dynamik können wir uns ausmalen: Der Konsument wünscht beständig mehr, als er gerade hat. Der spirituelle Aufsteiger unterliegt damit dem Diktum stetigen Eigenbedarfs und ist somit gebunden. Er existiert auf Pump und lebt fortan in einem Open-End-Leasingvertrag. Die Betreiber selbst jedoch spielen in einer ganz anderen Liga. Denn alle nehmen Kredit bei den Damen in Engelsgarderobe. Diese bedienen in der Esoterik 2.0 die Geldpresse, sie sitzen im Vorstand der Notenbank!

info

Energie ist die Währung im esoterischen System. Der User will liquide bleiben und lädt sich mit dieser spirituell auf. Eine Art energetische Inflation sorgt dabei für unablässige Order seitens der User.

Die Geldpresse

Und wie es sich für eine anständige Zentralbank gehört, pumpen auch spirituelle Herausgeber unaufhörlich frische Währung in den Markt. So wie in den USA die „Federal Reserve Bank“ die Kauflust der Konsumenten bei Laune hält, so überfluten auch esoterische Emittenten ihre Welt mit immer neuen Dimensionen, Ausbildungen, Meistergraden und folgerichtig auch Elixieren, Kristallen und anderen Schutzmitteln. Sie pumpen also unablässig frisch gedruckte Energie ins System. Die so auf den Markt geworfenen Upgrades und Neuerungen erzeugen beim Kunden ein subjektives Gefühl von Nicht-genug-haben-Können. Ähnlich wie beim funkelnagelneuen Smartphone: Des Alten schon überdrüssig, wird plötzlich alles Neue – das scheinbar noch Knappe – unglaublich begehrenswert.

Mudflation

In der Welt der Onlinespiele gibt es hierfür einen Fachbegriff. Man spricht von „Mudflation“ [227]. Diese setzt sich zusammen aus MUD, für „Multi User Dungeon“, und Inflation. Sie bezeichnet den Verfall der jeweiligen Währung oder auch die sinkende Nützlichkeit von Gegenständen. Eine Strategie, die so ziemlich allen Spielsystemen innewohnt, welche auf sogenannten „Level-Ups“ und dem Prinzip der „Machterhöhung“ beruhen. Immer neue Ebenen, immer neue Fähigkeiten und immer noch grandiosere Spielfiguren mindern den Wert alles bisher Errungenen.
Wollte man die hieraus resultierende Szenerie aufs Esoterische umlegen, so erscheint die in Schritt 5 beschriebene spirituelle Karriereleiter wohl viel eher wie eine munter vor sich hin werkelnde Kaufhausrolltreppe. Doch sie geleitet ihren Fahrgast nicht nach oben, sondern arbeitet allen seinen Bemühungen unterschwellig entgegen. Der motivierte Lichtpionier strampelt sich ab und generiert hieraus das sichere Gefühl, aufzusteigen, in Wahrheit jedoch tritt er bestenfalls auf der Stelle. Doch das Spiel geht noch weiter. Jedes Stehenbleiben, jedes Ausnüchtern kommt einem spirituellen „Downgrade“ gleich. Denn sollte er es wagen, eine Verschnaufpause einzulegen, würde der Ambitionierte noch dazu von der beständig wachsenden Meute fabrikneuer Erleuchteter eingeholt. Wer also weiterhin als ernst zu nehmender Vorreiter oder in Frau Anselmis Worten als „Lichtpionier“ gelten möchte, ist förmlich gezwungen, immer schön im Feld der Spitzenverbraucher mitzuhalten. „Multi User Dungeon“, lassen wir uns diesen Terminus auf der Zunge zergehen. Viele kleine Gipfelstürmer, alle auf einem ewigen Wettlauf ins Lichtvolle. Das Hamsterrad wird zum sich endlos drehenden Kerker multipler User.

info

Die Versorgung mit gechannelten Energien ist Privileg des obersten Mediums, des Spielentwicklers. Dieser überschüttet den Markt mit immer neuen Ebenen und Frequenzen, sodass alles Bisherige beständig an Wert verliert. Die User wollen beim Aufstieg mithalten und verwickeln sich in eine nie endende spirituelle Bringschuld.

Geld ist nicht alles ... denn alles ist Energie

Zu guter Letzt wollen wir uns noch der im Esoterischen inszenierten Ausverkaufsstimmung zuwenden. Denn wer die alte Welt zum Auslaufmodell erklärt, verwandelt das rein Materielle zum Wertlosen ohne Substanz. Im gleichen Zug erfährt natürlich auch das scheinbare Sinnbild von Egoismus und Weltlichkeit, das Geld, eine radikale Entwertung. In der Morgenröte des Neuen Zeitalters scheint es sinnvoll, sein Angespartes in die vermeintlich neue Währung zu konvertieren.

Innerweltliche Zahlungssysteme

Onlineshops für feinstoffliche Dienstleistungen und Artikel bedienen sich in puncto Honorarnoten mitunter eigenwilliger Wortneuschöpfungen. Besonders beliebt ist der sogenannte „Energieausgleich", der geschickt das Wörtchen „Preis" oder „Stundensatz" rhetorisch umschifft. Denn man bezahlt ja nicht, nein, man „gleicht" jemandes Energie lediglich mit einem monetären Referenzbetrag aus. Die Dienstleistung erfährt demnach eine indirekte, aber umso effizientere Aufwertung, das Diesseitige, das Geld, wird hingegen subtil entwertet. Finanzielles Loslassen fällt damit wesentlich leichter.
Besonders häufig finden sich auch „Donate-Buttons" auf esoterischen Websites. Hinzu kommen noch Strategien nach dem Motto: „Gib, so viel es dir wert ist." Eine altbekannte Taktik, schließlich geben die scheinbar so offensichtlich *nicht* Bedrängten erfahrungsgemäß meist mehr als bei einem Fixpreissystem. Außerdem wollen sich esoterische Konsumenten die Wirksamkeit energetischer Heilmethoden und Produkte unbewusst oft selbst beweisen. Über die „freiwillige" Opferung eines höheren Betrages wird so aus simplem Massageöl ein hochpotentes Serum, die Energiewelle wirkt.

„Materie ist gefangene Energie"

Derartige Glaubensätze durchziehen das Esoterische wie ein roter Faden. Verschärft durch Finanzkrise und Weltunterganssstimmung fachen sie den fatalen Tauschhandel „Geld gegen Energie" zusätzlich an. Engelsanwärter verstehen ihr Geldopfer folglich als sinnvolles Investment in eine lichtvolle Zukunft. Sie tun genau das, was Reindjen Anselmi und Konsorten seitenweise predigen: Sie säubern ihre Aura, öffnen ihre Chakren, tunen ihren Lightbody und entstören ihre interdimensionale Kristallstruktur – und das alles gegen ein wenig „Energieausgleich".

„Wir müssen den Vorgang aktiv unterstützen, denn unsere Zellen müssen gereinigt, umstrukturiert und gleichzeitig beschleunigt werden, damit sie in Resonanz mit dem neuen planetaren Magnetgitter kommen." [73]

Wenn Menschen sich massenweise in solche Storys verfrachten, besteht auch ein unerschöpflicher Bedarf an spirituellen Wechselstuben. Die Experten für geistige Wirbelsäulenaufrichtung, Elektromagnetfeld-Therapeuten (EMF), Syron-Frequenz-Heiler und sonstigen Wiederverkäufer spiritueller Erleichterung agieren wie Bankfilialen überregionaler Bewusstseinsschulen. Sie stellen die Transferkonten des großen Energiedeals und sorgen für flächendeckende Versorgung mit Licht und Liebe.

info

Mit dem Übergang ins neue Paradigma verbinden spirituelle Aufsteiger auch einen Wechsel im Währungssystem. Materielles und Finanzielles verlieren an Wert, die Transformation von Geld in Energie wird zur sinnvollen Investition.

Investoren für das Paradies

„Love-Paradise" - so nennt sich die Zukunftsvision des Engelmediums Christina Soraia. Die ambitionierte Saarländerin startet nach eigenen Angaben ein Mammutprojekt für „Investoren, die die Welt verändern" wollen. Gesucht werden vorrangig Geldgeber, welche das Startkapital des Projektes auffetten. Die Rede ist von nicht weniger als „30 Millionen Euro".
Und das lediglich zur Realisierung der „1. Phase des Projektes". Längerfristig plant das stets in Weiß gekleidete Medium die Entstehung einer „Lemurisch-Atlantischen Gemeinschaft" mit dem Ziel der „Weiterentwicklung zum universellen Menschen". Konkretes erfährt man wohl erst in Zukunft, doch spenden kann man zum Glück schon heute.
Quelle: [228]

So sicher wie der Schweizer Franken – die Fluchtwährung

Bei alledem erinnert der Run auf die Wertpapiere spiritueller Energie-Emittenten an die hektische Plünderung von Bankkonten in Krisenzeiten. Vermittelt doch das Überweltliche den Eindruck eines sicheren Hafens. Wenn die politischen, sozialen und ökonomischen Strukturen ins Wanken geraten, schenkt insbesondere die Flucht ins Phantasma ein Gefühl von wiedergefundener Aufgehobenheit. Freiwillig geht man ins Exil und guten Gewissens tauscht man folglich auch die Devisen. Es ist beinahe wie beim Schweizer Franken: Wenn alles aus den Fugen gerät, wechseln viele in eine scheinbar krisensichere Währung.
Ob nun das Geldmittel der Eidgenossen oder die Energie der aufgestiegenen Meister: Da wie dort glaubt man sich auf einer geschützten Insel. Ihr Kurs steigt dementsprechend genau in Krisenzeiten. Die Eintrittspreise, Accessoires und feinstofflichen Reinigungsmittel vermitteln ein stimmiges Bild: Energetisches hat inzwischen einen exorbitanten Tauschwert. Wir erleben einen regelrechten Energie-Hype. Beinahe fühlt man sich versucht, hier von einer Blasenbildung zu sprechen. Und so lange der Zustrom nicht abreißt, so lange zählt vor allem der Kursgewinn für die spirituellen Emittenten. Sie können getrost ihre Engelszertifikate und andere Spekulationspapiere zu Barem transformieren. Sei es bei den Eidgenossen oder den Hohen Räten des Lichts, beide profitieren von ihrer Sonderstellung. Die einen sind nicht in der EU, die anderen nicht von dieser Welt. Engelsvermarkter verkaufen reinste Energie. Denn sie ist *die* neue Fluchtwährung.

info

Mit dem Zustrom an Investoren steigt auch der Veräußerungswert energetischer Dienstleistungen und Produkte. Im Bann der Welttransformation nutzen die User das Feinstoffliche als eine Art Fluchtwährung und erliegen den Verlockungen einer *Energieblase.*

SCHRITT 8

Das Eintreten in die nächste Dimension

Die Vertriebsstellen vervielfältigen sich von selbst

„Mentoren und Moderatoren gesucht.
Führungstraining für Multiplikatoren"
Annonce im „Merkaba Magazin" [82]

Wir haben bereits grundlegende Maximen moderner Vertriebsspiritualität besprochen. Dass esoterische Unternehmer es bewerkstelligen, bei Minimierung ihres unternehmerischen Risikos dennoch ihren Ertrag zu steigern, erscheint auf den ersten Blick vielleicht paradox, hat aber durchaus Methode. Nun werden wir darauf eingehen, wie spirituelle Produzenten unter Beibehaltung dieser Grundsätze ihren Umsätzen diesen ganz speziellen, epidemischen Kick verleihen und ihre Kapital-Energie-Transformations-Endlosschleife auf viele weitere Satelliten ausdehnen. Das Raumschiff verlässt seine alte Umlaufbahn und tritt ein in die nächste Dimension.

Multi Level Magic – Guerilla-Gurus

„Es ist auch gut und wichtig, dass in Zukunft Schulungen und Initiationen von vielen Priestern und Priesterinnen durchgeführt werden (...) Doch fänden wir es wertvoll, wenn unsere Basis der Priesterschaft als ein Einheits-Knotenpunkt dienen könnte, als ein Zentrum eines Gitternetzes, in welches sich andere Priesterinnen-Gruppierungen (...) der golden-blauen Frequenz mit einweben können."
Die Goldene Priesterschaft im Goldenen Zeitalter,
Celeson Rosenheim [229]

Maximaler Ertrag beim Unternehmer, aber alle Aufmerksamkeit dem Außendienst: Schließlich erledigt jener den Löwenanteil der Arbeit. Dieser Tradition verpflichtet, holt sich die esoterische Geldmaschine wesentliche Anleihen bei allerorts akquirierenden Direktvertrieben. Ob nun der Verkauf von Geschirrspülmitteln im Wohnzimmerformat oder der tierliebende Werber in der Fußgängerzone – Multi-Level-Marketing (MLM)-Organisationen[57] bilden die Inspirationsquelle für den Schwingungshandel einer Esoterik 2.0. Ihr pyramidaler Aufbau liefert nicht nur die Blaupause für die implizite Karriereleiter mit allen erdenklichen Stufen der Lichtwerdung, auch Engelspromotern liegt vieles daran, nicht nur zusätzliche Botschafter, sondern vor allem neue, selbstständig agierende Führungskräfte für den globalen Bewusstseinswandel auszusenden. Und um diese geht es hier. Nicht ohne Grund sprechen die zitierten Priesterinnen von der Installation eines „Gitternetzes", in welches sich immer mehr Protagonisten „einweben können". Vertriebsfachleute würden das Ganze schlicht Network-Marketing nennen.

Mach deine Mitstreiter zum Guru

„Ihr braucht keine Gurus mehr, denn ihr seid selbst welche."
Aus Kryon, die „Absichtserklärung" [167]

Wie man seine Leser ohne viel Aufsehen in den Führerstand erhebt, demonstriert uns aufs Neue Reindjen Anselmi. So betont die Schweizer Erfolgsautorin ausdrücklich, dass die jetzigen „Schrittmacher" „nur ein Stoßtrupp sind, denen [sic] das große Heer der Menschen, die sich weiterentwickeln wollen, jetzt rasch nachfolgen muss" [73].

„Jeder Mensch, der mittel- und langfristig hierbleiben will", sollte also tunlichst „sein eigenes Vierkörpersystem beschleunigen". Damit also die Rechnung für das neue galaktische Zeitalter aufgeht, braucht es demzufolge möglichst viele, die als neue spirituelle Lehrer und Lichtkörper-Trainer in die Welt hinaus ziehen.

info

Bewusstseinsnetzwerke wollen viele weitere Gurus in die Welt entsenden. Nach dem Vorbild von Multi-Level-Vertrieben rekrutieren sie hierfür ihre eigenen Kunden. Diese sollen wiederum viele neue Schüler ausbilden.

Inflation der Meister

„Ankündigung: Wer beim nächsten Treffen des Planetaren Logos im Dezember vor Ort teilnimmt, erhält die Einweihung in die Weiße Priesterschaft und die Kristalle (Symbole), um am Liebesband von Luzifer zu knüpfen."

Aus den Channelings der „Gruppe der Tat", Celeson[58], Rosenheim [230]

Priester weihen Priester, Heiler schulen Heiler und Erwecker sorgen für immer neue Erwachte. Dabei erhöht sich das spirituelle Ranking jedes Einzelnen implizit mit dem Score seiner Abschussliste. Es ist wie in MLM-Systemen auch. Der mit den meisten Mitarbeitern avanciert zum Vertriebsdirektor. Niemand will in dieser langen Kette das letzte Glied markieren und deshalb rekrutieren alle neu Angeworbenen ihrerseits auch wieder frische Azubis. Diese werden nun abermals als Apostel in die Pflicht genommen, feierlich zu Priestern geweiht und so weiter und so weiter ...
So entfaltet sich in esoterischen Vertriebsorganisationen dieses für Pyramidenspiele typische, sich selbst reproduzierende Element: „Meister unterrichten Meister unterrichten Meister unterrichten Meister." Die inhärente Logik ist einfach: Sie arbeiten, doch das Hauptgeschäft bleibt immer beim Spielleiter.

Club der Subkulturen

Das Resultat der eben beschriebenen Multiplikationsstrategie prägt das Sittenbild moderner Esoterik. Noch nie in der Geschichte erlebten wir eine derartige Inflation der Meister. Denn wo kein Häuptling ohne Stamm, da auch kein Guru ohne Schüler. Die Protagonisten dieses Rollenspieles bauen – jeder für sich – an ihrer eigenen kleinen Pyramide, an der jeweils sie selbst die Spitze markieren. Und je mehr Etagen von unten her nachkommen, desto weiter schieben sie sich selbst nach oben, spirituell jedenfalls.
Experten sprechen völlig zu Recht von sogenannten „Mini-Sekten" [22]. An die 600 sollen es alleine in Nordrhein-Westfalen sein! Peter Wippermann ortet hier sehr treffend eine wachsende spirituelle

„Club-Kultur" [46]. „Viele kleine Subkulturen", so der Marktforscher, mit den dazu passenden Führungsfiguren an der Spitze. Wir erleben die Geburt zahlloser Guerilla-Gurus.

info

Die Multiplikationsstrategie esoterischer Unternehmer führt zu einer Inflation der Meister. Diese werden oft zu Anführern unzähliger kleiner Mini-Sekten. Der Großteil des Gewinnes bleibt jedoch immer bei den Urhebern.

Im Namen der Nächstenliebe

Die eben erwähnten Guerilla-Fraktionen bilden also die Keimzellen spiritueller Markteroberung. Sie verwalten sich selbst, doch segeln sie alle unter derselben Flagge. Jedes neue Crewmitglied bestellt wiederum im selben Webshop. Doch bevor wir uns weiter den epidemischen Auswüchsen zuwenden, wollen wir hier noch den wichtigen emotionalen Faktoren nachspüren. Denn bei all ihrem Tun handeln die vielen kleinen Gurus stets aus purer Nächstenliebe. Diese karitative Ader erweist sich für die virale Verbreitung spiritueller Rollenspiele als überaus zweckdienlich.

Liebe deinen Nächsten, wie dich selbst – das Fürsorge-Modul

Produkte, die über Schneeballsysteme an den Mann/die Frau gebracht werden, vermitteln meist eine gewisse idealistische Komponente. Als großzügiger Gastgeber zur eigenen Verkaufsparty betont man seinen Dienst am Nächsten. Die Empfehlung von Diätprodukten wird so zum Ausdruck eigener Wohltätigkeit. Noch viel uneigennützigere Züge prägen das Sendungsbewusstsein esoterischer Wiederverkäufer. Besteht doch der Sinn jeder Bewusstseinsschmiede, wie bereits in Schritt 1 angesprochen, im ihr immanenten Weltrettungsauftrag: der Anhebung der globalen Frequenz zur Erlösung von Mutter Erde oder der Reinstallation eines sonstigen heilsamen Urzustandes:

„Matrix-Energetics® neutralisiert und transformiert hinderliche Energien und Programme und ermöglicht der ‚Urmatrix' den Zustand ‚SO WIE ES SEIN SOLL' herzustellen." [231]

Von egoistischem Eigenverbrauch kann und will also keine Rede sein. Purer Altruismus bewegt die User. Marketingfachleute sprechen in diesem Zusammenhang von der Aktivierung des sogenannten „Fürsorge-Moduls" [124]. Dieses sorgt in einer Mutter-Kind-Beziehung für das bezeichnend benannte „doppelte Sicherheitsnetz". Das Gehirn einer Mutter achtet dabei schon *vor* dem Auftreten eines Mangels darauf, dass das Baby gehegt und gepflegt wird. Diese Motive, die das Neuromarketing so erfolgreich auf Kindernahrung, Haustiermarkt und Umweltschutzprodukte umlegt, kommen genauso im Esoterischen zum Einsatz.

Schon bevor das Umfeld einen Bedarf an spiritueller Hilfestellung signalisiert, eilt der Berufene voraus, um seine Mitmenschen zu heilen, sprich, auch sie zu rekrutieren. Diesem Impetus folgend entstörte auch Manuel ungefragt die Lichtkörperstruktur seiner gesamten Verwandtschaft – bei besonders Therapieresistenten sogar mittels Fernheilung. Aus primär Triebhaftem wurde so eine höhere Mission. Dabei speiste sich Manuels Motivation geradezu aus dem Bestreben, das Revolutionäre selbst weiter unters Volk zu bringen. Ob jetzt nun Putzlappen, Lebensversicherungen oder Engelsenergien: Alles nur zum Wohle der Menschheit!

info

Schwingungs-User verstehen sich subjektiv als Instrumente purer Nächstenliebe. Im Einsatz für eine bessere Welt werden sie auch ohne explizite Nachfrage von sich aus schützend und erweckend aktiv.

Mission im Namen der Prävention

„Es gibt derzeit viele Menschen, (...)
die sich gegen die neue Schwingung stellen (...)
Lass es dir nicht von Menschen kaputt machen."
Kryonschule, Schritt 3 [87]

Pyramidensysteme propagieren also eine karitativ angefärbte

Vision. Doch die Bewusstseinsindustrie gibt sich mit altbekannten Merchandising-Strategien bei Weitem nicht zufrieden. Denken wir hierbei an die Worte von Frau Anselmi. „Jeder Mensch, der (...) hierbleiben will", möge in den Genuss dieses ganz besonderen In-der-Welt-Seins kommen. Die Lichtkrieger agieren demnach wie bei jedem anderen Feldzug auch, man erschließt gewissermaßen neuen Spiel- oder treffender Lebensraum. Und dieser wächst mit der Zahl gleichgesinnter Mitbewohner. Die „World of Soulcraft" (WoS) lebt sozusagen von jedem weiteren Mitspieler.

Die Verbindungslinien, auf denen man zu einer großen gleichgeschalteten Menschheit verschmelzen möchte, haben viele Namen. Ob nun das „Multidimensionale Magnetgitter", das „Morphogenetische Feld" oder schlicht die „göttliche Matrix" – alles befindet sich mit allem in lichtvoller Interaktion. Jede Vervollkommnung des Selbst beinhaltet immer auch eine Einflussnahme auf andere. Angelehnt an die Kommunikationsaxiome von Paul Watzlawick könnte man es auch folgendermaßen formulieren: „Man kann gar nicht *nicht* wirken!"

Oder anders herum: Der *noch* andere ist schlicht jemand in der „alten Energie" oder Ingrids „Programm 1". Er wirkt natürlich auch, und das vor allem auf mich! Sein Anderssein alleine genügt also schon. Ohne etwas zu tun, lediglich mit seiner Existenz als Noch-nicht-Erwachter arbeitet er so meinem Pioniergeist energetisch entgegen. Er vegetiert in den Worten Kryons noch *vor* dem „Schleier" [232] der Erkenntnis, ist eben noch *kein* Lichtarbeiter-Mitstreiter. Er verdient deshalb meine Hilfeleistung und Behandlung zum Wohle meiner selbst und zur Vervollkommnung unserer Spezies.

Passend zur Wortwahl esoterischer Rädelsführer hier nun die ein wenig verschärfte Version: Wer in dieser großen Allverbundenheit nicht für mich ist, der stellt sich ganz offensichtlich „gegen die neue Schwingung", ist also gegen mich. Um nun dieser potenziellen Bedrohung zu entgehen, muss jeder der Guerilla-Aktivisten präventiv aktiv werden, schließlich will er sich, wie die eingangs zitierte Schrift hervorhebt, seine neue Wirklichkeit „nicht kaputt machen" lassen. Aus dem Nicht-Verbündeten wird so eine Zielperson mit niederer Frequenz, also ein Feind. Und die Tatsache, dass ich meinen Mitmenschen zum Bewohner des veralteten „Programms 1", also zu einem „Old Ager" degradiere, macht mich selbst umso mehr zu etwas ganz Besonderem. Denn gerade dann, wenn Bedürftige in den Genuss meiner Fürsorge kommen, bin ich selbst wohl ein Heiler. So gesehen macht die Therapie erst den Therapeuten, die vorauseilende Mission erst zum Übermenschen astraler Herkunft.

info

Esoteriker leben in einem Kosmos, in dem alles mit allem zusammenhängt. Den allgegenwärtigen, energetisch schlechten Einfluss ihrer Mitmenschen fürchtend, starten Lichtpioniere einen präventiven Feldzug gegen alle niederen Schwingungen und erobern guten Gewissens ihr Umfeld.

Heal the World hautnah

„Bewusstsein erschafft Realität (...) Aufwachen in der Matrix“ [233]

Sie wollen hautnah miterleben, wie man hoch motivierte Heilsbringer erfolgreich in die ganze Welt hinausschickt? Dann besuchen sie mal eine „Roadshow“ bei Richard Bartlett. Vorausgesetzt die 395 Euro finden bei Ihnen keine bessere Verwendung. Seine Matrix-Workshops und „Erlebnis-Abende“ [233] erinnern an das Animationsprogramm vom letzten Urlaub. Und, da können Sie sicher sein, das liegt gewiss nicht nur an Bartletts Hawaiihemd. Denn immerhin lassen uns seine Show-Acts wortwörtlich „die Welle erleben“ [234] und beinhalten somit immer auch dieses typische Do-it-yourself-Element. „Ca. 40 % des Seminars wird in kleinen Praxisgruppen direkt geübt“[59], versichert die deutsche Website. Werde also selbst zum Matrix-Heiler und tue Dienst an deinem Nächsten und Übernächsten. Bartlett macht es vor, die Teilnehmer applaudieren, machen es nach und wollen selbst wieder Bewunderung ernten.

Esoterisches Who is Who – Richard Bartlett und „Matrix Energetics®“

Richard Bartlett stammt aus San Diego und ist Chiropraktiker und Osteopath. Seit 1997 vermarktet er seine Methode „Matrix Energetics®“ unter einem geschützten Markennamen. Laut eigener Darstellung folgte Bartlett dabei einer Art spirituellen Vision. Er entdeckte zufällig seine Gabe, mit simplen Berührungen gebrochene Knochen heilen und chronische Schmerzen beseitigen zu können. Nebenbei dient seine Technik auch dazu, ganze Leben zu transformieren. Als besonders erstaunlich schildert er seine Entdeckung, dass er fähig war, sein Können via Wochenendseminar auf andere Menschen zu übertragen, insbesondere auch auf Laien.

„Matrix Energetics®" umfasst auch Fernheilungen und eine 2-Punkt-Methode, bei der Klienten bühnenwirksam umfallen. Eine Praktik, die sehr an Sekten, Prediger und Hypnoseshows erinnert. Der Wirknachweis von „Matrix Energetics®" stützt sich jedoch nach wie vor nur auf anekdotische, nicht nachprüfbare Beschreibungen im Internet. Bartlett selbst beruft sich auf feinstoffliche Energien, Quantenphysik und die Kraft aktiver Imagination. „Wunder geschehen jeden Tag", so sein Motto. Mediale Unterstützung erhält er unter anderem von Bestsellerautorin und TV-Produzentin Rhonda Byrne („The Secret"), welche Bartlett als „unschätzbares Geschenk für diese Welt" bezeichnet.

Dass die Weitergabe dieser mystischen Heilkraft nicht ganz ohne juridische Auseinandersetzungen vonstatten geht, beweisen Zivilprozesse zwischen verschiedenen Matrix-Anbietern, die nach demselben Schema oftmals ihr eigenes Label gründen.

Produkte: Seminare, Workshops, Zertifikate, DVDs, Matrix-Schmuck, Bücher ...
Unternehmen: Matrix Energetics International Inc., Lynwood/Washington
Web: http://www.matrixenergetics.com
Quellen: [235] [236]

„Matrix Energetics®" und Co. fordern stets auf zum Mitmachen. „Du kannst es selbst", lautet die Message, „also tu es selbst" die indirekte Order. Wie seine Branchenkollegen spielt auch Bartlett die Altruismuskarte. Er handelt vorderhand uneigennützig, denn er holt schon nach kurzer Zeit seine Besucher selbst auf die Bühne und macht seine User gleichsam zu Heilkünstlern. Und so wird das schöpferische Potenzial gewissermaßen an die Teilnehmer weitergereicht. Dass bei „Matrix Energetics®" auch stets so etwas wie Handauflegen mit im Spiel ist, rundet das kultische Bild zusätzlich ab. Bartlett konfirmiert die Gefolgschaft gewissermaßen zu eingeweihten Priestern. Ihr Dasein füllt sich mit diesem gewissen Auftrag: „Geh hinaus und heile die Welt." Mit spirituellem Prestige bekleckert hängen sie von diesem Zeitpunkt an in Richard Bartletts Matrix-Netzwerk.

info

Energetische Netzwerker laden ihre User ein, an ihrem Raffinement teilzuhaben. Sie geben sich vorderhand uneigennützig und übertragen ihre Energie bereitwillig an ihre Gefolgschaft. Diese verspürt fortan ein Gefühl von Verpflichtung und Verantwortung und bemüht sich, weitere Käufer zu involvieren.

Der Flächenbrand

Auf den folgenden Seiten werden wir uns ansehen, wie die esoterische Geldmaschinerie den Umsatz endgültig in die nächste Dimension katapultiert. Die Welle schwappt über, das Epidemische nimmt seinen Lauf.

Geheimwissen für jedermann – soziale Wirklichkeit

„Take Your Practitioner Certification to the Next Level! Become an Official Matrix Energetics Study Group Leader!"
www.matrixenergetics.com [237]

Wie sich dieser Schritt ins „Next Level" gelebter Vertriebspraxis manifestiert, lehrt uns abermals ein allzeit gut gelaunter Richard Bartlett. Denn es ist die Weiterreichung der neu gefundenen energetischen Heilkraft durch die User selbst. Sie vor allem bringt dieses ganz besondere, hoch ästhetische Feeling in die Sphären spiritueller Vervollkommnung. Der User wird dabei selbst zum Leiter einer Matrix-Studiengruppe oder etabliert sich kurzerhand als weiteres Channelmedium innerhalb seiner Engelsschule. Befördert zum energetischen Instruktor dient nun auch er als spirituelle Führungsfigur. Glanz, Raffinesse und diese prickelnde Atmosphäre von Ganzwerdung werden so in Umlauf gebracht. In Rosenheim formuliert man es sehr prägnant:

„Und wenn die Flamme mal lodert und brennt, so wirf diese Flamme nach außen, damit sich die Flammen aller Menschen entzünden können".
Kryonschule, Schritt 1 [87]

Die Szenerie innerhalb esoterischer Heilerzirkel erinnert an einen Fackelzug: Mit dem Feuer seiner eigenen Begeisterung entzündet man als „Matrix Practitioner" die Lunte des Gegenübers. Dieses bestätigt mit seinem Entflammen wiederum meine eigene Erleuchtung. Das Feuer greift wie ein Flächenbrand um sich. Und je mehr sich in diesen Lichtertanz mit einklinken, desto eher wird der eigene transformative Prozess zur Prozession von Tausenden. Die

Marschtrommel rattert wieder. Entschlossen trägt die Community Bartletts Message nach außen!

Dieselbe Vertriebslogik in anderer Verpackung findet sich querbeet durch die gesamte Szene. Ob nun Reiki-Meistergrade, Matrix-Energetics®-Lizenzen oder eine Ausbildung zum *„LotusLove" Healer* [238] bei Patricia St. Clair: Allen gemein ist der Zuwachs an Wirkmacht mit jedem neuen Abnehmer. Und das wiederum nicht nur für den User, sondern auch für die ganze Community. Denn erst die Infektion immer neuer Mitwirkender macht den Zauber, macht das scheinbar Wirksame zur sozialen Wirklichkeit. „Mit Oneness Deeksah in die Kraft der Einheit erwachen" [239].

Unterstrichen wird der eingeschlagene Kreislauf noch zusätzlich durch die damit einhergehende Warenzirkulation. Dr. Bartlett macht's wieder vor. DVDs, Bücher, „Matrix Energetics Earrings" und allerhand „Jewelry" [240] stehen mehr als nur symbolisch für die Verbundenheit der Konsumierenden innerhalb seiner Matrix. Wir sprechen hier erneut von der kultischen Kraft des Irrationalen. Je zahlreicher die Menschen Geld und Verstand den Flammen der Unvernunft opfern, desto weiter reicht der Schein des Feuers, umso erhabener dieses Gefühl von Harmonie. Eine Matrix verbindet eben nicht nur, sie ist auch ansteckend.

info

Modernes Eso-Marketing setzt auf die Weitergabe des Kultischen durch die User. Diese verwickeln sich in ein Begeisterungsnetzwerk und schaukeln so ihr verzücktes Befinden interaktiv hoch. Je mehr Mitspieler rekrutiert werden, desto eher wird die Matrix der Insider zur gelebten sozialen Wirklichkeit.

Vom Prozess zur Prozession – der kollektive Traum

Als ein nennenswerter Wegbereiter neuesoterischer Netzwerk-Kosmologien gilt zweifelsohne Gregg Braden. Sein Konzept der „göttlichen Matrix" [241] stammt in seinen Ursprüngen von den Hopi-Indianern und ihrer Vorstellung eines die ganze Welt umspannenden Spinnennetzes, das alles mit allem verknüpft[60]. Die Zunahme an Veröffentlichungen zum Thema Matrix-Reimprinting über Matrix-Wunscherfüllung bis hin zu Matrix-Illumination[61] spricht für die Beliebtheit von Bradens Vorlage. Netzwerken ist populärer denn je, klebrige Gedankengebäude sind in. Die Esoterik 2.0 schlägt hier einen ähnlichen Kurs ein wie moderner Social-Media-Aktivismus: Dabei zählt für die meisten der Involvierten weniger der Inhalt als vielmehr das Angeschlossensein per se. Schon das Treiben an sich erzeugt ein neues Befinden, wandelt den passiven Konsumenten in Bradens Worten zum „machtvollen Schöpfer" und fungiert, so wörtlich, „als Bindeglied zwischen Imagination und Wirklichkeit" [242]. Ein Gefühl von Einheit und Getragenwerden ist das Ergebnis.

„Wer mit Matrix-Energetics® in Berührung kommt, ist fasziniert und geht unmittelbar in Resonanz mit dieser befreienden Energie. Viele spüren eine Energiewelle, die wie aus dem Nichts kommt [...] die Energiewelle wirkt. Ihr Leben bekommt wieder einen Sinn und erscheint in neuem Glanz."

www.matrix-energetics.net, „Die Welle" [234]

Man bedenke dabei das Rauschhafte im Zuge herkömmlicher Revolutionen. Im ersten Frühling fühlen sich alle wie magisch miteinander verbunden. „In Resonanz mit dieser befreienden Energie" erwacht folglich auch in Matrix-Netzwerken dieses spezielle Herdengefühl. Herkunft und Unterschiede versinken im Freudentaumel rund um die Errichtung einer neuen Gesellschaft. Die soziale Wirklichkeit formt sich zu einem kollektiven Traum. Doch wie das eben bei Träumen so ist: Irgendwann droht das Erwachen und damit verbunden der Aufprall am harten Boden der Realität.
Im Bemühen, dieser Konfrontation zu entgehen, soll die Inszenierung fortwährender missionarischer Akquise nun immer weitere unverbrauchte Brennstäbe – also neue begeisterte Gläubige – herbeischaffen. Der individuelle Prozess wird so zur kollektiven Prozession. War es früher vielleicht noch der Zeuge Jehovas vor meiner Haustüre, so treffen wir jetzt auf den Matrix-Heiler beim Sonntagsbrunch. Beide bekehren, beide vermitteln Esprit. Beide machen ihren Mitmenschen zu einem bloßen Glied in einem größeren Ganzen. Wenn also, wie Norbert Bolz betont, „Kommunikation vermehrt Inhalte ersetzt", ersetzt die Prozession erfolgreich die Wahrheit.

info

Esoterische Heilsverbände und ihre magischen Weltbilder entführen ihre User in eine kollektiv imaginierte Traumwelt. Damit der Begeisterungslevel innerhalb der Gruppe nie abreißt, müssen ständig neue, frisch motivierte Mitspieler angeworben werden.

Mission accomplished – die virale Verbreitung

Und so entfaltet dieses virale Marketing seine ganze Durchschlagskraft. Der Bovist wirft seine Sporen aus und diese verteilen sich über das ganze Land. Bei alledem kennen Licht und Liebe bekanntlich keine Grenzen. Esoterische Vertriebe gegenwärtiger Provenienz bestechen durch ihren Hang zum Internationalen.

Hier einige Beispiele:

- Ingrid Auers (Lichtpunkt)-„Netzwerk“ über Österreich, Schweiz, Deutschland, Spanien, Tschechien, Japan und die Niederlande [243]
- Matrix Energetics – „Local Study Groups“ von Arizona bis Washington über Kanada, Hawaii und Australien bis nach Deutschland und Österreich [244]
- „Saintclair-Trainer, Lotuslove-Trainer, DNS-Heiler, Aufrichtungsheiler“ in Deutschland, Österreich, Schweiz, Spanien und den USA [245]
- Kryonschule Rosenheim, Kryonschule Berlin, Kryonschule Bali, Escuela Kryon in Spanien, Kryonschulen quer durch Österreich (Voitsberg, Krems, Neunkirchen, Raglitz, Traun, Bad Erlach, Wien, Salzburg, Graz, Wiener Neustadt, Zwentendorf), Kryonschule auf Russisch, Englisch und Spanisch, Kryon Teachings in Südafrika, USA ...

Vom Kult zum Kulturkreis

Multipliziert über all ihre verschiedenen Zweigstellen etablieren Aufstiegsschulen so ein energiegeladenes Bewusstseinsnetzwerk quer durch die Lande. Wenn wir zusätzlich bedenken, dass die hier vertriebenen Liturgien und kultischen Massenzeremonielle ebenfalls nicht unbeträchtliche Vervielfältigung erfahren, lässt sich erahnen, welches Faszinosum dieses esoterische Peer-to-Peer-Geflecht auf die Mitwirkenden ausübt. Wo man hinschaut, überall die gleichen Riten, immer wieder dieselben Sprays, Kristalle und Kulthandlungen. Die Wiederverzauberung des Daseins, wie sie von Kryon und Co. so flächendeckend unter die Leute gebracht wird, verstrickt alle eingebundenen Protagonisten wie magisch miteinander.

„Goldenblau ist mein Licht, Kryon ich singe für Dich!" Der Company-Song verdeutlicht nur zusätzlich, worum es hier geht. Die Vernetzung vieler kleiner Subkulturen zu einem großen innerweltlichen und irgendwie blaublütigen Kulturkreis. Oder aus der Soulcraft-Perspektive: Viele kleine Gilden, alle spielen dasselbe Spiel, kein Avatar ohne Quest, ein jeder bleibt online, niemand verlässt den virtuellen Raum.

Multikulti-Monokultur

> *„So sind es die feinen und sanften Töne, die Töne, die die Seele bereichern und den Lichtkörper zu Schwingen bringen. (...) Achte in der nächsten Zeit auf die Farben, die dich umgeben, mit welchen du dich kleidest."*
>
> Kryonschule, Schritt 21 [87]

Abschließend wollen wir noch einmal einen Blick auf die so entstehende spirituelle Landschaft werfen. Denn es ist keine neue Vielfalt, die uns der metaphysische Zirkus da bereitet. Den Grund dafür haben wir bereits in Schritt 7 angesprochen: *„Vormachen* und Nachleben" – dieses Prinzip beherrscht auch sämtliche Spielarten des Multi-Level-Marketings, ganz besonders dessen spirituelle Pendants. Wie mit Jana Haas bereits vorweggenommen, sollte jeder Hauptdarsteller innerhalb derartiger Vervielfältigungsmaschinerien vor allem eines versinnbildlichen: die Einfachheit in Person. Denn nur so erhält der Zugang zum Göttlichen diese so umsatzentscheidende Demokratisierung: „Wenn er/sie erleuchtet ist, dann schaffe ich das auch!"

Das zugrunde liegende Businessmodell ist vielleicht simpel, aber dafür effizient: Spiritualität aus der Retorte für Gurus en masse. Die so installierten Guerilla-Aktivisten waren noch nie so zahlreich, doch jeder von ihnen wirkt wie eine Kopie einer Kopie einer Kopie. Die Werbeauftritte zahlloser Bewusstseins- und Heilerzirkel sprechen allesamt dieselbe monotone, aber umso harmonischere Sprache. Spiritualität mutiert zur Multikulti-Monokultur.

info

Im Bestreben, ihre subjektiven Hochgefühle zur kollektiven Realität auszudehnen, sorgen spirituelle Kult-Anhänger für eine virale Verbreitung ihrer Lehre.
Das Prinzip der Imitation erfährt dadurch unendliche Multiplikation. Die hieraus erwachsende spirituelle Szene besticht durch ihre kunterbunte Monotonie.

Abseits aller Nächstenliebe – die Katze im Sack

Licht und Liebe für alle. So ungefähr könnte man das eben Beschriebene zusammenfassen. Dabei dient die zuvor besprochene Motivation aus Nächstenliebe nur als Rechtfertigungsstrategie für esoterisch Vernetzte. Viel interessanter wird's, wenn wir diesen Deckmantel des Edelmütigen ein wenig lüften.

Bottom-up

Eine alte Weisheit lautet: „Wenn Du etwas selbst nicht verstehst, dann unterrichte andere darin." Wir sind also wieder beim Zweifel angelangt. Schließlich verlangt gerade das Misstrauen am ganzen Getriebe nach psychischer Abwehr und folglich nach immer neuen Gefolgsleuten. Denn diese sollen nun, wie bereits in Schritt 5 angedeutet, mithelfen, die frisch geweihten „Practitioner, Meister und Goldenen Priester" in ihrem schönen neuen Selbstbild zu bestätigen. Die eigenen Schüler dienen so als spiritueller Unterbau für das Luftschloss ihres Lehrers. Dieses Lebendgerüst soll das feinstoffliche Kartenhaus vor jedem Einsturz bewahren. Wir sprechen hier also von einer Art „Bottom-up-Spiritualität". Eben weil ihm schon so viele Jünger folgen, kann sein Weg in die Transzendenz nur der richtige sein. Je mehr Gefolge man hinter oder besser unter sich hat, umso mehr Ansporn bei der eigenen Himmelfahrt, desto unausweichlicher bleibt man dran.

Geteiltes Leid ist halbes Leid

Vordergründig verstehen sich esoterische Wiederverkäufer als Vorhut für das Wahre, Gute und Schöne. Doch hinter den Kulissen wirkt es eher so, als würden diese Guerilla-Gurus sich heimlich ihrer eigenen quälenden Unruhe entledigen. Ohne sich wirklich ihrer verdrängten Bedenken gewahr zu sein, verkaufen sie die sprichwörtliche Katze im Sack. Das heiße Eisen des Unglaubens wird so einfach an die Nachfolgenden weitergereicht. Denn nicht nur die expliziten Lehrinhalte werden den Neuen mit auf den astralen Trip gegeben, sondern vor allem das, worüber *nicht* gesprochen wird.
Sozialwissenschaftler kennen diesbezüglich den Ausdruck der „Transgenerationalen Weitergabe" [80]. Innere Konflikte und psychische Dissoziationen werden von einer Generation auf die nächste vererbt. Umgelegt auf unser esoterisches Kopierwerk würde das Folgendes bedeuten: Mit der systemimmanenten Imitationsmaschinerie wird vor allem eines mitvererbt – die Spannung zwischen Utopie und Realität und mit ihr alle Selbsttäuschungen sowie die Qualspirale im Kopf. Die User vertreiben also ihren eigenen Zweifel, und das in doppeltem Wortsinn. Und da die Letzten bekanntlich die Hunde beißen, sucht sich jeder der innerlich Zerrissenen seinerseits nun weitere Azubis, auf die er wiederum seine eigene Unreife projizieren kann. Die Freiheit der anderen ist dem Gefangenen bekanntlich unerträglich.
Und nicht zu vergessen: Die Formel „Geteiltes Leid ist halbes Leid" macht auch den finanziellen Irrsinn weitaus erträglicher. Zu viel Kohle wurde für die eigene spirituelle Karriere schon verbrannt. Derlei Irrationales sucht nach Legitimation durch weitere Verbrechen an der Vernunft. Wohl deshalb trifft sich mitten in Rosenheim regelmäßig die sogenannte „Gruppe der Tat"[62] – „offener Lichtarbeiterabend mit Channelings" [246]. Schließlich sollen die besagten

Flammen auch zukünftig lodern. Man rekrutiert gewissermaßen „Mit-Täter".

info

Um ihren eigenen Zweifel zu vergessen, versammeln Guerilla-Gurus immer neue Anhänger um sich. Die Jünger wollen ihrerseits genauso wie ihre Vorbilder sein, saugen deren Spaltbild in sich auf und werden so wiederum unbewusst zum Träger des Zweifels. Derart selbst in Zwietracht, suchen auch sie sich neue Lehrlinge, die wiederum ihr eigenes Image als Guru stabilisieren.

Spiegelkabinett

Verbinden wir den eben beschriebenen Pyramidenbau nun mit dem in Schritt 2 inszenierten künstlichen Starrummel rund um spirituell Berufene, erahnen wir, worauf ein guter Teil der Bannkraft esoterischer Netzwerksysteme basiert. Entpuppen sich doch lichtvolle Communitys als ideale Spielwiesen gegenseitiger Selbstbespiegelung. Dabei geht es immerzu darum, sich an der im anderen hervorgerufenen Begeisterung wiederum selbst zu begeistern und so sein eigenes Image aufzupolieren.

Ob nun als „Erfolgreich Wünschen Coach©" [247] beim Schauspielerehepaar Michaela Merten und Pierre Franckh oder als Gruppenleiter für Matrix-Heilung, das Konzept ist da wie dort das Gleiche. Die Hamburger Expertin für Kultgefahren Ursula Caberta findet klare Worte: „Das Ganze erinnert schon stark an Sektenstrukturen, weil es eben aufgebaut ist wie ein Strukturvertrieb." [248] Doch sollten wir dem hinzufügen, dass hier nicht unbedingt Geld, sondern vor allem Identitäten gehandelt werden. Lichtkinder rekrutieren Lichtkinder ohne Ende. Lob und Anerkennung fließen in Strömen. Aus bloßen Wünschen wird so etwas wie Wahrheit – „Multi Level Magic".

info

Provoziert durch die Logik des spirituellen Vertriebswesens bekräftigen sich Lehrer und Schüler beständig in ihrem Tun. In diesem Spiegelkabinett wird aus purer Phantasie so etwas wie Wahrheit.

SCHRITT 9

Leben in der Raumkapsel

Gefangen im New cAge

„Du wirst auf diesem Planeten in der Wirklichkeit leben."
Kryonschule, Schritt 6 [87]

Haben wir eben noch besprochen, wie gegenseitige Selbstbespiegelungen das gemeinsame Wünschen zu einer eigenartigen Sphäre voll kollektiv geteilter Wahrheiten erheben, beschreibt der folgende Schritt, wie aus diesem zirkulären Getriebe eine hermetisch abgeriegelte Wirklichkeitsblase entsteht. Losgelöst von allem Irdischen wird das Himmelsfahrzeug so zur unentrinnbaren Festung, die Falle schnappt endgültig zu. Doch bevor diese vermeintlich geschützte Werkstätte irreversibel zu einer geschlossenen Anstalt mutiert, unternehmen esoterische Dramaturgen vieles, um auch die letzten Widerstände in ihren Usern mundtot zu machen. Dabei versprechen ihre gechannelten Lichtwesen genau das, was alle großen Führer unentwegt beteuern: „Alles wird gut."

Alles wird gut

„Wo Widerstände sich auftun, dort sind die größten Geschenke."
Kryonschule, Schritt 12 [87]

Spirituellen Aufsteigern wird gerne mal schwindlig. Die unerreichbaren Ideale, die unzähligen Unstimmigkeiten, der verdrängte Zweifel, die vielen neuen Geister, Dämonen und Energien und nicht zuletzt die Ebbe im Geldbeutel bringen ihre Köpfe ganz schön zum Rauchen. Schließlich wollen sie sich zu jemandem anderen transformieren, als sie es bisher waren. Lichtbaden, Rekalibrieren und Aurasäubern: Dass die unaufhörliche Arbeit an sich selbst einen psychologischen und ökonomischen Fußabdruck hinterlässt, verwundert wohl niemanden. Natürlich könnte der Aspirant nun daran gehen, die damit verbundenen Begleiterscheinungen mit Kombiessenz „Somiel" für „irrationale, plötzlich auftretende Ängste" [119] einfach wegzusprühen. Aber warum nur den kleinen Finger nehmen, wenn man genauso die ganze Hand kriegt?

Burn-in-Syndrom – die Sakralisierung des Pathologischen

„Engelsymbol No. 1 – Engel Graviel:
Mut – Kraft – Ausdauer – Erdung – Burn-out" [119]

Genau an diesem Punkt intervenieren spirituelle Drehbuchschreiber mit einem besonders gewieften Schachzug: Sie drehen den Spieß einfach um. Denn all die Anzeichen von Ausgebranntheit, psychischem Kollaps und Depersonalisation markieren keine unerwünschten Nebenwirkungen, nein, genau diese gehören zu den erwünschten Symptomen spiritueller Lichtwerdung! Der beginnende Niedergang wird somit zur Bestätigung, dass die Lichtkrieger auf der richtigen Route marschieren. Wir haben doch vorhin noch von Branding gesprochen: Demgemäß leiden die Himmelstürmer nun nicht unter einem Burn-out, sondern vielmehr an einem „spirituellen Burn-in-Syndrom". Wenn sich also die ersten schlaflosen Nächte, Niedergeschlagenheit und Panikattacken einstellen, werden die User noch nachhaltiger zum Weitermachen animiert.

Workaholics, da wie dort

Old Age

Nach Meinung der Hamburger Psychotherapeutin Helen Heinemann resultiert das Burn-out-Problem weniger aus der Menge oder der Art der Arbeit, als vielmehr aus der Identifikation mit der jeweiligen Tätigkeit. „Ich leiste, also bin ich. Und wenn ich nicht mehr leiste, dann bin ich auch nichts." Die Expertin spricht von einem „vertrackten Teufelskreis", der den Überengagierten dazu zwingt, immer mehr zu leisten, um seine Identität zu stärken. Als wesentlicher Faktor wirkt dabei der Wunsch nach Zugehörigkeit. Eine gut gemeinte Auszeit sei genau deshalb die falsche Therapie, da sie genau diese Partizipation unterbindet.

New Age

In esoterischen Bewusstseinsschmieden gilt die vollständige Verschmelzung mit der virtuellen Spielfigur als zentrales Ziel. Der Beruf der Neuen Zeit wird dabei zur göttlichen Berufung. Über die Eigendefinition als „Lichtarbeiter" nimmt sich der Betroffene jede geistige Flexibilität. Absorbiert von seiner neuen Rolle und vereinnahmt von seinem höheren Auftrag erschöpft er sich mehr und mehr an seiner unerfüllbaren Aufgabe. Der Involvierte muss permanent dran bleiben und seine Spiritualität weiter vervollkommnen, denn hierdurch generiert er Anschluss an seine Community. Quelle: [249]

Woher sie das haben? Ein Besuch im Buchladen genügt. Schließlich verkaufen gerade wieder diese Lichtkörper-Ratgeber äußerst bedenkliche Begleiterscheinungen als sogenannte „Transformationssymptome" [73]. Jene entstünden durch die „chirurgischen Eingriffe" des „intergalaktischen OP-Teams". Und wenn sich erst mal die alten Freunde kopfschüttelnd abwenden, dann sei das nur umso mehr ein Beweis für die eigene Frequenzerhöhung. Denn die „Gesetze der Resonanz (...) wirken sich nun immer offensichtlicher im Leben des mutierenden Menschen aus", bestätigt die publizierende Fachfrau [73]. Vermutlich ist es genau das, was Reindjen Anselmis Werk „Der Lichtkörper, ein Überblick über den globalen Transmutations-Prozess"[63] bereits die 9. Auflage beschert hat: die Umdeutung psychosozialen Verfalls zu einem Geschenk göttlicher Gnade und damit einhergehend eine perfide Sakralisierung des Pathologischen.

Ein Einwand vorweg

„Für viele, die teilweise seit Jahren an unerklärlichen Symptomen (körperlich, geistig oder seelisch) leiden, kommt beim Lesen dieses Buches der große ‚AHA-Effekt', so vieles lässt sich plötzlich in neuem Licht sehen, es erhält dadurch seinen Bezug als natürliches, wenn auch nicht notwendiges Symptom der Wandlung." [73]

Das Buchcover spricht Bände. Impft doch derartige Lektüre ihren Leser über genau jene Masche, die gerissene Manipulatoren als Einwand-Vorweg-Behandlung[64] bezeichnen: Ob „chronische Müdigkeit", „grippale Symptome", „Nachtschwitzen", „geistige Verwirrung", „Benommenheit", „Reizbarkeit", „Depression" oder „inneres Stimmenhören"(!), all diese Erscheinungsformen werden bei Anselmi zu Kennzeichen der neuen „Lichtkörper-Struktur". Sie propagiert die „12 Stufen" auf dem „Weg vom dichten zum lichten Körper" und nimmt so eine ganze Bandbreite psychosomatischer, sozialer und natürlich auch ökonomischer „Veränderungen" bereits vorweg [73]. Dieses für die Branche so übliche Raffinement beweist auch das Channelmedium Barbara Bessen. Spricht sie doch wörtlich von einer sogenannten „Erstverschlimmerung", bevor die Heilung eintritt [79]. Das Ganze klingt zweifelsohne nach einer Art prophylaktischer Schutzimpfung: Denn jedwede Anzeichen beginnender geistiger Umnachtung sind nunmehr kein Grund zur Besorgnis, ganz im Gegenteil: Sie liefern nun ein zusätzliches Gutachten für die Auserwähltheit der liebestrunkenen Avantgarde. Es ist wie bei Manuel. Sogar die monetäre Durstrecke erweckt nun keine Bedenken mehr. Gerade in finanziellen Fragen gilt es nämlich, Vertrauen in die höhere Seelenführung zu bekunden. Und so wird die Leere im Geldbeutel zum ultimativen Test spiritueller Entschlossenheit. Lichtkörperstufe 9, gibt Aufschluss:

„Diese Phase kann gegebenenfalls als besonders schwierig empfunden werden. Die Seele bestimmt nun alles (...) die Menge des Geldes, die uns zur Verfügung steht, wie sich unsere privaten und beruflichen Angelegenheiten entwickeln und dergleichen mehr. Wir gehen nun die letzten Schritte durch das Tor des Erwachens." [73]

Wer derlei Taktik zielstrebig zur Anwendung bringt, schafft nicht nur eine Gemeinschaft von Unbeirrbaren. Jedes Auftreten von Störungen und Gegenargumenten aller Art führt fortan zum oben zitierten „Aha-Effekt". Denn man hatte eben genau den Jobverlust, die Depression oder die Scheidung vorausgesagt. Haben wir eben noch von perfid gesprochen, dann wäre niederträchtig hier der angemessenere Ausdruck. Ganz gleichgültig also, durch welche Hölle die User gehen: Es wird nicht nur alles gut. Vielmehr wird alles immer noch besser, vor allem für den Spielleiter.

info

Verkäufer von Aufstiegskursen deuten den sozialen, ökonomischen und psychischen Niedergang ihrer Schützlinge geschickt um und vermarkten dessen Auswüchse als sichere Anzeichen spiritueller Lichtwerdung. Mit der Vorankündigung sogenannter „Transformationssymptome" führt jedes Eintreten einer psychosozialen oder monetären Malaise zu einem Aha-Effekt beim Aufsteiger. Sie bestärkt den Getäuschten noch zusätzlich auf seinem Irrweg.

Lichtwerdung oder Ich-Störung? Entscheiden Sie selbst

Lichtkörpersymptome, Mahatma-Prozess	**Depersonalisation, Derealisation**
Verbindungen zu anderen Menschen werden „überpersönlich"; emotionale Blockaden werden „ausvibriert"; „kühle" Neutralität	Emotionale Taubheit; Menschen, Situationen und Objekte lassen den Betroffenen kalt; eigene Gefühle werden flach und unwirklich
Der eigene Körper kann dünner oder dicker empfunden werden; Gefühl von Dematerialisierung	Veränderung des Körpererlebens (leichter/schwerer, größer/kleiner); Gefühl der Körperlosigkeit
Verschwommenes Sehen, Sehstörungen; Schwindelanfälle; Gefühl von Teleportation	Veränderung der visuellen Wahrnehmung; alles wird irgendwie „von weit entfernt", wie in einem Film oder von außerhalb des eigenen Körpers wahrgenommen.
Gefühl, eine sog. „Walk-in-Seele" zu sein; man realisiert, dass man ein göttliches Instrument ist; sich umsessen oder besessen fühlen; Gefühl von telepathischen Einmischungen und Fremdsuggestionen; Gefühl, gelenkt zu werden	Gefühl der Automaten- oder Roboterhaftigkeit der eigenen Bewegungen oder mentalen Prozesse sowie von Menschen und Objekten in der Umgebung; man hat z. B. nicht das Gefühl, seine Hand zu bewegen, sondern empfindet, dass die Hand - wie ferngesteuert - „sich bewegt".
Gefühl, unter Alzheimer zu leiden, Erinnerungsverlust; langsames intellektuelles Tempo; Gefühl von Identitätsverlust	Veränderung von Gedächtnisprozessen, Erinnerungen verblassen; nur fragmentarische und zusammenhangslose Abspeicherung von Gedächtnisinhalten
Hörstürze; inneres Stimmenhören; man spürt alle unharmonischen Energien im Umfeld; taubes Gefühl; Säure- und Zuckerempfindlichkeit; Auflösung der Raum-Zeit-Struktur	Störungen der auditiven und taktilen Wahrnehmung, des Geschmacks- und Zeitempfindens
Der Verstand beginnt sich zu fragen was los ist; Aufkeimen von Rest-Existenzängsten	Erhöhte Selbstbeobachtung; Angst, verrückt zu werden oder für verrückt gehalten zu werden
Sich benebelt fühlen; alte Bilder der Wirklichkeit gehen verloren; man empfindet sich als multidimensionales Selbst; die Umwelt flimmert; „Wattiges Gefühl im Gesicht"	Gefühl, nicht richtig hier zu sein; Gefühl von Unwirklichkeit, die Umgebung wird wie eine Theaterbühne wahrgenommen; die Umwelt wird „wie in Watte gepackt" erlebt.

Quellen: [73] [250]

Märtyrer

Dass der steinige Weg spiritueller Entwicklung dem Diktum einer göttlichen Vorsehung folgt, daran lassen die Dramaturgen im Hintergrund also keinerlei Zweifel. Entspricht doch der bisherige Werdegang der User ziemlich genau dem in Schritt 2 besprochenen Heldenmythos. Nur wer sich Schicht für Schicht von seinem alten Leben befreit, erntet die Glückseligkeit spiritueller Vervollkommnung. Eine etwas härtere Gangart legen die Regieführenden bei Azubis fortgeschrittenen Stadiums an den Tag. Was mit dem Heros begann, findet schließlich seine Fortsetzung im Skript des Märtyrers:

„Mache dir bewusst, welchen Weg Jesus gegangen ist, welche Bürden und Verspottungen er auf sich genommen hat, und welch großer Verrat, von seiner eigenen Familie, stattgefunden hat."

Kryonschule, Schritt 10 [87]

Dabei wird die Zielrichtung für alles noch Kommende geschickt vorgegeben. Der Auserwählte rechnet schon mit dem großen Verrat. Denn dieser macht ihn selbst zum Heiland, zum Märtyrer. Die Art und Weise, wie sich nun manche dieser Voraussagungen manifestieren, liegt wieder in der Hand des Users selbst. Man kann also davon ausgehen, dass ambitionierte Lichtarbeiter beim einen oder anderen negativen Aufstiegssymptom selbst ein wenig nachhelfen. Vielleicht inszenieren sie so manche Erscheinungsform auch gänzlich selbst. Gelten doch die physiologischen, psychischen und sozialen Einbußen als sichere Insignien der nahenden Lichtwerdung. So gesehen erhielten vor allem die materiellen und sozialen Opfer den Charakter einer bereitwilligen Selbst-Stigmatisierung.
Dieses Beigeschmacks konnten wir uns auch bei Manuel nicht erwehren. Den „großen Verrat" seines bisherigen Umfeldes schon antizipierend, schien es gerade so, als wünschte er sich diesen regelrecht herbei, sozusagen als weiteren sicheren Beleg für die zunehmende Führung durch seine Seelenebene. Und was das Umfeld nicht besorgte, nahmen Manuel und Manuela schließlich selbst in die Hand. Ihr Umzug und der totale Bruch mit dem alten Freundeskreis vermittelten den Eindruck einer wahrhaft sich selbsterfüllenden Prophezeiung.

Kadavergehorsam bis in den Tod

Dass insbesondere Anhänger von Endzeit-Sekten unbewusst an der Erfüllung vermeintlicher Prophezeiungen mitarbeiten, ist ein bekanntes Phänomen. Als tragisches Beispiel einer schicksalhaften Verpflichtung gegenüber dem eigenen Glauben erweisen sich abermals die Mitglieder der „Heaven's-Gate-Sekte". Nachdem die Anhänger für ihr Bekenntnis alles geopfert hatten (Familie, Freunde, Beruf, Geld, Besitz), konnten sie schlichtweg nicht mehr zurück. In der festen Überzeugung, sich in eine höhere Existenzform zu begeben, ließen sie schlussendlich ihre „irdischen Hüllen" fallen. Im Massensuizid führten sie somit den propagierten Dimensionswechsel selbst herbei. Ihr zentraler Lebensinhalt, die Prophezeiung, musste Wirklichkeit werden, denn nur so konnten sie ihre bisherigen Entbehrungen rechtfertigen.
Quelle: [251]

info

Zusätzliches Pflichtgefühl generieren spirituelle Aufsteiger durch die Aktivierung des Märtyrerskriptes. Im Streben nach eigener Heiligung gleichen die damit verbundenen Entbehrungen einer uneingestandenen Selbst-Stigmatisierung.

Durchhalteparolen

„Du bist eine Lichtarbeiterin, sei stark und mutig und vergiss nicht, dass wir Dich lieben."
Aus „Der Lichtkörper" [73]

Damit der Spannungsbogen bei den Usern niemals abreißt, werden diese unentwegt mit motivierenden Newslettern aus der geistigen Welt versorgt. Ob nun als „Angel Call Reports" [226] bei Patricia Saint Clair oder via „LIVE-Channeling mit Energieübertragung" [252] durch Christina Soraia und Roland Eno'ah. Jeden Dienstag pünktlich um 21 Uhr wird der User an seine Bestimmung erinnert. Dabei erweist es sich überdies als hochwirksam, ihm seine, damals eigenständig getroffene Absichtserklärung unentwegt ins Gewissen zu rufen:

„Es ist Zeit, dich daran zu erinnern und dir immer wieder ins Bewusstsein zu rufen:
Du selbst hast ‚Ja' gesagt, zu der Aktivierung deines Lichtkörpers (...)

Gib Mutter Erde deshalb etwas von dem zurück, was du bekommen hast."

Kryonschule, Schritt 15 [87]

Immer und immer wieder gemahnt ihn das streng geheime Skriptum an sein ursprüngliches Ja-Wort zu diesem ewigen Bund. „Ich habe es selbst so gewollt", erschallt es im Hinterkopf, „also gehe ich diesen Weg auch zu Ende." Mit wehenden Fahnen ergeben sich die Manipulierten ihrem Schicksal.

info

Sein einmal getroffenes Ja-Wort wird im User permanent neu aufgewärmt. Angesichts seiner eigenen Absichtserklärung entwickelt er einen unbedingten Gehorsam.

Von paranormal zu paranoid

Die letzten Ausführungen zeigten schon: Je weiter spirituell Ambitionierte auf ihrem Erlösungsweg voranschreiten, desto weniger können sie mit der alten Welt anfangen. Esoterische Kaderschmieden nutzen das und forcieren den Glauben an allerlei drohende Einflüsse von außen. Die Installation wirkmächtiger Feindbilder tut dazu ihr Übriges.

Überall lauert der Feind

„Energie-Vampire: die Kraftträuber unter uns"
Zeitschrift *Body & Mind* [253]

Diese Headline eines renommierten Wellnessmagazins versinnbildlicht den Mindstyle, der feinstofflichen Energiekäfigen quasi als Bausubstanz dient. Immerhin „sind moderne Vampire gefährlicher als Dracula & Co.", lesen wir weiter. Der ganz normale Mitmensch wird wortwörtlich zum Mitleid- oder gar „Negativsauger". Man findet ihn „oft unter Kollegen, aber auch in der engsten Familie" [253], schildert die Schreiberin. Mit derlei Aussagen illustriert das Blatt die Auswüchse einer modernen Wellnesskultur. Wenn das eigene Wohlbefinden zum Maß aller Dinge avanciert, gereicht jede Trübung dieser inneren Harmonie zur potenziellen Bedrohung. Erinnern wir uns hierzu an die Biobäuerin mit ihrem YouTube-Video. Im Zentrum steht bei ihr nicht nur „das tägliche Wohlbefinden der Kühe“ [254], vielmehr schützen Ingrids Aura-Essenzen auch vor den schlechten Energien aus dem Dorf, welche die Hühner oftmals mit nach Hause schleppen.

Die Wohlfühldogmatik der Wellnesskultur findet in der Esoterik ihre Fortsetzung. Im Streben nach innerem Einklang werden Störungen von außen zusehends unerträglich. Anselmis Bibel für Lichtarbeiter beispielsweise gibt diesbezüglich weiteren Aufschluss: „Man vergegenwärtige sich, dass wir von den Energien der Menschen im Umkreis von rund einem Kilometer beeinflusst werden“ [73]. So gesehen impliziert die Suche nach Innenwelten geradezu eines: Alles Äußere wirkt zusehends feindlicher.

Wenn Wellness zur Religion wird …

… dann mutiert das Laster zur Sünde. „Fitness“ heißt das Gebot der Stunde. Laut dem Medienprofessor Norbert Bolz „geht es im Kern um Selbsterlösung durch Selbstmedikation: Wellness, Trennkost oder Urschrei. Einziges Kriterium ist die Unantastbarkeit der Grenzen des Individuums: Buddhisten, Scientologen oder die PDS kann man tolerieren – aber keine Raucher.“
Quelle: [255]

Viel Feind viel Ehr' – Wetteifer der Warnenden

Verstärkung erhält diese Feindseligkeit gegenüber dem Externen durch den subtilen Wetteifer innerhalb esoterischer Communitys. Über den Konkurrenzdruck rund um die Wahrnehmung hochfrequenter Engelsenergien haben wir ja bereits gesprochen. Was nun für die gute Seite der Macht zutrifft, gilt mindestens in gleichem Maße für deren Kehrseite düsterer Bedrohung. So wird gerade das Warnen vor schlechten Schwingungen zu einem typischen Wesenszug spirituell Berufener. Mutig stellen sie sich vor ihre Schützlinge, und das nur, um die jungfräuliche Aura vor Bedrohungen zu bewahren. Hier die schlechten Energien aus dem Dorf, dort das humanoide Störfeld in der U-Bahn – die Involvierten toppen sich geradezu in Sachen Selbstprofilierung: „Ich seh' etwas was du nicht siehst". Die hieraus resultierende Gleichung ist einfach: Viel Feind, viel Ehr'.

Das Böse in tausend Gestalten

„Auch bestimmte Situationen, Räume, Arbeitsprofile, Möbel oder sogar Wertgegenstände können den Energiegehalt schmälern."
Zeitschrift Body&Mind [253]

Zusätzlich verschärft wird nun diese ständige Alarmbereitschaft durch allerlei Wortfindungen, die dem Unbehagen einen Namen geben. Reptilienenergien, ätherische Verunreinigungen, unaufgelöstes Karma: Wie in der Onlinewelt von WoW gibt's auch hier immer neue Monster. Dass es sich bei all den Schreckgespenstern lediglich um die Projektionen der eigenen Psyche handelt, entspricht dabei zwar einer gewissen Logik, doch lässt diese Sichtweise gerne die damit verbundene spürbare Komponente außer Acht. Inmitten esoterischer Schönfärberei wird alles, was nicht nach Licht und Liebe riecht, vom fiktiven Phantom-Selbst abgespalten und aus der eigenen Wirklichkeitsblase verstoßen. Folglich türmt sich außerhalb dieses Wohlfühlparadieses ein immer größerer Müllberg entsorgten psychischen Materials auf. In dieser so entstehenden Deponie wimmelt es nur so von Dämonen, Geistern und anderen Störenfrieden.

info

Die Feindwahrnehmung gehört zu den wichtigsten Merkmalen spiritueller Hellfühligkeit. Da es sich bei negativen Energien lediglich um verdrängte Ich-Anteile handelt, sind diese für feinstofflich Praktizierende *energetisch* spürbar.

Paranoia Energetica

Dass gerade elektrosensible Personen ernst genommen werden müssen, bestätigt ein Experiment der Universität Regensburg. In verschiedenen Versuchen mittels bildgebender Verfahren litten die Probanden tatsächlich, als sie die Wirkung sogenannter elektromagnetischer Felder bewerten mussten. In ihren Gehirnen wurden Schmerzzentren aktiv, obwohl die ihnen ausgehändigten Mobiltelefone in Wahrheit

ausgeschaltet waren, was die Teilnehmenden aber nicht wussten. Die Experten nennen kognitive und emotionale Funktionen als Mitverursacher von derlei Symptomen. In der Psychosomatik spricht man von einem „Nocebo-Effekt“. Dieser umschreibt (im Gegensatz zum Placebo-Effekt) die negative Reaktion auf ein Präparat ohne entsprechende schädliche Wirksubstanz. Die These: Imaginiertes kann reale Schmerzen und Symptome verursachen. Nimmt die eigene „Feind-sinnigkeit“ überhand, kann dies geradewegs zu einer Art „energetischer Paranoia“ führen.
Quelle: [256]

Tanz der Vampire – das Schneckenhaus

Hieraus entwickelt sich nun eine fatale Verstärkerschleife. Denn dieses Verbannen der schlechten Energien nach außen basiert in Wahrheit auf einem fortwährenden Sich-Zusammenziehen. Je massiver man nun seinen Radius einschränkt, desto mehr Unliebsames wird scheinbar in die Freiheit entlassen. Je weiter dieser Gang ins Innerliche fortschreitet, desto mehr der hausgemachten Draculas tanzen um die gute Stube. Getrieben von dieser sich selbst ankurbelnden Spirale ziehen sich esoterisch Indoktrinierte immer weiter zurück in ein schützendes, kleines Schneckenhäuschen. Der Schweizer Philosoph Hans-Willi Weis spricht vom sogenannten „Exodus ins Ego“ [257]. Ängstlich gegenüber dem Außen und unzugänglich für ihr ehemaliges Umfeld verbarrikadieren sich die Betroffenen in einer Art Wohlfühlexil. Jeder, der nicht „Part of“ ist, wird zur Bedrohung, zum Energievampir.
Und genau hierin liegt ein Kernproblem im Umgang mit esoterisch Eingewobenen. Ungeachtet aller körperlichen und geistigen Warnzeichen fehlt die notwendige Fähigkeit zu Reflexion und Einsicht gegenüber ihren feinstofflichen Leiden. Ganz im Gegenteil: Rein subjektiv bestätigt sich ihre wahnwitzige Weltwahrnehmung unentwegt von alleine. Jeder Kritiker wird dabei selbst zum Teil des Problems, um nicht zu sagen zum energetischen Blutsauger. Die Konsequenz hieraus kennt jeder, der diesen Kreislauf schon einmal zu unterbrechen versuchte. Jede Diskussion mit unverbesserlichen Skeptikern wird irgendwann einfach gemieden. Ab einem gewissen Punkt sperren sich Innenweltler regelrecht weg.
Dabei sei hier nochmals betont: Je fortgeschrittener die Flucht nach innen, desto wahrhaft „feindfühliger“ wird man. Und je mehr

Feinde man wahrnimmt, desto feinsinniger – sprich spiritueller – wähnt man sich. So gesehen hilft der Kritiker dem Aufsteiger sogar bei seiner Himmelfahrt.

info

Der steige Rückzug nach innen schafft immer mehr Feindbilder im Externen. Diese wiederum zwingen zu noch rigoroserer Flucht ins Innerliche. Unbedachte Kritik von außen facht dieses folgenschwere Wechselspiel nur zusätzlich an.

Feindbilder draußen – Freundbilder drinnen

„Es gibt derzeit viele Menschen, die nicht wollen, dass du erwachst (...) Wenn du das spürst, klinke dich sofort aus diesem Gedankenmuster aus."
Kryonschule, Schritt 3 [87]

Ein zusätzlicher Faktor, der quer durch die esoterische Landschaft zu fortschreitender Separation führt, besteht in der zunehmenden Re-Familiarisierung, wie sie Kryon & Co. unaufhaltsam forcieren. Die geschürte Furcht vor dem Außen wird durch eine kuschelige Community von Insidern kalmiert und zugleich auch intensiviert. Sektenexperten wie Ingo Heinemann sprechen in diesem Zusammenhang von „Disconnect-Policy", einer Vorgehensweise, die auch von Scientology und ähnlichen Organisationen angewandt wird [258]. Sie verstehen darunter die intendierte Trennung eines verschworenen inneren Zirkels von jeder Frischluft von außen. Feindbilder draußen, Freundbilder drinnen. Und so feiert der User das Wiedersehen mit seinen „atlantischen Brüdern und Schwestern" (Christina Soraia) [128] oder gliedert sich ein in diese „Familie des goldenblauen Lichtes" [99]. Wie auch immer, der Kreis schließt sich. Ihre „neue geistige Familie" war es auch, welche Manuel und Manuela mit ihrem Umzug zu finden glaubten. Im Lichte von zu viel ertragenem Unverständnis vonseiten der alten Freunde erschien die neue Gemeinschaft von Beipflichtenden wiederum viel zu wohlwollend. Die düsteren Feindbilder der alten Heimat ließen die Freundbilder der neuen in hellem Licht erstrahlen.

info

Ganz im Gegensatz zu den äußeren Bedrohungen erscheint die Community von Gleichgesinnten immer wohlwollender. Angefacht von einer subtilen „Disconnect-Policy" sondern sich Betroffene immer mehr von ihrem alten Umfeld ab.

Der innere Feind

Bevor wir uns nun dem „High Noon" dieser energetischen Panikmache nähern, gilt es aufzuzeigen, wie diese feinstoffliche Paranoia immer mehr Besitz von ihrem Träger selbst ergreift. „Der Vampir in mir", lautet eine Schlagzeile im Wellnessmagazin [253]. Werden doch auch Feindbilder innerhalb der eigenen vier Wände heraufbeschworen. Und für diese gibt's im Esoterischen wiederum viele Namen. Abseits vom Zweifel sind dies in erster Linie der eigene Verstand, das Denken, übertriebenes Grübeln oder jedwede Form kritischen Hinterfragens: All das hat in einer Wirklichkeit des bloßen Fühlens keinen Platz.

Diese Ausgeburten des Kopflastigen gilt es dauerhaft zu transzendieren und genau das treibt den Betroffenen immer weiter in Richtung Selbstentfremdung. In der Psychologie spricht man vom sogenannten „External Locus of Control", der Auslagerung der Kontrollinstanzen. Umgelegt auf die hier beschriebene Szene schürt man in Bewusstseinslehrgängen das totale Misstrauen gegenüber dem eigenen Urteilsvermögen, was die Übergabe jeder Führung in die Hände höherer Mächte zur Folge hat. Die Sehnsucht nach spiritueller Vervollkommnung führt so zu immer noch lähmenderer Ohnmacht. Die dabei ablaufende Selbstentmündigung trägt den Charakter einer Autoimmunerkrankung. Für zusätzliche Verschärfung sorgen hier abermals esoterische Dogmen wie: „Gute Gedanken ziehen Gutes an, schlechte Gedanken sorgen für leidvolle Lektionen." Provozieren doch derartige Glaubenssätze eine panische Angst vor allen Geistesaktivitäten, die den hoch gelobten Idealen widersprechen. Die Konsequenz: Der User fühlt sich permanent des Hochverrates schuldig und spaltet schließlich das eigene Denken von sich ab.

info

Die zusätzliche Verlagerung der Feindbilder in den User selbst führt diesen immer weiter in eine lähmende Ohnmacht. Die eigene Lebensführung wird zusehends an jenseitige Instanzen delegiert.

Staatsfeind Nr. 1 – das eigene Ich

„Massenbewegungen können ohne Glauben an einen Gott entstehen und wachsen, niemals aber ohne den Glauben an einen Teufel."
Eric Hoffer, „The True Believer" [78]

Der Rundumschlag gegen alles Eigene mündet schlussendlich hinein in einen Feldzug gegen das eigene Ich. Denn wir dürfen eines nicht vergessen: So etwas wie Wachbewusstsein ist in der Wirklichkeit des Traumhaften nicht nur nicht gefragt. Alles Ich-Hafte steht jeder Form von zeitloser Glückseligkeit diametral entgegen. Und mit dieser Ansicht haben die Betreiber esoterischer Ausbildungsstätten nicht völlig unrecht. Immerhin stopfen sie ihre Schüler so lange mit Widersprüchen und Klischees voll, bis diesen die eigene Person gänzlich unerträglich wird. Die Verzweifelten unternehmen nun alles, um ihr Ich loszuwerden. Gebrandmarkt zum sogenannten Ego wird dieses zur plakativen Zielscheibe einer inneren Treibjagd. Doch da einem der eigene Charakter im Nacken sitzt, jagen die User hier lediglich ihrem eigenen Schatten hinterher. Dieser wird zwar in regelmäßigen Therapiesitzungen publikumswirksam erledigt, doch es dauert meist nicht lange, bis das scheinbar Aufgelöste den kurzzeitig Erleuchteten wieder heimsucht. Scham, Schuld und noch mehr Verzweiflung sind die Folge. Der spirituelle Ego-Shooter bewegt sich in einem Teufelskreis und bucht energetische Reinigungsprogramme ohne Ende. Gefangen in diesem Spießrutenlauf führt jeder Versuch, das eigene Ich zu transzendieren, immer weiter hinein in den Irrsinn.

„Es wird Schritte geben, in denen dein Ego dich zurückhalten möchte."
Kryonschule, Schritt 7 [87]

Wer trotz allen Bemühens seine Vollendung nicht findet, der ist, wie im Esoterischen üblich, abermals selber schuld. Der User wird sich selbst also immer mehr zum Feind. Wie auch immer wir es drehen und wenden, das eigene Ich ist und bleibt der ewige Spielverderber, der Staatsfeind Nr. 1. Wohin das nun führt? „Ich bemerke gerade ganz starke Ego-Anteile bei Dir." Und das um halb zwei Uhr nachts nach mehreren Flaschen Rotwein! Mit dieser Killerphrase war für Manuel schlagartig jede Diskussion beendet. Das eigene Ego erkannte er nun in jedem anderen. Wer abweichender Meinung war, wurde so geradezu abqualifiziert.
Dabei erleichtern derartige Projektionen das Dasein esoterisch Indoktrinierter nur kurzzeitig. Wie wir gesehen haben, wird dem Betroffenen die eigene Identität zur Hölle gemacht. Das Ich fungiert als Teufel, die Ich-Werdung verbunden mit allen möglichen gesellschaftlichen Konditionierungen versteht sich als eine Art Sündenfall. Der einzig nachhaltige Weg hin in eine scheinbar heilsame Ganzheit führt über das Abstreifen der alten Persönlichkeit. New Age? Nein! Viel eher geht es hier um ein nach hinten gewandtes Heimkehren, zurück in einen idealisierten Garten Eden. „The journey home" [259] heißt nicht umsonst ein Buchtitel bei Kryon. Wieder dorthin, wo noch nicht vom Baum der Erkenntnis genascht wurde, dorthin, wo ursprünglich alles *eins* war. Erlöst von sich selbst, zurück in einen selig machenden Urzustand. Darum gehen wir nun in Anselmis Worten „die letzten Schritte durch das Tor des Erwachens" [73]. Raus aus der Dualität, hinein in die Wirklichkeit.

Raus aus der Dualität, hinein in die Wirklichkeit

„Du solltest wie ein Kind einfach nur staunend, mit offenem Herzen und mit all deiner Liebe diesen Schritt gehen."
Kryonschule, Schritt 16 [87]

Jetzt ist es endlich an der Zeit, sich dem Innenleben der Raumkapsel empathisch anzunähern. Zum Gegenstand der Analyse wird hierbei dieses ganz besondere In-der-Welt-Sein, das esoterisch Involvierte so sonderbar beflügelt. Der User soll die Welt wieder mit

Kinderaugen sehen. Es geht also wieder dahin, wo Elfen tanzen und die Wolken rein unserem Willen folgen, hinein in ein phantastisches Befinden inmitten einer wiederverzauberten Weltwahrnehmung. Doch bevor wir vollends in dieses Feeling von Alleinheit eintauchen, lohnt sich noch ein kurzer Abstecher in die Normalität des Alltäglichen.

Über die Infantilisierung der Gesellschaft – *Kidulthood*

„Ich will doch nur spielen" [260], bekennt die Chansonnière Annett Louisan. Und das mit mittels Stimme, Lyrics und Video, wie sie an Kindlichkeit kaum zu übertreffen sind. Dabei steht ihr Beispiel für einen gesellschaftlichen Trend, der sämtliche Industriezweige belebt. Spielkonsolen für Vierzigjährige, Barbie-Kollektionen für Mitdreißigerinnen und berufsjugendliche Talkshowmoderatoren, deren hemmungsloser Spieltrieb ein Millionenpublikum mitreißt: Eine ganze Gesellschaft stemmt sich gegen das Erwachsenwerden. „Spielerisch" will man nun alles erlernen, selbst das Bett wird zur Spielweise für Sexspielzeug.

Corinna Langwieser und Peter Wippermann skizzieren den zugrunde liegenden Trend: „Um 10 bis 15 Jahre differieren das biologische und das gefühlte Alter heute" [261]. Die Jugend als Kultwert emanzipiert sich vom Lebensalter, „bis wir eben mit einem wesentlich jüngeren Phantom-Selbst zusammenleben", so die Autoren. Langwieser und Wippermann orten hier die Auswüchse eines ausgesprochenen Jugendwahns und dieser treibt immer noch absonderlichere Blüten. „10% des Umsatzes von Hipp-Gläschen" gehen auf Erwachsene aller Altersstufen zurück. „20 Prozent aller Plüschtiere kaufen Frauen inzwischen für sich selbst." Die hier sich abzeichnende Verkindlichung der Gesellschaft hat einen Namen. Man spricht von „Kidulthood" – einer Kombination von „Kid" und „Adulthood". „Nie wieder alt" ist nach Meinung der Trendforscher nicht nur „zum Bekenntnis geworden. Es wird für viele zur neuen Religion." [261]

Der spirituelle Kindergarten

„Deine Gedanken tragen einen sehr wichtigen Anteil, daher zähle fortan deine Geburtstage rückwärts. Befiehl deinen Zellen, sich zu verändern.“
Meister Lao Tse [93]

Diese Strömungen treten im Esoterischen endgültig über alle Ufer, spricht doch diese neue Spiritualität ihren Trägern jedes Erwachsensein gänzlich ab. In welcher Form hier das Infantile zum Kult erhoben wird, demonstriert ein Besuch bei Astrid Kuby: „Spirit Dance“ ist das Motto. Der dazugehörige Song setzt obiges Zitat melodisch um. „Jede Zelle meines Körpers ist glücklich.“ [262] Astrids Choreografie animiert zum Mitmachen und Hunderte Seminarbesucher üben sich in einer Art infantilem Vogeltanz. Das entsprechende YouTube-Video veranschaulicht dabei nur, was die Drehbuchschreiber im Hintergrund vorgeben. So leben wir aus Sicht der aufgestiegenen Meister wortwörtlich auf einem „Kindergartenplanet“ [73]. Und diesen besiedeln wir nicht nur bei Reindjen Anselmi. „Lebe Deine Kindlichkeit!“ Im Befehlston ermahnt die Lehrschrift aus Rosenheim [87], welche ihre Leser unentwegt zu „Schülern“ degradiert. An unsere sogenannten „Seelenhausaufgaben“ appelliert die Bestsellerautorin Sabrina Fox [263]. Und auch Jana Haas erhebt mit ihrem Auftritt im *Engelmagazin* das Kindchenschema zum neuen Soll-Zustand. Denn „Kinder sind (...) vielen Dingen gegenüber offener als wir selbst“ [264]. Dass auch die Produktpalette gezielt das Kind im Mann und der Frau anvisiert, versteht sich von selbst: vom „Energiebär Marcel“ auf AstroTV [265], über „mystische Drachentore“ [75] bis hin zu „Aladin-Wunderlampen“ [266] ist hier alles zu haben, was dem inneren Kindsein zu äußerem Ausdruck verhilft. Wirklich „nur spielen“ will man auch in dieser Welt. Die so erkaufte Kindlichkeit macht das Warenangebot zu dem, was es ist – spirituelles Spielzeug.

info

Bereits in der Normalgesellschaft entwickeln ewig Jungbleibende ein kindliches Phantom-Selbst. Dieses wird im Esoterischen zum alles bestimmenden Selbstbild. Einschlägige Webshops überfluten den Markt mit spirituellem Spielzeug für Erwachsene.

Induzierte Regression – wenn der Aufstieg zum Abstieg wird

„Auraspray – Engel Hariel
Kindheit, das ‚Innere Kind'" [267]

Das einschlägige Warensortiment und die von Kitsch triefende Ästhetik sprechen für den State of Mind der Involvierten. Doch verwendet man im Bewusstseinsbusiness freilich nicht den Begriff des *„Phantom-Selbst"*. Viel eher ist es das „innere Kind", welches es freizulegen gilt. Würden wir hier einen Psychoanalytiker zu Rate ziehen, stünde das Wörtchen „Regression" im Raum. Dieses beschreibt einen psychischen Abwehrmechanismus im Dienste der Angstbewältigung oder zur Abwehr eigener uneingestandener Triebimpulse. Dabei erfolgt ein zeitweiliger Rückzug auf eine lebensgeschichtlich frühere Entwicklungsstufe, „mit einfacheren, primitiveren Reaktionen und in der Regel auch tieferem Anspruchsniveau" [268]. Man könnte diesen Prozess auch als Hinabsinken unter das Ich-Niveau bezeichnen, womit verständlich wird, dass dieser Vorgang dem eigenen Ich nicht zugänglich, also *unbewusst* abläuft. Versuchen wir nun, das eben Gesagte in eine logische Reihenfolge zu bringen: *Angstbewältigung + Abwehr von Triebimpulsen + frühere Entwicklungsstufe.*
Wenn wir hier noch dem gechannelten *Lao Tse* folgen und unsere Geburtstage „rückwärts" zählen, landen wir genau dort, wo uns diverse Aufstiegsschulen haben wollen: staunend und glückselig, aber dafür abhängig wie ein Kleinkind. Das „Tor des Erwachens" [73] dient so als Pforte in die geistige Umnachtung.

Essenz „Stardust; Starchild": „Leuchtende Augen, offener Mund. Das Gefühl des Staunens ist das natürlichste Gefühl der Spiritualität (...) Mit den Vögeln fliegen, mit den Wolken treiben, mit den Elfen spielen." [269]

info

Die Freilegung des „inneren Kindes" trägt Züge psychischer Regression. Das Hinabsinken unter das Ich-Niveau dient als Abwehrmechanismus und führt zu kindlicher Abhängigkeit.

Frühkindliche Glückseligkeit

„Die Menschen werden berührt sein, von deiner kindlichen Art der Liebe.“
Kryonschule, Schritt 13 [87]

Verbinden wir diese Schlussfolgerung mit der von Märchenfiguren nur so wimmelnden Bilderflut, gleicht der vermeintliche „Aufstieg“ viel eher einem psychischen Abstieg. Aus Sicht der Entwicklungspsychologie würde man es wohl als einen Rückzug auf einen präpersonalen Entwicklungsstand bezeichnen. Gemeint ist damit dieses unmittelbare In-der-Welt-Sein weit *vor* jeder Ausbildung einer eigenständigen Persönlichkeit. Die damit einhergehenden Implikationen lassen vieles bisher noch schwer Verständliche in neuem Licht erscheinen:

- In den Augen eines Säuglings ist alles noch mit allem irgendwie verbunden. Er befindet sich in einem Stadium vor einer ausgereiften Subjekt-Objekt-Spaltung.
- Tiefenpsychologen sprechen von einer magisch-animistischen Weltsicht und einem Befinden in symbiotischer Verschmelzung.
- Ohne diese Trennung kleben nun eigene Affekte und Regungen gewissermaßen an den Dingen im Sichtfeld.
- Hervorzuheben ist zudem die gefühlsmäßig erlebte Verbindung eines Kindes mit seinen Eltern. Psychoanalytiker betonen diesbezüglich die Bedeutung des sogenannten Übertragungsverhältnisses. Dabei werden Gefühle und Affekte aus der Kindheit später unbewusst auf neue soziale Beziehungen übertragen.

Was bedeutet das nun für die Bewohner esoterischer Kinderstuben? In Watte gepackt fühlen spirituell Absorbierte Verbundenheit mit allem Erdenklichen. Ihr Befinden ähnelt dabei dem eines Embryos im Mutterleib. Das im Esoterischen stets vorherrschende Rosarot leistet diesem Gefühl von Versorgtwerden noch zusätzlichen Vorschub.

Auf magische Art und Weise bekommen nun ganz profane Dinge und Gegenstände ein mystisches Eigenleben. Wie bei Kleinkindern – Sonne, Mond und Sterne beginnen uns zu folgen. Das eigene

Wünschen erhält eine ungeahnte Wirkmacht. Entbunden vom alten Ich und zugleich verschmolzen mit allem-was-ist vertraut man beispielsweise auf das Genährtwerden von Licht oder rein auf die Fürsorge höherer Ebenen – „Bestellungen beim Universum" [204].

info

Das Zurückfallen in einen Vor-Ich-Zustand impliziert Gefühle symbiotischer Verbundenheit mit Umwelt und Kollektiv. Diese äußern sich in einer magisch-animistischen Weltsicht.

Ich und Ich – frühkindlicher Narzissmus

„In dieser Prozess-Phase kann man öfter ziemlich emotional werden (...) oder man erlaubt sich, in gewissen Situationen loszuschreien, loszubrüllen, wie man das als Kind noch getan hatte."

Reindjen Anselmi, Lichtkörper-Stufe 7 [73]

Wie im Bewusstsein eines Kleinkindes beginnt sich das ganze Universum nur mehr um den magisch „Denkenden" zu drehen. Alles tanzt nach meiner Pfeife! Und wenn einmal nicht, stecken uns Anselmi und Co. sofort den Schnuller in den Mund. Das Drehbuch arbeitet hier an der Wiederbelebung von dem, was Freud als „primären Narzissmus" [87] bezeichnen würde. Damit verbunden ist die Herausbildung eines reinen Lust-Ichs, berauscht von Allmachtsgefühlen, aber unfähig zu wahrer Perspektivenübernahme. Denn ohne Subjekt-Objekt-Trennung fällt es schwer, den anderen als eigenständige Person mit eigenem Willen anzuerkennen. Der Mitmensch verkommt so zur bloßen Verlängerung der eigenen Selbstillusion. Forciert durch diesen Zustand geistiger Regression glaubt man nun, in den Augen des Gegenübers immerzu sich selbst zu erblicken. Und diese Sonderform ego-loser Egozentrik kennt im Esoterischen kaum Grenzen: „Meine Kinder spiegeln mich" [270], „Mein Haustier spiegelt mich" [271], ja sogar „Mein Auto spiegelt mich" [272]. Derartige Buchtitel sprechen eine eindeutige Sprache. Menschen, Tiere, Dinge – alle werden zu Reflektoren meiner selbst. Man wird buchstäblich zur „Königin im eigenen Reich", umhüllt von einem „Energiefeld erfüllter Liebe“ [273]. Seinen Höhepunkt erreicht das Ganze in Aussagen wie *„Du bist Gott“* (Film *Bleep*). Was auf den ersten Blick als „Master Key“ zu mehr Freiheit verkauft wird, verfestigt vielmehr dieses schon genannte Spiegelkabinett der Eitelkeiten. Die hieraus hervorgehenden Dienstleistungen sprechen für diesen Kult rund um und an sich selbst:

„Waxing by Angels: Ob glatte und haarlose Arme, Beine, Rücken oder ein professionell gewachster Intimbereich: Bei unseren Engeln erhalten Sie samtweiche Haut.“

www.waxing-by-angels.com [6]

Passend dazu findet sich im Impressum die Saint Clair GmbH aus Meckenheim. Weitere Fallbeispiele seien dem Leser an diesem Punkt erspart. Dennoch möchte ich hier eines nochmals festhalten: Diese Esoterik 2.0 illustriert nur die Auswüchse einer in sich selbst verliebten Gesellschaft. Wenn Karl Lagerfeld die plastische Chirurgie zur „Haute Couture des 21. Jahrhunderts“ [261] erklärt, dann erscheinen die chirurgischen Eingriffe des intergalaktischen OP-Teams bei Anselmi mitsamt Lichtkosmetik aus Rosenheim nur als deren Fortführung im New Age. Die amerikanischen Psychologen Jean Twenge und Keith Campbell können nicht ganz falsch liegen. „Narcissm is everywhere“ [10], so ihr Fazit. Unhinterfragt und kultisch aufgeladen zugleich bilden Jugendwahn und maßlose Selbstverliebtheit die Grundlage für diese hier beschriebene Hochglanz-Spiritualität, verwirklicht in Form eines magisch-animistischen New-Age-Egozentrismus.

info

Gerade die Negierung des eigenen Ego führt oftmals zu noch ausgeprägterer Egozentrik. Dementsprechend strotzt das Esoterische von selbstverliebten Idealen. Diese erweisen sich wiederum nur als Auswüchse einer ohnehin narzisstischen Gesellschaft.

Surfen & Trance

„OM TAT SAT, begebe dich einmal täglich auf das große Energieschiff (...), denn wo könnte man zeitloser Urlaub machen als auf dem Energieschiff von Ashtar Sheran?"
Kryonschule, Schritt 22 [87]

Der vermeintliche Aufstieg in eine zeitlose Ewigkeit gleicht also einem endlosen Graben in sich selbst. Geteilt mit und verstärkt durch weitere Bewohner dieser Sphäre wird die damit einhergehende Goldgräberstimmung zu einem regelrechten Goldrausch. Bedenken wir hierbei diese überbordenden Weltentwürfe, die unzähligen Spannungspaare, die kultische Re-Sakralisierung des Daseins, die Sprache der Verliebtheit, die Versunkenheit im spirituellen Onlinechat, den multiästhetischen Endorphin-Cocktail und das damit einhergehenden Shopping-Feeling, so bilden diese Faktoren nur die Vorstufe hinein in ein ekstatisches Befinden. Zu voller Blüte entfaltet es sich schließlich im konsumistischen Opferritus und dem damit einhergehenden Tunnelblick, der Fastenkur durch Lichtnahrung, der heraufbeschworenen Regression ins Kindliche sowie einem scheinbaren Wegfallen der Subjekt-Objekt-Trennung.
Nicht zuletzt spricht auch das oben zitierte Skriptum der Bewusstseinsschule von einem zeitlosen Urlaub auf einem phantastischen Energieschiff. Man verkauft also ein Magic Life innerhalb einer Raum-Zeit-Kapsel fernab der schnöden Realität. Denn „die Engel" umhüllen uns wörtlich „mit einer Blase der Liebe" [87]. Sie drängen uns also aus der Dualität hinein in eine funkelnde Wirklichkeit. Von Rausch zu sprechen ist hier durchaus legitim. Der Fachterminus dafür wäre Trance.
Unter diesem Gesichtspunkt lässt sich auch das In-der-Welt-Sein esoterisch Indoktrinierter leichter nachempfinden. Wie frisch Verliebte schweben oder, besser, surfen sie durch die grobstoffliche Welt, taub für vieles Diesseitige. Ungefähr so, als würden sie mit voll aufgedrehten Lautsprechern eine Autobahn entlangbrausen. Man ist zwar da, aber nicht wirklich anwesend. Weder rechts noch links schauend zerfließt der User in der Unmittelbarkeit des ewigen Jetzt.

„Leben im Jetzt". „Wenn dereinst die meisten Menschen die elfte Lichtkörperstufe voll aktiviert haben werden, wird der Planet nicht mehr in der jetzigen Raum/Zeit-Struktur sein. Wir werden in der Gleichzeitigkeit leben." Anselmi, S. 116 [73]

Aus der Arbeitspsychologie stammt diesbezüglich der Begriff des „Flow" [274]. Gemeint ist die Selbstvergessenheit im Tun, die mit einem intensiven Glücksempfinden in Verbindung steht. Derartige Seinszustände sind wichtig und gehören erlernt und zugleich kultiviert. Doch sei an diesem Punkt festgehalten: Egal wie authentisch dieses spirituelle Feeling auch manchmal erscheinen mag, *per se* macht es uns noch lange nicht umsichtiger, intelligenter oder gar empathischer. Denn den „Flow" kennt man nicht nur bei Spitzensportlern und groovenden Jazzmusikern, sondern genauso auch bei Soldaten im Kriegseinsatz. Übertragen wir nun dieses Wissen in die Neue Zeit, so ist es wieder die Marschtrommel, welche den Korpsgeist beflügelt. Berufen zu höherer Mission leben Lichtkrieger in einem ganz besonderen State of Mind. Umhüllt von einer funkelnden Wirklichkeitsblase, abseits der ganz normalen Welt.

Die trainierte Feinstofflichkeit und die Freude am Surfen

Virtuelle Spielwelten bezaubern den User mit einer veränderten Raum-Zeit-Erfahrung, wie sie im Alltag kaum erfahren wird.

World of Warcraft
Onlinegamer, die nächtelang durchspielen, trennen ihr Körperempfinden zusehends von sich ab und verlagern ihr Selbstmodell in den digitalen Hyperraum. Verbindliche Raum- und Zeitbestimmungen gibt es hier nicht. Alles ist auf Plötzlichkeit eingestellt. In diesem Zeitchaos kommt es zur Umorganisation des Selbstempfindens beim User. Mit der ständigen Rückkehr ins Spiel wird dieser Zustand bewusst trainiert. Denn je mehr nun die virtuelle Welt die reale überlagert, desto besser seine Performance, umso höher sein Score. Der so Absorbierte macht sich bereitwillig zum Dauerspieler. Er existiert im Spiel.

World of Soulcraft
Esoterische Aufsteiger manipulieren mittels imaginativer Praktiken und kultischer Rituale ihr Raum-Zeit-Empfinden. Wie in digitalen Sphären wird auch hier die damit einhergehende körperlose Schwebung zum alles bestimmenden Seinszustand. Realitätsbindungen werden unsicher, der feinstofflich Praktizierende wechselt in eine vermeintlich freiere Seinsordnung. Dabei trainiert der esoterische User seinen Bewusstseinswandel aus eigenem Antrieb. Denn je mehr diesbezügliche Symptome sich einstellen, desto spiritueller nimmt er sich wahr. Hierbei erntet er ein Selbstgefühl äußerster Intensität bei gleichzeitiger Selbstvergessenheit. Sein Ich-Empfinden verlagert sich immer mehr in den esoterischen Cyber.

In Anlehnung an W. Bergmann und G. Hüther: *„Computersüchtig: Kinder im Sog der modernen Medien"*
Quelle: [106]

info

Esoterische Aufstiegslehren erzeugen im Rezipienten eine Art Trance. Fernab realer Raum-Zeit-Bezüge leben Absorbierte wie in einer Wirklichkeitsblase.

Von der geschützten Werkstätte zur geschlossenen Anstalt

Mit Kaffee in Kapseln hat alles begonnen, bei eingekapselten Menschen findet der Spaß schließlich sein Ende. Abgetrennt von Störendem wird das scheinbar selbst gewählte Wohlfühlexil zur einzig lebbaren Heimat, das Himmelsfahrzeug zur rettenden Zuflucht. Kryon und Co. setzen nun alles daran, dass das so bleibt. Denn nicht nur die Welt im Außen möge draußen bleiben, vielmehr noch soll keiner der Insassen dem Innerweltlichen jemals mehr entrinnen.

Lebst du noch oder wirkst du schon? – Klaustrophilie

Doch ehe der Schwarze Peter einzig bei den Propagandisten dieser neuen Spiritualität hängen bleibt, hier noch mal ein Ausflug ins Diesseitige: „Du kannst alles machen, aber wir zeigen dir, wie." Die Kataloge eines schwedischen Möbelriesen verkaufen vor allem eines: grenzenlose Selbstverwirklichung, und das auf 15 Quadratmetern. Sie spielen mit dem vermeintlichen Gefühl von Freiheit und bieten dafür zugleich einen geschützten Rahmen. Dass die Konfrontation mit zu vielen Möglichkeiten eine Sehnsucht nach Selbstbegrenzung mit sich bringt, spiegelt sich genauso auch im gesellschaftlichen Freizeitverhalten wider. Feierabend, Urlaub und Wochenende werden heutzutage professionell gemeistert. Angesichts des Überangebots potenzieller Identitätsentwürfe plagt den Konsumenten das permanente Gefühl, irgendetwas versäumen zu können. Das Fehlen von Sinn ist oftmals gar nicht das Problem. Laut Norbert Bolz erleben wir viel eher eine „Sintflut des Sinns" [47], andere orten eine „Sinnerosion" [257]. All das führt zu einem

Verlangen nach vermittelnden Medien. Marken, Design und kindgerechte Usability füllen dementsprechend unsere Shoppingtempel und liefern rettende Arche Noahs inmitten des täglichen Information-Overload. Noch bildhafter formuliert es Barry Schwartz: „Everybody needs a fishbowl.“ [275] Nach Ansicht des US-amerikanischen Psychologen braucht jeder sein schützendes kleines Goldfischglas, das ihn vor dem eigenen Ausgeliefertsein bewahrt. Man beschränkt sich bereitwillig selbst und generiert genau hieraus ein Gefühl von wiedergefundener Freiheit. Klaustrophilie wäre wohl das passende Wort.

info

Angesichts der täglichen Informationsflut wird die Reduktion von Komplexität zur viel gehandelten Ware. Zugunsten geistiger Entlastung wird dabei eine Einschränkung der eigenen Autonomie gerne in Kauf genommen.

Die geschützte Werkstätte – Gruppendenken

Wie sich nun Goldfischgläser in regelrechte Gefängnisse verwandeln, illustriert abermals das Esoterische. In ihrer Feindsinnigkeit bestätigt wird jeder Raumspaziergang außerhalb der vertrauten Kapsel für Himmelsreisende zum energetischen Abenteuer. Ganz wie bei Manuel und Manuela. Ob nun der Kinobesuch oder eine Party bei Freunden: Sich ohne gesprühten „Schutz durch das Dreifache Gitter“ [119] in die Welt hinauszuwagen, hatte etwas von Fremdgehen ohne Kondom. Man war nicht nur untreu, sondern riskierte auch sein eigenes Seelenheil. Hier kommen wieder viele jener Effekte zum Tragen, die zum Forschungsgegenstand der Sozialpsychologie gehören. Erwähnenswert wäre in diesem Zusammenhang das *„Groupthink“* [276]-Phänomen. Laut Irving Janis tritt das sogenannte „Gruppendenken“ insbesondere dann auf, wenn ein starkes Nahverhältnis unter den Mitgliedern herrscht, wenn die Community von außen abgeschirmt wird, ein dominanter Meinungsführer im Inneren regiert oder wenn eine bedrohliche Situation mit viel Emotionalität vorherrscht. Bedingungen also, welche für die hier beschriebene Szene sehr typisch sind.

Die Konsequenzen hieraus führen laut Janis zu einer ausgeprägten Form selektiver Wahrnehmung verbunden mit Gefühlen von Unverwundbarkeit sowie zu überzogenem Optimismus. Ein verhängnisvolles Zusammenspiel, das schon zu historisch bedeutsamen Fehlentscheidungen führte. Doch sind es in spirituellen Gefilden nicht unbedingt die Schweinebucht-Krise oder das *Challenger*-Unglück (1986), die Besorgnis erwecken, vielmehr kennen Angehörige diese in sich gekehrte Unzugänglichkeit, mit der sich esoterisch Indoktrinierte gegen jedes gut gemeinte Zureden von außen immunisieren. Und dem nicht genug, das magische Waffenarsenal in Sprayform sorgt dabei noch für Rückendeckung: *„2 Kombi-Öl Nr. 54 ‚Thoriel' für die ‚Ohren' und gegen ‚Dauer-Nörgler im Umfeld' –Jemanden oder etwas schon nicht mehr hören können"* [277]. Wer anderer Meinung ist, wird bei Frau Auer quasi zum Thor erklärt. Berufliche und private Fehlentscheidungen finden so einen guten Nährboden.

Nicht nur cyber, sondern rein – Disinfection Policy

Wie mit den Folgen fehlgeleiteten Risikobewusstseins umgegangen wird, erfahren Interessierte wieder im Aufstiegsfachbuch: *„Wenn wir uns also zum x-ten Mal Sorgen wegen unserer finanziellen Situation machen, müssen wir Grace bitten, diese Muster aufzulösen."* [73] Mit dem Ausruf „Grace, bitte lösche das!" wird die Ebbe im Geldbeutel energetisch entsorgt. Durch derartige Mantren versuchte auch Manuel, sich von hemmenden ökonomischen Konditionierungen zu reinigen. Der oben angesprochene Optimismus, gepaart mit der Illusion von Unverwundbarkeit machte den angeblich folgenden Lottogewinn zu einer inneren Gewissheit. Wahrscheinlich dieselbe Gewissheit, die Erich Fromm als letzte Konsequenz eines „blinden Glaubens" identifiziert. „Die Furcht vor der Freiheit" [278], so der Titel des diesbezüglichen Werks, macht ihren Träger blind und unzugänglich für alles Widersprechende.
Dass sich die Feindwahrnehmung bei esoterischen Aufsteigern unentwegt selbst verstärkt, wurde bereits geklärt. Dementsprechend bestechen auch die diesbezüglichen Affirmationen durch eine immer bezeichnendere Wortwahl:

„Rufe nun Metatron an, dass er ein Netz, ein platinfarbenes Netz über dich stülpt. Bitte Metatron, dass alle negativen Energien von diesem platinen Netz angezogen werden. Metatron wird dieses platine Netz im kosmischen Feuer verbrennen." Kryonschule, Schritt 5 [87]

Im Lichtkörper-Ratgeber hingegen ist wiederum von der Beseitigung von „Verschmutzungen" [73] die Rede. Was oder wen auch immer Frau Anselmi damit gemeint haben mag: Als Freund oder Verwandter spirituell Involvierter kann man nur hoffen, nicht in die Fänge der wortwörtlichen „Kreissicherheits-Gruppe" [73] zu geraten, denn diese „beseitigt alle Parasiten und Verzerrungen" innerhalb des Magnetgitters. Das alles selbstredend unter der Führung von Erzengel „Ariel", dem Experten für „spirituelle Hygiene". Ein Wording, das das faschistoide Innenleben esoterischer Lehren ungeschminkt zum Ausdruck bringt. Die Politik des Trennenden führt so geradewegs in eine panische Furcht vor allem und jedem, angetrieben durch eine spirituell etikettierte „Disinfection Policy".

info

Unterstützt durch allerlei Produkte und Rituale werden spirituelle Communitys zu nach außen abgeschirmten Zirkeln. Trügerische Einhelligkeit sowie Fehlentscheidungen sind die Folge. Das Angebot an energetischen Reinigungsmitteln schürt den Verfolgungswahn der Involvierten zusätzlich.

Totalüberwachung und monolithische Identität

Doch es ist wieder die Normalgesellschaft, die derartigen Auswüchsen die Bahn ebnet. Terrorismus, Vogelgrippe, Elektrosmog: Angesichts eines medial überstrapazierten Krisengewitters verlagert sich unsere Risikowahrnehmung fernab jeder statistischen Grundlage hinein ins Hysterische. Im Bestreben nach mehr Sicherheit tauschen die Schreckhaften immer noch mehr ihrer persönlichen Autonomie gegen scheinbaren Schutz. Ein ungebremster Trend zu ausufernder Überwachung ist die logische Folge. Dabei bewirkt die epidemische Verbreitung von wachsamen Kameras mitunter auch eines: Wir nehmen uns als zu überwachende Wesen wahr. Unser Selbstvertrauen wird dadurch subtil unterminiert. Damit verbunden ein umso stärkeres Bedürfnis nach Sicherheit, vor allem auch vor uns selbst. Was das Esoterische anbelangt, so haben wir die Suche nach einem Refugium vor dem eigenen Ich, oder besser Ego, schon vorhin besprochen. Auch das Wörtchen Gedankenpolizei ist schon an anderer Stelle gefallen. Wie nun spirituelle Aufstiegsschulen eine psychische Totalobservation in ihren Schülern installieren, das verdeutlicht folgendes Zitat:

„In der kommenden Woche gilt es, deine Gedanken, die in deinem mentalen Körper noch fest verankert sind, freizusetzen und durch Gedanken aus der Wirklichkeit auszutauschen. Überprüfe also deshalb jeden Gedanken, der dich in der Illusion hält. Ersetze diesen Gedanken durch den Gedanken aus der Wirklichkeit. Verfahre so mit allen Gedankenmustern, die dich in der Illusion halten …“

Kryonschule, Schritt 11 [87]

Alles, was dem höheren Willen zuwiderläuft, wird ersetzt oder, wie oben geschildert, im kosmischen Feuer verbrannt. Ein Aussortierungsvorgang, der nach wiederholter Praxis geradewegs in eine Art geistige Eintönigkeit führt. Der israelische Sozialpsychologe Dan Bar-On prägte den Begriff von der sogenannten „monolithischen Identität“. Damit meint er ein Selbst, das in sich geschlossen ist und „keine inneren Widersprüche und Gegensätze zulässt“ [279]. Damit ist eine Weltsicht gekoppelt, wie sie uns zum Beispiel auch in Märchen begegnet. Schwarz-Weiß-Malerei, gekoppelt mit einer klaren Trennung zwischen Gut und Böse und folglich auch zwischen Freund und Feind stehen wiederum für eine infantile Sichtweise der Dinge. Monolithisch verfestigt und von Tabus umzingelt werden Betroffene somit unfähig zu Rollen- und Perspektivenwechsel.

info

Aus Angst vor der Umwelt und sich selbst opfern esoterisch Manipulierte ihre Freiheit zugunsten einer indoktrinierten Totalüberwachung. Derart wird alles Nicht-Spirituelle aus dem eigenen Wesen verbannt. Es kommt zur Ausbildung einer sogenannten „monolithischen Identität“.

Die Tyrannei des *Höheren Selbst*

Verstärkt wird diese mentale Zementierung durch die bereitwillige Unterwerfung unter das sogenannte „Höhere Selbst".

„Aura-Essenz – Höheres Selbst (...) Kontaktaufnahme und intensive Verbindung mit dem Höheren Selbst. Integration des Höheren Selbst in den feinstofflichen Körper" [280]

Dieses gilt in esoterischen Kreisen als zentrale Führungsinstanz. Der Preis hierfür besteht in einer noch massiveren Abgabe von Eigenständigkeit. Wie Manuel bemühen sich nun spirituell Berufene mit all ihrem Denken, Fühlen und Tun, dem Willen dieser vermeintlichen Seelenführung bedingungslos zu entsprechen. Spirituelle Authentizität wird so zum Maß aller Dinge. Über sämtliche Wesenszüge des Dienenden soll die höhere Wahrheit hinaus in die Welt strahlen.

Damit verbunden eine Huldigung des Reinen, Wahren und Unverfälschten, wie sie auffälliger nicht zutage treten könnte. Doch damit geht das Esoterische wieder nur Hand in Hand mit einem Zeitgeist, den Richard Sennet bereits in den 1970er-Jahren vorweggenommen hatte. Der US-amerikanische Soziologe ortete schon damals einen Schwund des öffentlichen Raumes, provoziert durch Individuen, die überall ihr wahres authentisches Selbst mit im Schlepptau haben. Egal wann und wo: ob beim Clubbing, beim Oktoberfest oder im Urlaub – wer immer seinem echten, unverfälschten Selbst entsprechen möchte, wird dieses auch nie mehr los und fühlt sich schnell mal in seiner Integrität belästigt. Gefangen in sich selbst ist und bleibt man dann ganz einfach Nichtraucher, Nichttrinkender, Pünktlichkeitsfanatiker oder meinetwegen auch Antiesoteriker. Wir erleben somit genau das, was der Buchtitel Sennets beanstandet, eine wachsende „Tyrannei der Intimität". Manche Autoren identifizieren auch eine neue Form von „Innerlichkeitsterrorismus", wieder andere sprechen von „empathischem Hausfriedensbruch". Die Floskel „Sei du selbst" macht den Mitmenschen mitunter auch unfrei und erhält unter diesen Gesichtspunkten einen ganz eigenen Beigeschmack.

Wenn nun die eben beschriebene Überprivatisierung der Gesellschaft in eine zunehmende *Tyrannei des Selbst* ausartet, können wir uns ausrechnen, wohin das Ganze führt, sobald ein vermeintliches *Höheres Selbst* mit von der Partie ist. Denn glauben wir den astralen Ratgebern, hat dieses seinen Ursprung im Göttlichen und beeindruckt seinen Ergebenen mit dem Anspruch auf absolute Autorität.

„Jeder Gedanke, den du denkst, jedes Gefühl, das du in dir trägst, jeder Traum, den du in der Nacht träumst, wird von uns gesehen und gehört. Wir kennen jedes Muster in dir und in deinem Lichtkörper. Es gibt nichts, dass du verheimlichen kannst."

Kryonschule, Aufstiegsschritt II [87]

Im Fokus kosmischer Durchleuchtung erfolgt also eine Totalverknechtung im Dienste der Neuen Zeit. Immer und überall gegenwärtig macht Big Brother alles Unspirituelle zum No-go. Der User wird zum Sklaven seiner eigenen Phantasie. Die Falle schnappt endgültig zu. Dabei möchte ich hier noch Grundsätzliches hervorheben: *Das Selbst* ist nicht gleichzusetzen mit *Du Selbst.*

info

Das moderne Streben nach dem *Wahren Selbst* erfährt im Esoterischen eine spirituelle Überhöhung. Stilisiert zum *Höheren Selbst* frönen Aufsteiger einer Sonderform von Authentizitätskult. Stets verbunden mit ihrem vermeintlichen spirituellen Wesenskern werden sie unfähig, ihr Spiel-Ich zu verlassen. Gekoppelt mit dem Gefühl astraler Totalüberwachung wird das Imago zum Gefängnis.

Die geschlossene Anstalt – gefangen im New Cage

Und so führt diese Systematik der Selbstentfremdung geradewegs dorthin, wo es kaum mehr ein Entrinnen gibt. Denn mit jedem Firmware-Upgrade installiert sich zugleich auch eine virensichere Firewall. Haben wir vorhin noch von Lebend-Mausefallen gesprochen, kennt der Jargon der Neuen Zeit hierfür seine eigenen Termini. Von „Lichtinsel zu Lichtinsel" [180], lotst uns beispielsweise die Saint-Clair-Schule. Von einer gelösten Anhaftung zur nächsten – das Leben wird immer lichter, die Inseln immer idyllischer und

zugleich einsamer. Spirituelle Magic-Life-Resorts hinter Stacheldraht, überwuchert mit bunten Blümchen.
Wer diesen Weg weit genug beschreitet, für den gleicht schon der Gedanke an Ausstieg einem potenziellen Systemverlust oder besser Systemabsturz. Und wer schon einen Beruf der Neuen Zeit sein eigen nennen darf, für den hieße der Gang in den Offlinemodus so viel wie Jobverlust. Einem türmenden Lichtkrieger bliebe zudem das Stigma eines Deserteurs. Denn die spirituelle Matrix ist mittlerweile zur sozialen und ökonomischen Drehscheibe geworden.
Dabei sind es ab einem gewissen Punkt auch die User selbst, welche das Netzwerk magnetisch aufladen. Gut gemeint und ihren Mitstreitern dienend coachen sich diese natürlich auch gegenseitig. Konformität und Gruppendruck sorgen dafür, dass ja kein negativer Gedanke mehr aufkommt. Das in Schritt 5 beschriebene Mind-Control schlägt sich nun in subtiler gegenseitiger Überwachung nieder. Wir erhalten also ein Gefängnis, dessen Gitterstäbe sich mit jedem neuen Mitmachenden mehren. Die sogenannte „Anrufung des Dreifachen Gitters“ [73] für Haus, Wohnung und Arbeitsplatz rundet das Bild nur zusätzlich ab. Egal also wo und zu welcher Uhrzeit: Die User bleiben gefangen. Eingesperrt in einen spirituellen Multi-User-Dungeon wird die Wirklichkeitsblase zur allgegenwärtigen Totalheimat. Diese muss nun nur noch ordentlich verriegelt werden. Doch auch dies überlassen die aufgestiegenen Meister getrost ihren Schützlingen. Mit folgender Beschwörung wissen die zuständigen Instanzen ganz genau, was zu tun ist:

„Kreissicherheits-Gruppe (...) Versiegelt das Gitter. Danke.“

Aus „Der Lichtkörper“, S. 163 [73]

So wird der Kinderspielplatz zur geschlossenen Anstalt: leuchtende Augen, offene Münder und eine Illusion von Freiheit hinter Gittern – gefangen im New Cage.

info

Der Ausstieg aus dem Aufstieg gleicht für esoterisch Indoktrinierte einem Systemverlust. Damit das Getriebe weiterläuft, überwachen sich die Involvierten gegenseitig. Ein Entrinnen aus dem spirituellen Gefangensein ist kaum mehr möglich.

SCHRITT 10

Völlig losgelöst – per Freiflug in die Unendlichkeit

Das Sternenschiff fliegt mit Autopilot

Am Ende unserer Reise sei noch besprochen, warum spirituelle Himmelfahrten selten zu einem Ende finden. Wurden im vorigen Schritt die Käfige gut versperrt, so geht es nun darum, wie spirituelle Produzenten ihren Umsatz nachhaltig absichern. Mit immer neuen Kreationen machen sie den esoterischen Transformationsladen zum Dauerbrenner und sichern sich Abnehmer auf viele Jahre. Doch der von ihnen geschaffene uferlose Cyber geht auch an den Spielentwicklern selbst nicht ganz spurlos vorüber.

Ihr Kinderlein kommet!

„Kinder erinnern sich viel schneller an ihren göttlichen Ursprung. Sie nehmen die Schritte sehr leicht und spielerisch auf." [99]

Wie man sein spirituelles Businessmodell gekonnt zu einem Generationenvertrag macht, demonstrieren auch die Wortneuschöpfungen von Lee Carroll und Doreen Virtue. Schließlich haben die amerikanischen Kultproduzenten auch für den Nachwuchs esoterisch Behafteter eine passfertige Rolle in ihrem Drehbuch:

Esoterisches Who is Who: Lee Carroll

Lee Carroll ist Absolvent der Betriebswirtschaftslehre und US-amerikanischer Unternehmer. Seit Ende der 1980er-Jahre veröffentlicht Carroll, der sich seit 1992 als Medium mit Kontakt zum Geistwesen Kryon bezeichnet, esoterische Bücher. Seine „Neun Veröffentlichungen" wurden bereits in 14 Sprachen übersetzt. 1991 rief er zusammen mit Jan Tober die Kryon-Lichtgruppen ins Leben und hält seitdem Con-

ventions in der ganzen Welt ab. Bekannt wurde Carroll auch mit der Wiederbelebung des Konzeptes der „Indigokinder", nunmehr auch „Kristall"- oder „Quantenkinder" genannt, eine Konzeption, die ursprünglich auf die Autorin Nancy Ann Tappe (1931-2012) zurückgeht.
Die „Erste Internationale KRYON-Konferenz" ging im April 2008 in Hamburg über die Bühne. Carroll betonte dabei laut Internetberichten, „dass es zwischen den Kryon-Medien keinen Konkurrenzkampf gäbe. Alle seien verbunden miteinander. Die Art, wie die Botschaften von den Kryon-Channels herübergebracht werden, würden sich nur deshalb voneinander unterscheiden, weil jeder von ihnen in einem anderen Kulturkreis wirkt." Laut Lee Carroll seien das Ende des Kalten Krieges sowie der Fall der Berliner Mauer auf die sogenannte „harmonische Konvergenz" (1987) zurückzuführen und dem Wirken von Kryon zu verdanken.
Quellen: [281] [282]

Ob nun „Indigo"-, „Regenbogen"- oder „Kristallkinder": Es gibt viele Möglichkeiten, gerade auch den Kleinsten eine „wunderbar mehrfarbige, opalisierend schillernde Aura" [283] umzuhängen. Von nun an sind sie die neuen Botschafter der Engel, kommunizieren „hoch telepathisch" und gelten als von oben gesandte, reinkarnierte Meister. Jene neue „Lichtarbeiter-Generation" stellt angeblich die zukünftigen Führer dieser Welt und geleitet uns ins Zeitalter der Liebe.
Mit diesen und ähnlichen derartigen Kunstgriffen loben esoterische Dramaturgen nicht nur die Sprösslinge ihrer Kunden in den Himmel, auch Mama und Papa profitieren von diesem indirekten spirituellen Upgrade. In der Gewissheit, etwas Göttliches hervorgebracht zu haben, fühlen sich die Eltern von nun an wie Maria und Josef in der Bibel. Denn immerhin suchen sich die Seelen dieser Sternenkinder stets ein Elternhaus, „das ihnen ein geistig unterstützendes und bereicherndes Milieu" [283] bereitzustellen vermag. Derart gekonnt hofiert die US-amerikanische Engelsbotschafterin Doreen Virtue ihre Käuferschaft. Solchen Beweihräucherungen auf den Leim gehend öffnen die Kunden wieder bereitwillig einem Trojanischen Pferd ihre Tore. Man heiligt vorderhand die Frucht ihres Leibes und nimmt sie hintenrum umso mehr in die Pflicht.
Eine Elterngruppe aus Freiburg im Breisgau setzt diese Systematik beispielhaft in die Praxis um. Denn die „Kinder der neuen Zeit brauchen Erwachsene, die bereit sind, neue Wege zu gehen!" [283], so ihr Motto. Auch der Vereinsname nimmt vorweg, welch selbst-

lose Form der Hingabe die Community beseelt. Denn es sind nun nicht mehr ihre Kinder. Nein, diese gelten jetzt selbstredend als die „Kinder der neuen Zeit“ [284].
Zugegeben, das Ganze erinnert schon ein wenig an die alttestamentarische Geschichte rund um Abraham und seinen Sohn Isaak. Denn nur wer bereit ist, auch sein eigen Fleisch und Blut darzubringen, signalisiert (sich und anderen) grenzenlose Opferbereitschaft.

info

Mit der Heiligung der Kinder heiligen esoterische Drehbuchschreiber indirekt auch deren Eltern. Von Stolz beflügelt bringen diese ihren Indigo-Nachwuchs in die Community mit ein und erziehen diesen im Sinne der Doktrin.

Kinderstars und Sternenkinder – geraubte Kindheit da wie dort

Wenn weder Religion, Nation, Beruf noch ständig wechselnde Partner tragfähige Sinnbezüge vermitteln, dann bleiben oftmals nur die eigenen Kinder. Sie avancieren für viele zum zentralen Lebensinhalt und in Anbetracht einer rückläufigen Geburtenrate regelrecht zum Heilsbringer. Michael Winterhoff beschreibt, wie Jungen und Mädchen heutzutage zu Partnern ihrer Eltern stilisiert werden. Bereits Kleinkinder sieht man als autonome Persönlichkeiten und behandelt sie quasi wie Erwachsene. Grund hierfür ist auch eine Art Rebound-Effekt gegenüber einer allzu autoritären Erziehung früherer Tage, der Kindern nun jedoch jeden Entwicklungsrahmen nimmt. Durch die zusätzliche Überfrachtung mit zu vielen Erwartungen kompensieren Eltern so ihre eigenen Bedürfnisse über ihr Kind. In Wahrheit aber seiner Kindheit beraubt, muss der Sprössling irgendwie selbst erwachsen werden und ist plötzlich dazu da, „dass ich geliebt werden kann“. Der Kinderpsychiater spricht von „emotionalem Missbrauch“, der mitunter irreversible kognitive, empathische und folglich auch soziale Defizite mit sich zieht. Wer Kinder für sein eigenes Sinndefizit benützt, erzieht in den Worten Winterhoffs „kleine Tyrannen“.

Old Age:
Erwachsene wollen ewig jung bleiben und benehmen sich wie kleine Kinder. Kinder hingegen werden wie Erwachsene behandelt. Tanzende und singende Kinderstars befriedigen die Vollkommenheitsphantasien ihrer Eltern.

New Age:
Indigo-, Regenbogen- und Kristallkinder werden von esoterischen Autoren zu kleinen Göttern erhoben. Sie kommunizieren telepathisch, können mit Tieren und Pflanzen reden und sind extrem intuitiv. Ausgestattet mit höherem Wissen fungieren sie als Hoffnungsträger und sollen als Retter der Welt die Erde ins Licht führen.
Quelle: [285]

Spiritual Natives

„Wenn dein Kind die Kryonschule ebenfalls machen möchte, dann gibt es auch spezielle Kinder- und Familientarife."[65] [99]

Während die Eltern mit Stolz auf ihr Wunderkind blicken, bekommt klarerweise auch der Umsatz mit Feinstofflichem reichlich Nachwuchs. Warum wertvolle Zeit verstreichen lassen? Von Anfang an sollte man mit der spirituellen Frühförderung beginnen. Ob nun „Engelsymbole für Kinder" [286] mitsamt dem Kartenset in Herzform, „Meine Engel-Freunde" [287] oder allerhand CDs oder Büchlein zum Vorlesen – was Hänschen nicht lernt, lernt Hans nimmermehr. Ingrid Auers Fundus bietet vieles, was den Zöglingen spirituell Berufener so früh wie möglich einen Stempel aufdrückt. Diese Taktik unterstreicht auch das Hörbuch „Engel begleiten durch Schwangerschaft und Geburt" [288].
„Schon im Mutterleib begegnen Sie den Schutzengeln Ihres ungeborenen Kindes", verheißt die Kurzbeschreibung auf „Amazon". „Integrieren Sie Engel in den Alltag des Neugeborenen", lautet folgerichtig der Aufruf an alle verantwortungsbewussten Mütter und Väter. Das Insiderwissen wird weitergereicht. Es pflanzt sich gewissermaßen fort. Doch Ingrid Auer setzt hier noch eins drauf: Nicht nur auf Deutsch, sondern auch in Englisch, Holländisch und Spanisch – „spirituelle Pädagogik" [289] sei nun der neueste Schrei, erfahren die Besucher am Lichtpunkt-Infotag. Die demütig dienende Ingrid habe von ihren „Angies"[66] den Auftrag erhalten, ein „Megaprojekt"[70] aus der Taufe zu heben, eine spirituelle Schule. Und ehe man sich versieht, findet sich im Seminarprogramm die Ausbildung zum „Spiritual Education Practitioner" [290]. Ziel sind die sogenannten „Familienstrukturen der Neuen Zeit".

Engelsschule mit royalem Flair

Die norwegische Prinzessin Märtha Louise hat im Jahre 2007 das Zentrum „Astarte Education" in Oslo gegründet. Ziel ist es, Kindern die Kommunikation mit Engeln beizubringen. Engel sind für Märtha Louise „Lichtgestalten, die nun mal manche sehen können und andere nicht". Laut den Society-Gazetten geht das Geschäftsmodell der Prinzessin auf. Denn mittlerweile tourt sie mit ihrem pädagogischen Konzept

quer durch Europa, schreibt Bücher und füllt ganze Hörsäle. Allein mit ihren Publikationen hat die norwegische Adelige bis Ende 2012 schon rund vier Millionen Euro eingenommen.
Quellen: [291] [292]

Auch der Besuch eines Kryon-Festivals offenbart, wie man den Konsum von Lichtfrequenzen gewinnbringend in die nächste Generation tradiert. So weit das Auge reicht: Mütter mit Babys, Eltern und ihre Kinder, Jugendliche jeden Alters. Auch sie lauschen aufmerksam den gechannelten Durchsagen, denn das gehört längst zu ihrem Alltag. Geprägt vom Elternhaus und allen möglichen extraterrestrischen Meistern könnte man diese Kinder getrost als „Spiritual Natives" bezeichnen. Aber vielleicht liegt das auch daran, dass sie die „Kryon-Kinderschule" [293] in Lautertal besucht haben. Womöglich wurde dort auch ein „Schwertschmiedeworkshop" – Stichwort magisches „Lichtschwert" – absolviert. Vielleicht durchliefen sie auch einen „Quantum Matrix® for Kids"-Workshop in Kitzbühel [294], speziell für Indigo- und Kristallkinder, wer weiß?
Die „Kinder der Neuen Zeit" werden zweifelsohne zu neuen Verbrauchern vieler auf sie abgestimmter Produkte und Kurse. Die sogenannten „Bewusstseinsschulen" sorgen somit für Nachschub von Abnehmern und begeisterten Fackelträgern. Es scheint, als wolle man hier eine Art neue „Lichtjugend" für eine neue, lichtvolle Ära heranzüchten.

info

Die eigenen Eltern erziehen ihre Nachkommen zu Indigokindern und sorgen so für eine neue Käuferschicht spirituell Bedürftiger. Leiter von Aufstiegsschulen unterstützen diesen Prozess durch ein eigens auf diesen Zweck abzielendes Seminarangebot sowie durch passende Produkte.

Esoterik-Messe als Schulunterricht

Wie man in Österreich dem schlechten Abschneiden in der PISA-Studie beikommen will, demonstriert man in Wien. Über 500 Volksschulkinder bekamen im September 2012 einen ganzen Vormittag unterrichtsfrei. Grund war der Besuch einer Bildungs- und Erlebnisveranstaltung der besonderen Art. Gemeint ist die „7. Energethikerstadt", eine esoterische Fachmesse mit einem eigenen Schulschwerpunkt namens

„kids4energy". Damit verbunden waren insgesamt acht Workshops mit Themen wie Edelsteinbehandlungen, „Kinderenergethik" (Motto: „Alles ist Energie") und eine „Reise in eine neue Dimension". Auch ein offener Brief der Medizinjournalistin Krista Federspiel (Gesellschaft für kritisches Denken) an den Wiener Stadtschulrat konnte diese magische Exkursion nicht verhindern.
Quellen: [295] [296] [297]

Das spirituelle Elternhaus

„Meister-Auraessenz Maria" –
„Erkennen und Beenden von persönlichen Dramen" [119]

Um nun dem Nachwuchs eine optimale Nährlösung zu bieten, bedarf es der Bereitstellung neuer Familienstrukturen. Denn nur ein Umfeld geprägt von liebevollem Einklang ermöglicht die volle Entfaltung einer indigofarbenen Aura. Dass die schon besprochene Disconnect-Policy gerade auch in Sachen Partnerschaft nach konsequenter Umsetzung schreit, beweist neben anderen auch Barbara Bessen. Sie beziehungsweise das durch sie sprechende Lichtwesen schenkt ihren Lesern „Mut, den nächsten Schritt zu tun" (...) „Beziehungen der neuen Energie: Und die Partnerschaft, die jetzt zu dir kommt (...) ist eine geführte, die du in Resonanz angezogen hast." [167]

Auch eine Lektüre von Anselmis Lichtkörper-Anleitung nimmt vorweg, welche Stationen einen klassischen spirituellen Werdegang so ausmachen. Denn spätestens bei „Stufe 8" wird man wortgetreu „immer weniger Lust haben, eine ungleiche Partnerschaft weiterzupflegen" [73]. Schließlich spüren feinstofflich Fortgeschrittene „alle unharmonischen Energien im Umfeld". Jede Beziehung mit einem unspirituellen Menschen wird folglich nicht nur unmöglich, sie wird irgendwie auch unmoralisch.

Spirituelle Partnersuche als „Königsweg zum Glück"

Dass es sich mittlerweile kein namhaftes Datingportal mehr erlauben kann, nicht auch den Wunsch nach „spiritueller Partnersuche" zu bedienen, beweist ein Streifzug durch führende Onlineplattformen:

- „Spirituelle Partnersuche ist die Spezialität von *ElitePartner*", versichert der Anbieter für „Akademiker und Singles mit Niveau".

• „Mit spiritueller Partnersuche den Traumpartner finden", lautet eine vielversprechende Headline beim „Stiftung-Warentest-Testsieger" *Parship.* Das klingt zwar „sehr stark esoterisch, ist aber eines der wichtigsten Kriterien bei der Suche nach dem Lebenspartner", auch „Dual- oder Zwillingsseele" genannt. Das Gelingen steht und fällt hier mit dem Entwicklungsstand des Kunden. Denn nur „wenn man mit seiner Seele selbst im Klaren ist, kann man auch sein spirituelles Gegenstück finden".

• Spezialisierter und ohne allzu viel weltlichen Ballast präsentiert sich da schon *Spirituellepartnersuche.de:* „Sag mir, wer dich bewundert und liebt, und ich sage dir, wer du bist." Der Einstieg erhält hier einen besonderen Touch von Verbindlichkeit. Denn der „Lebenssinn eines jeden Menschen auf der Erde ist letztendlich die Suche nach dem Seelenpartner (...) Was immer er auch erreicht, er wird unvollständig sein, so lange er nicht seine andere Hälfte gefunden hat." Und wenn's nichts wird? Dann müssen wir wohl „bis zur nächsten Inkarnation warten, bis wir es besser machen ..."
Quellen: [298] [299] [300]

Doch wie so oft – keine Einbuße ohne doppelten Lohn. Kurzum, Anselmi winkt mit dem „kosmischen Orgasmus". Dieser sei aber nur mit „Partner/innen" möglich, die einen ähnlichen Entwicklungsstand haben" [73], so die viel zitierte Autorin. Das Reinemachen in der eigenen Familie trägt so immerhin Früchte; nicht nur für den Nachwuchs, sondern auch für den Follower selbst. Die Entschlossenheit, mit der spirituelle Karrieristen ihr Beziehungsleben und die Familienplanung vollends höheren Mächten unterordnen, erinnert nicht zuletzt an den Stolz mancher weltlicherer Missionare: „I've never knowingly slept with a Windows-user ... that would never ever happen", so eine überzeugte Apple-Enthusiastin im Film „MacHEADS" [165].

info

Kinder astraler Abstammung bedürfen besonders spiritueller Eltern. Sollte der Partner aus der „alten Energie" nicht ins Konzept passen, empfehlen esoterische Propagandisten, dieses Drama tunlichst zu beenden. Als Preis winkt wie immer eine neue, dem Aufstieg dienliche Beziehung der Neuen Zeit.

Open End

Spätestens mit der Übertragung esoterischer Aufstiegslehren hinein ins Familiäre ergeben sich mehrere bewusst herbeigeführte Effekte. Über die Ausweitung des Umsatzes und den Prestigegewinn bei den Eltern haben wir soeben gesprochen. Nun wollen wir der Bedeutung dieser hier mitschwingenden Endlosigkeit Aufmerksamkeit schenken. Denn in dem, was sich heutzutage spirituell nennt, herrscht ein ehernes Prinzip: Es muss immer weitergehen. Immer neue Zielgruppen, immer neue Entwürfe – das Projekt der kollektiven Himmelfahrt darf nie aufhören.

Der Weg ist das Ziel – spirituelles Jagdfieber

Schon an anderer Stelle wurde die feinstoffliche Transformationsmaschinerie mit den Regelwerken von Spielcasinos verglichen. Sie erinnern sich? „Je später der Abend, desto höher die Einsätze." Der beständig Nachwerfende erliegt einer Art spirituellem Jagdfieber. Die Sehnsucht wächst dabei mit Zunahme der Investitionen. Christian Mikunda beschreibt dieses System anhand irdischer Spielparadiese. Er spricht vom sogenannten „Las-Vegas-Prinzip" [61]. Dieses provoziert im Rezipienten eine vibrierende Vorfreude, ein inneres Prickeln. Das Casino wird so für seinen Insassen zu einer traumhaften Erlebniswelt – und genau darauf kommt es an.
Aus diesem Blickwinkel lässt sich dieses kostenintensive Verharren im Irrationalen noch besser verstehen. Ob nun in der Spielbank oder am esoterischen Roulettetisch: immer neue Verheißungen, immer neue Einsätze. Der Kunde verliebt sich in dieses sich stetig wiederholende Wellenbad. Hinzu kommen noch aufreizende szenische Arrangements: hier die bunten Jetons, flackernde Anzeigetafeln und das unaufhörliche Klingeln der Spielautomaten, da allerhand lichtvolle Meditationen, hochfrequente Engelsgesänge und betörende Schwingungsparfums. Wie bereits im Schritt 4 beschrieben, erfüllt all das den Umgarnten mit Beglückung. Und, darum geht es hier, dieses verzauberte Feeling darf niemals enden. Mikunda bringt es auf den Punkt: „Die Jagd ist das Ziel" [104], so der österreichische Marketinginsider. Demnach bedarf es immer neuer Welten, Preise und Verheißungen, denen es hinterherzufiebern gilt. Denn die damit einhergehende Berauschung fungiert als eigentlicher Profit. Und nur wer ständig dranbleibt und immerzu nachwirft, sichert sich seine Existenzberechtigung in diesen funkelnden Sphären. Jede endgültige Zielerreichung wäre demnach sogar kontraproduktiv.

„99. Treffen der Lichtpioniere (...)“ [198]
Teilnahmevoraussetzung dafür: Pionierschritt 98.
Kein Wunder also, wenn esoterische Dramaturgen ihren Aufstiegsstufen beständig weitere Levels und Etagen der Selbstvervollkommnung hinzufügen. Und hat man dann endlich den finalen Schritt ins Licht gemeistert, folgen plötzlich noch Pionierschritte, Meisterschritte und und und. Dabei wird diese umsatzeffiziente Open-End-Maschinerie von den darin Verstrickten wiederum nicht als zermürbend oder gar hinterhältig empfunden. Diese dauerhafte Kundenbindung wird sogar gewollt, das Aufrechterhalten der Täuschung gewissermaßen begrüßt. Die These mag gewagt erscheinen, doch ist sie wirklich so abwegig? Insgeheim streben Lichtarbeiter gar nicht nach Erleuchtung, denn mit dem Knacken des Jackpots wäre das Spiel ja schlagartig vorbei. Ihre Beglückung wurzelt viel eher im unaufhörlichen Nervenkitzel und der Freude an der spirituellen Schnitzeljagd. Der Weg ist das Ziel.

Spirituelle Leistungsethik

Damit kennzeichnet die spirituelle Szene ein Wesenszug, der uns durchaus auch in der Normalgesellschaft begegnet: Max Weber hat es in seinem Standardwerk „Die protestantische Ethik und der Geist des Protestantismus“ [301] nachvollziehbar herausgearbeitet. Schließlich rückte mit dem lutherischen Verständnis von der Erlösung als einem Akt göttlicher Gnade das Eingehen ins Himmelreich in den Bereich des Ungewissen. Ohne die fixe Garantie auf eine finale Errettung blieb den Gläubigen nur mehr eines: ständiges Dienen und unentwegtes Tun. Dieselbe Getriebenheit übertrug sich folgenschwer in die moderne Leistungsgesellschaft. Arbeit nicht nur als Mittel, sondern vor allem als Ziel. Denn unentwegter Tatendrang dient dem spirituell Obdachlosen als gemeinschaftssicherndes Projekt, als Sinnbeschaffung inmitten zu vieler Fragezeichen.
Übertragen ins Esoterische ließe sich Folgendes schlussfolgern: Ein Lichtarbeiter braucht beständig was? Arbeit! Denn ohne seine spirituelle Dienerschaft fühlt er sich nicht nur arbeits-, sondern vor allem auch sinnlos. Der Drang nach endloser Selbst- und Fremdverbesserung hält seinen Energiekäfig aufrecht. Und genau das wiede-

rum befreit ihn von wirklich drängenden Fragen seines Daseins. Tu felix Culpa (lat. Du glückliche Schuld): Dass auf diesem Wege immer neue Blockaden, energetische Störquellen, Flecken in der Aura oder endlose karmische Mitbringsel aufzulösen sind, ist irgendwie logisch.

info

Einen Gutteil ihrer Spielfreude generieren spirituelle Aufsteiger aus dem Antrieb, ständig etwas tun zu müssen. Derart absorbiert fühlen sie sich von Kernfragen des Daseins entlastet. Eine Community von Gleichgesinnten verleiht dieser Fluchtreaktion noch die nötige soziale Bestätigung.

Sie bauen weiter – spirituelles Crowd-Sourcing

„Bildlich ausgedrückt ist es wie bei dem Bau eines Hauses: Es gibt einen Maurer, einen Zimmerer, einen Dachdecker, einen Installateur usw.“
www.kryonschule.de [99]

Einem Unbehelligten mag es also noch paradox erscheinen, dass spirituell Ambitionierte trotz der nie eintretenden Vollendung ohne Unterlass weitermachen. Doch dient ihnen gerade dieses pausenlose Dranbleiben als Schlüssel zu einer sonderbaren Form von Glückseligkeit. Mittels ewiger Selbstumkreisung sperrt man sich erfolgreich von einer immer bedrückender empfundenen Realität weg.

Eine gute Gelegenheit, sich nun einer weiteren Eigentümlichkeit dieser Esoterik 2.0 zu widmen: dem aktiven Weltenbau durch die User selbst. Immerhin haben wir es hier nicht nur mit Con-, sondern vor allem auch mit Prosumern zu tun. Diese zimmern nun eigenständig am innerweltlichen Cyber weiter.

Dabei erinnert die hierin angestrengte Phantasie an einen regelrechten Kreativwettbewerb: „Werde EINS mit Lady Gaia“, propagiert die Website, und das beim „Fest der Engel“ [302] in Frankfurt. Besonderes Selbstbewusstsein demonstriert der Veranstalter aus Königstein mit seiner eigenen Version von Ehrenschutz. Diesen übernehmen die „Lichtarbeiter der Meere“, namentlich „Delfine und Wale". Selbst ernannte Lichtpioniere preschen hier mutig nach vorne und inszenieren wiederum neue Conventions und Heilfestivals. Doch ist es nicht nur diese Unzahl an magischen Zusammenkünften, die wie die Pilze aus dem Boden schießen. Eine Lektüre des *MERKABA-Magazins*[67] bietet einen Vorgeschmack auf die Vielfalt, in der sich immer das Gleiche manifestiert: „Channelings „für Mensch und Tier", „Online-Erwachen", Ausbildungen zum „Erdenverkünder" und zum „Planetenbeauftragten", Einweihungen in die „Christus-Strahlkraft", „persönliche Einhornbilder", „Merlin"-Heilgitternetze, „Aris Erdungs-Socken", „Energetische Haarschnitte", Bücher für „Feen, Engel, Wurzelgnome und sonstige Menschen auf diesem Planeten" oder ganz simpel „Drachenhandbücher" [303] – jeder konstruiert hier seine eigene kleine Scheinwirklichkeit, beseelt von der ganz eigenen Expertise in was auch immer.

Was wir hier erleben, ist gelebtes Mitmachen und -wirken. Dabei kommen ganz ähnliche Mechanismen zum Tragen, wie wir sie auch in „Techno-Religionen" vorfinden. Denn erst die vielen kleinen, von den Usern selbst programmierten Apps beförderten Macintosh zum Big Apple. In gleicher Weise nutzte auch der dänische Spielwarenhersteller Lego das Kreativpotenzial seiner Kunden. Lego bediente sich der Produktivkraft des Crowd-Sourcing und ernannte die User selbst zu Designern. Angetrieben durch den Esprit vieler neuer Lego-Konstrukteure erwuchsen so zahllose neue Kreationen. Neben verschiedenen Awards war es vor allem die Freude am Mitmachen, die Legos Produktpalette um ganze Universen bereicherte [55].

Und was die Spielzeugindustrie vorwegnimmt, das schreit offensichtlich nach Manifestation im Spirituellen. Wie wohl in kaum einem anderen Wirtschaftszweig appelliert man in diesem Business vehement an die Gabe des Mitschöpfertums:

„Nehmt euch die Zeit, eure Gabe des Mitschöpfertums kennenzulernen, denn (...) ihr seid es selbst, die es mit euren höheren Kräften miterschaffen müsst."

Rede des Magnetismus-Meisters an die Menschheit [304]

Denn Esoterik ist Phantasie pur. Je traumhafter nun die Interpretationen und die Konstrukte, desto unzweifelhafter der spirituelle

Reifegrad der Mitwirkenden. Ihr uneingestandener Wetteifer motiviert dabei wieder zusätzlich. Aus dem Sonnensystem erwächst eine Galaxis. Wie bei enthusiastischen Onlinegamern, die irgendwann aus eigenem Antrieb neue Levels und Szenarios entwerfen, darf das Spiel auch hier niemals enden. Die spirituelle Aufstiegsstory wird zur unendlichen Geschichte. Passend zu den Wortmeldungen von Kryon und Co. schließen wir mit einem Zitat eines äußerst erfolgreichen, aber nicht minder umstrittenen Feldherrn und letztlich Diktators: „Ein Mensch steigt niemals höher, als wenn er nicht weiß, wohin er geht." (Oliver Cromwell)

info

Analog zu Ideenwettbewerben irdischer Unternehmen profitieren esoterische Vermarkter vom Mitschöpfertum ihrer User. Im Bestreben, die Spielwelt ewig auszudehnen, entwerfen diese selbst immer absonderlichere Sphären, Energien und Dämonen. Und das alles nur, um sich und anderen eine endlose Beschäftigung mit dem und einen Verbleib im Innerweltlichen zu ermöglichen.

Geldverdienen am Palmenstrand – *Magic Life* einmal anders

„Ich sage dir, von dem Moment an, in dem du das erste Mal mit deinem Körper auf Reisen gehst, wirst du nie mehr das Bedürfnis nach Urlaub haben", verspricht Adonai Sahtar Sharan im Skriptum der Kryonschule. Doch was für die Schützlinge gilt, muss noch lange nicht für die Macher zutreffen. Denn während die User am Spielschloss eifrig weiterbauen, versüßen sich die Drehbuchschreiber ihre Südseeaufenthalte gerne mit einem netten Nebenverdienst.
„Sei frei, das zu sein, was du wirklich bist - unendlich schönes Licht", lautet der Slogan eines Intensivworkshops der „Kryonschule Bali". Denn für „alle, die bereit sind, sich schnell und intensiv in ihr Licht hineinzuentwickeln", gibt's hier „die 48 Schritte in 30 Tagen". Von „Heilen über Manifestieren, Materialisieren und Telekinese bis hin zur vollständigen Ausbildung deines Lichtkörpers" wird hier so einiges versprochen. Schlussendlich soll im gleichen Zug das „Reisen mit dem physischen Körper in andere Dimensionen" möglich werden. „Im Bali Mandala Ressort bleibt kein Wunsch unerfüllt", fasst der orange-goldene Prospekt zusammen. „Deine Zellen werden umprogrammiert (...) Du wirst ein neuer Mensch auf Erden sein." Das alles gegen Geld, versteht sich. Kostenpunkt: 5178 Euro. Eine scheinbar sinnvolle Investition - nicht nur für eine bessere Zukunft, nein für bessere Menschen.

Auch die Engel mögen's heiß

Dass dieses Modell der Urlaubsfinanzierung Schule macht, beweisen auch andere Anbieter. So Patricia Saint Clair mit „LotosLove"-Lehrgängen in Spanien, Ingrid Auer mit ihrem Lichtpunkt-Ableger „Punto de Luz Espana" (pdles.com) auf Mallor-

ca oder ein Lichtpionier aus Frankfurt mitsamt Delfinenergien „auf Hawaii". Denn auch unter den sogenannten Engeln der Meere „gibt es Lichtarbeiter", außerdem sei Hawaii „das Wurzelchakra unseres Planeten", versichert der Flyer. Doch auch Christina Soraia verheißt Transformation unter Palmen. „Sei dabei, wenn Engel Urlaub machen", so ihr Motto. Auf Lanzarote bietet die Absolventin der „freien Kryon-University" eine ideale Gelegenheit, „Erdenschwere abzustreifen und wieder zu dem hellen Licht zu erwachen". Transformation also auf allen Ebenen, vor allem aber auf der finanziellen: Eine Woche für „999 Euro pro Person (zuzüglich Kost und Flug)".
Quellen: [87] [305] [306] [307] [308] [309]

Das Gefängnis macht den Wärter

An diesem Punkt gebührt es dem Autor, Ihnen, dem Leser, zu danken. Wenn sie diesen Prozess bis hierher mitgemacht haben, spricht das nicht nur für ein gewisses Durchhaltevermögen, sondern auch für Ihre Fähigkeit, mit der einen oder anderen Unstimmigkeit umzugehen. Ging es mir doch keineswegs um die Postulierung endgültiger Wahrheiten, das können andere ganz offensichtlich besser, sondern um eine multiperspektivische Sicht auf sehr bizarre Erscheinungsformen einer allgemeinen Weltflucht. Dass gerade die „moderne" Esoterik hier zahlreiche Auswüchse der Selbstverblindung in einem Überbegriff subsumiert, soll uns nicht davon ablenken, dass wir es mit einem gesellschaftlichen Problem zu tun haben. Der Fingerzeig auf andere ist immer einfach. Doch die Gesellschaft, das sind schon wir alle.
Das Folgende soll nun nicht wie ein Freispruch klingen. Doch betrachten Sie es zumindest als einen Versuch, das letzte große Geheimnis zu lüften. Denn abseits aller Einsichten und Verständnisfähigkeit bewegt mich noch eine zentrale Frage: „Wie kann man nur derart bösartig sein?" Gewiss, das klingt ein wenig naiv. Ich solle mich von der Vorstellung lösen, dass der Mensch im Grunde gut sei, riet mir daraufhin ein prominenter Religionswissenschaftler. Mag sein, dass er recht hat. Doch gestatten Sie mir diesbezüglich ein letztes Erklärungsmodell. Vielleicht schaffen wir es ja, die Kirche im Dorf zu lassen, vielleicht auch nicht.
Dabei möchte ich hier einige Grundgedanken vorwegschicken: Konsumation und Gläubigkeit stehen in der Esoterik 2.0 in einem

direkten Verhältnis zueinander. Dabei schreit nicht nur das ausgegebene Geld nach innerer Rechtfertigung, auch das eingenommene verlangt nach einem Alibi. Ob wir es nun Fehlinvestitionsfalle oder Dissonanzspirale nennen: Vieles des bisher Beschriebenen prägt nicht nur den Manipulierten, sondern fällt in ähnlicher Weise auch auf den Urheber zurück. „Du bist mein Schöpfer, doch ich bin dein Herr" [310], heißt es in Mary Shelleys „Frankenstein". Die Kreatur ergreift Besitz von ihrem Erzeuger und lässt ihn nicht mehr los. Oder etwas weniger pathetisch: Verkäufer sind oftmals selbst ihre besten Kunden. Und so wollen wir abschließend noch die Transformation des Drehbuchschreibers selbst thematisieren. Zur Veranschaulichung der hierbei möglichen Wechselwirkungen noch ein Fallbeispiel aus der Realwelt.

Die Macht der Situation

Dass sich nicht einmal weltberühmte Wissenschaftler der Sogwirkung wirkmächtiger Settings entziehen können, beweist ein Meilenstein der psychologischen Forschung. Die Rede ist vom *„Stanford-Prison-Experiment"* [311]. Sein Ziel bestand in der Erforschung menschlichen Verhaltens unter den Bedingungen der Gefangenschaft. Das Gefängnisleben wurde dafür originalgetreu nachgestellt. Im Dienste der Wissenschaft übernahm nun ein Teil der mitmachenden Studenten die Rolle der Wärter, der andere spielte die Insassen. Zwei Wochen sollte der Versuch dauern, dessen jähes Ende schließlich weltweit durch die Medien ging. Aufgrund einer drohenden Totaleskalation der mittlerweile herrschenden Gewalt unter den Probanden musste das Experiment bereits nach sechs Tagen abgebrochen werden. Was war geschehen? Ab einem gewissen Punkt spielten Wärter als auch Gefangene nicht nur ihre Rollen, sie lebten sie förmlich. Ob nun als Peiniger oder als Gepeinigter: Das Screenplay schien von ihnen Besitz ergriffen zu haben. Soviel zum bekannteren Teil der Geschichte. Was rund um dieses Experiment jedoch leider nur selten zur Sprache kam, waren die zugleich ablaufenden Entwicklungen bei Versuchsleiter Philip Zimbardo selbst, der irgendwann die Kontrolle verlor. Unfähig, die wissenschaftliche Distanz zu wahren, wurde er selbst Teil des Settings und ein getreuer Diener seiner eigenen Schöpfung: dem Experiment. Aus dem ursprünglichen Rollenspiel wurde so auch für ihn bitterer Ernst, das von ihm simulierte Gefängnis zu seinem sein eigenen „Prison". Tatenlos sah er bei den desaströsen Entwicklungen zu, ohne den Versuch abzubrechen. Erst eine rettende Intervention von außen öffnete dem Verfasser mehrerer psychologischer Standardwerke die Augen. Er selbst hätte laut eigenen Angaben das Experiment vermutlich nicht vorzeitig beendet [312]. Der beginnende Wahnsinn hätte ungehindert seinen Lauf genommen. Retrospektiv lässt sich das Geschehene freilich besser verstehen. Zimbardo nennt sie die „Power of the Situation" [312]. Gemeint ist die Bannkraft identitätsformender Umstände, die Täter zu Tätern und Opfer zu Opfern werden lassen. Er erinnert dabei passend an die jüngsten Folterskandale in Guantanamo oder Abu Ghuraib. Der Psychologe fast unmissverständlich zusammen: „Put good people into a bad situation!" Vielleicht lässt sich aus dieser Perspektive auch die eine oder andere Kaltschnäuzigkeit der in diesem Buch dargestellten „Gefängniswärter" erklären. Rechnen wir nun hinzu, dass hier auch einiges an nicht unbedingt altruistischer Grundmotivation nach innerer Schönfärberei verlangt, können wir erahnen, wie magnetisch der eigene Weltenbau irgendwann wirken muss.

Unendliche Geschichte, ganz ohne Ende

Ob nun im Buch oder im Film, gut erzählte Storys fesseln. Es fällt oft schwer, sich ihrem Zauber zu entziehen. Und das gilt nicht nur für den Leser, sondern genauso für den Autor. Diese beidseitige Wirkung auf Rezipient als auch Verfasser versinnbildlicht ein bekanntes Werk. Wer kennt diese Geschichte nicht? Ein kleiner Junge stößt auf einen Roman, dieser verzaubert ihn, er verliert sich in dessen Handlung und landet schlussendlich im Traumland „Phantasien". Dort erwartet ihn mit der Figur des Atréju eine Ersatzidentität, die alle Charakterstärken besitzt, die der Realperson fehlen. Sich dazu berufen fühlend, diese zauberhafte Märchenwelt vor dem alles verschlingenden „Nichts" zu bewahren, beginnt der Junge diese mit seinen eigenen Wünschen neu zu erschaffen. Ausgestattet mit einem magischen Amulett legt er seine alte schwache Persönlichkeit ab und findet zu ungeahnten Stärken im Reich der Imagination. Aber Achtung: Der Deal hat seine Tücken, denn das Phantastische gibt's nicht ohne Gegenleistung. Mit jedem einzelnen Wunsch verliert er Schritt für Schritt seine Erinnerungen an die alte, die reale Welt. Nahe dem Wahnsinn kratzt der Hauptakteur Bastian Balthasar Bux jedoch noch die Kurve und findet zurück ins Reale. Die Erfahrungen aus der Märchenwelt bereichern fortan seinen Lebenswandel.

Michael Endes Roman „Die Unendliche Geschichte“ [313] liefert uns zweifelsohne eine passende Metapher für die Wirkmacht des Phantastischen. Dabei sei betont: Rausch und Ekstase sind gut und recht, solange sie psychisch integriert werden, solange der Held wieder in die Realwelt zurückkehrt. Doch in der Esoterik 2.0 fährt der Zug in eine vollkommen andere Richtung. Ganz offensichtlich legen die hier tätigen Drehbuchschreiber keinerlei Wert auf irgendeine Form von Notausgang aus ihren spirituellen Irrgärten. Zum einen steht dahinter sicher bewusstes Kalkül, zum anderen liefert uns nicht zuletzt Michael Ende selber einen Erklärungsansatz, warum das Aufhören unmöglich wird. Denn wieder war es der Verfasser selbst, der bis zum Schluss nicht wusste, „wo der Ausgang von Phantasien ist“ [314], so Ende. Wie hat der Autor das nun gemeint? War auch er nahe am Wahnsinn, absorbiert vom eigenen Storyboard? Verlor auch er sich beinahe in einer unendlichen Geschichte?

Wie auch immer, magische Erzählungen entwickeln ab einem gewissen Verbreitungsgrad eine nicht zu unterschätzende Bannkraft. Gestützt von einer applaudierenden Community ist nicht auszuschließen, dass spirituelle Dramaturgen nach und nach beginnen, ihre phantastischen Konstrukte selbst für bare Münze zu nehmen. Auch der Blick auf den Kontoauszug spricht für sich, der Erfolg gibt ihnen recht. Diese künstliche Blase unentwegter Bestätigung erhebt sie zu Halbgöttern, eingekleidet in spirituelle Klischees. Der Schwindel wird zur Wahrheit, der Transformationsladen zum narzisstischen Gefängnis – auch für die Wärter.

info

Auch esoterische Dramaturgen bleiben von ihren eigenen Geschichten nicht verschont. Die von ihnen geschaffenen virtuellen Auswüchse wirken auf sie zurück und verfestigen ihre ursprünglich vielleicht nur gespielte Rolle zu einer fixen Identität. Das Märchenschloss mitsamt Hofstaat wird zur narzisstischen Falle. Soziale und monetäre Bestätigung verhindern jedes Entrinnen.

Per Freiflug in die Unendlichkeit

Egal ob nun in klassischen Sekten oder in der hier beschriebenen Esoterik 2.0: User und Leitmedien befinden sich in einer fatalen Wirkungsschleife. Der Fachausdruck hierfür lautet „narzisstische Kollusion". Gemeint ist damit ein verhängnisvolles Zusammenspiel. In der Hoffnung auf Meisterschaft erniedrigen sich die einen, die anderen erstrahlen genau hierdurch in noch grellerem Glanz. Je mehr sich nun die Anhänger selbst entmündigen, desto noch mehr können sie an dem von ihnen verliehenen Heiligenschein der von ihnen Verehrten teilhaben. Eine unheilvolle Win-win-Situation, welche Abnehmer und Versorger gemeinsam abheben lässt, fern von der Welt, unerreichbar für Angehörige und alte Freunde. Oft resultiert hieraus eine Irrfahrt ohne Wiederkehr.

Wir schließen mit einem ausdrucksvollen Sinnbild. Hier die finalen Zeilen aus David Bowies „Space Oddity":

Ground Control to Major Tom
Your circuit's dead, there's something wrong
Can you hear me, Major Tom?
Can you hear me, Major Tom?
Can you hear me, Major Tom?

Das Letzte, was wir von Manuel hörten ...

... beziehungsweise sahen, war ein Link zu einem YouTube-Video. Der Text der dazugehörigen E-Mail stimmte uns mulmig: „Unsere Freunde sind endlich angekommen. Ihr werdet es sehen, das Alte wird vergehen, eine neue, schöne Zeit beginnt."
Das Zwei-Minuten-Filmchen sollte wohl so etwas wie eine Ufo-Landung zeigen, irgendwo in Japan. Einer der diesseitigen alten Freunde erlaubte sich daraufhin eine zynische, aber nicht weiter zu kommentierende Bemerkung: „Das Ganze sieht so unecht aus, das kriegt jeder Dreizehnjährige mit seinem iPhone besser hin."

„400.000 Euro an einem Wochenende … und das alles mit einem riesen Schwindel?"
Mein Staunen trägt Züge von Unbehagen.

Aussteller (lacht wieder herzhaft): „Natürlich ist alles ein Schmäh …, aber die Leute machen mit!"

Anmerkungen

1 Aus Edvard Griegs Peer-Gynt-Suite Nr. 1. Diese geht auf das gleichnamige dramatische Gedicht von Henrik Ibsen zurück. Die Erzählung dreht sich rund um den norwegischen Bauernsohn Peer Gynt, der (in seine ärmlichen Lebensumstände verdrängt) sich zum Helden verklärt und mit phantastischen Geschichten der Realität entflieht.
2 Der Autor möchte an diesem Punkt festhalten, dass viele traditionelle Schulen meditativer Innenschau auf die Transzendierung ebendieser Subjekt-Objekt-Trennung abzielen.
3 Dieses Schnäppchen ergatterte Manuela im Mittelgang bei Aldi (in Österreich „Hofer").
4 *„Engel in meinem Haar: Die wahre Geschichte einer irischen Mystikerin"* Die Autorin Lorna Byrne präsentiert laut Amazon *„eine Offenbarung, die deine Augen öffnen und dein Leben verändern wird"*.
5 Suchmaschinen können hier durchaus erhellend sein.
6 In esoterischen Kreisen geläufige Anrufung der *„Grünen Tara"*. Die Figur stammt ursprünglich aus dem tibetischen Buddhismus. Übersetzt würde man wohl von der *„grünen Befreierin"* sprechen.
7 *„In hoc signo vinces"* (deutsch: „In diesem Zeichen wirst du siegen"). Der römische Kaiser Konstantin instrumentalisierte nach einer Art Offenbarung erstmals das Kreuz als Feldzeichen und besiegte im Jahre 312 n. Chr. die Truppen seines Widersachers Valerius Maxentius.
8 Das Design der Bissstelle sowie des Blattes bedienen sich dabei exakt der Form der sogenannten „Vesica Piscis". Diese geometrische Figur bildet die Schnittfläche zweier Kreise mit selbem Radius und erinnert an eine Fischblase (von lat.: Vesica, *Blase* und Piscis, *Fisch*). Hierbei handelt es sich um ein mystisches Symbol aus der heiligen Geometrie, welches die Kreuzung der Welt des Materiellen mit der Welt des Göttlichen versinnbildlichen soll. Die Vesica Piscis dient dabei genauso als Symbol für die Vagina der weiblichen Muttergöttin sowie in stilisierter Fischform als Jesus-Insignium.
9 Der Warenfetisch: Karl Marx beschreibt derart das quasireligiöse Verhältnis zwischen Menschen und Erzeugnissen arbeitsteiliger Produktion. Dabei werden dem jeweiligen Gegenstand Eigenschaften und Kräfte zugeschrieben, die jener seiner Natur nach gar nicht besitzt. Das von Menschenhand Geschaffene wird so selbst zu einer Art Gott.
10 So kam es bei der Markteinführung des iPhone 4S in China zu einigen Rangeleien. Hier ein Auszug aus der *Financial Times*: „Beim Verkaufsstart des neuen iPhone 4S in China ist es am Freitag zu schweren Tumulten gekommen. Verärgerte Kunden bewarfen den Apple-Store im Pekinger Einkaufsviertel Sanlitun mit Eiern, als der Laden wegen des

großen Ansturms aus Sicherheitsgründen nicht öffnete. Ein Großaufgebot der Polizei musste das Gebiet um den Laden räumen und vorübergehend abriegeln." (*Financial Times*, 13.01.2012).

11 Analog hierzu spricht Bernt Spiegel in seinem Werk *„Die obere Hälfte des Motorrads"* wörtlich von der *„Einheit von Fahrer und Maschine"*. Die damit einhergehende fühlbare Ausdehnung des Körperbildes über den PS-starken Unterbau bezeichnet Spiegel als *„Schnittstellenverschiebung"*.

12 Bhagwan Shree Rajneesh alias Osho unterhielt einen Fuhrpark von insgesamt 93 Rolls-Royce.

13 Der Vollständigkeit halber sei hier betont, dass es durchaus auch der Bhagwan-Kult zu einem Millionenpublikum brachte.

14 Crowdfunding: Diese auch als *Schwarmfinanzierung* bezeichnete Form der Kapitalbeschaffung dient der Umsetzung von Geschäftsideen und Projekten. Die Kapitalbeschaffung bedient sich dabei einer Vielzahl von Personen, vornehmlich Internetnutzern. Bereits im Jahre 2008 generierte Barack Obama einen großen Teil seines Wahlkampfbudgets über Spenden unzähliger kleiner Unterstützer, ebenso bei seiner Wiederwahl 2012.

15 Laut *Welt Online* wird der Umsatz am Esoterikmarkt in Deutschland 2021 bei ca. 25 Milliarden Euro liegen. Der Umsatz von Pornografie im Internet beläuft sich derzeit (2013) auf ca. 30 Milliarden Euro. Der Ratgebersektor konnte sogar im Krisenjahr 2010 um 9,9 Prozent zulegen.

16 *Affiliate-Marketing* kommt hauptsächlich im Internet zum Einsatz. Anbieter stellen hierbei ihre Werbemittel zur Verfügung, die wiederum auf Webseiten sogenannter *Affiliates* platziert werden. Die Vergütung der so gewonnenen Vertriebspartner erfolgt erfolgsorientiert mittels Provisionen. (de.wikipedia.org)

17 Zum Mitrechnen: Eine Kapsel des *„Arpeggio"* fasst 5 Gramm Kaffee. Eine Stange mit zehn Kapseln kostet 3,30 Euro. Eine einzelne Kapsel macht somit umgerechnet 33 Cent. Würden wir nun auf diesem Wege eine herkömmliche Kaffeedose (Fassungsvermögen 1000 Gramm) befüllen, so bräuchten wir dafür den Inhalt von 200 Kapseln zum Gesamtpreis von 66,– Euro.

18 Vgl. Norbert Bolz, *„Die Wirtschaft des Unsichtbaren"*.

19 Kognitive Maps: Man nennt sie auch *geistige Landkarten* oder *mentale Repräsentationen.*

20 *„Avalon"*: Mystischer, *„im Nebel verborgener"* Ort aus der Artussage. Der Zutritt zu Avalon ist nur Eingeweihten möglich. Der Wortstamm kommt vermutlich aus dem Keltischen. *„Abal"* bedeutet so viel wie *Apfel (engl. „Apple").* Avalon bezeichnet somit die *Insula Avallonis,* die begehrte *Apfelinsel.*

21 Sofern die Zahlen der Realität entsprechen, kann man sich ausmalen, wie viele Engelkarten und Aurasprays regelmäßig das Lager verlassen.

22 Abseits ihrer gerne formulierten *Zurück-zur-Natur-Botschaft* verhindern esoterische Weltbilder so oftmals ein echtes ökologisches Umdenken.

23 Lichtsprachen und ähnliche Sprachneuschöpfungen verleihen esoterischem Schrifttum einen zusätzlichen magischen Nimbus. Die katholische Kirche hat Latein aus ihrer Liturgie entfernt, esoterische Kulte geben den Leuten das hierdurch Verlorene wieder zurück und versorgen ihre Konsumenten mit so etwas wie Mystik.

24 *„Per aspera ad astra"*: Lateinische Redewendung, die so viel bedeutet wie: *„Über raue Pfade gelangt man zu den Sternen."*

25 Das Ingrid-Auer-*„Gesamtprogramm"* ist voll mit allerlei Schutzengeln. Dazu passend gibt's dieses nur gegen eine zusätzliche *„Schutzgebühr" von „EUR 3,–"*.

26 Aus einem Artikel zur sogenannten *„Tante-Emma-Esoterik"* von Matthias Horx und Eike Wenzel.

27 In Anlehnung an den Begriff *„Boutique-Religion"*.

28 Zehn Sorten Schokolade mal einer Variation von 16 Kapseln ergibt einen Erfahrungsreichtum von 160 verschiedenen Nuancen. Dabei *„schmilzt die symbiotische Vereinigung im Mund und entfaltet unerwartete, unbekannte Aromen"*.

29 Vorausgesetzt man kombiniert immer nur zwei Essenzen, also jeweils nur eine mit einer anderen.

30 Man denke dabei nur an beinahe religiös anmutende Auswüchse am Kunstmarkt.

31 Man denke zurück: Beim Launch des iPad wusste kaum jemand um konkrete Einsatzgebiete für das Gerät. Die verschiedenen Anwendungsbereiche entwickelten die Anwender erst hinterher.

32 Man beachte die Wortähnlichkeit im Englischen: *Holy* – geweiht, heilig; *whole* – vollständig, ganz.

33 Man nennt diese auch kurzerhand *„MRI"* (von „Magnetic Resonance Imaging").

34 *„Die Kryonschule kostet bei drei Schritten 110 Euro pro Monat"*. (www.kryonschule.de)

35 Lateinische Redewendung. Bedeutet so viel wie *„gesunder Geist in einem gesunden Körper"*.

36 Die Aufgabenfelder engelhafter Energieträger erinnern an die Vielfalt der griechischen und römischen Götterwelt. Für jedes Leiden, für jedes Bedürfnis gibt es eine eigene, dafür zuständige Gottheit.

37 In Anlehnung an die Radioreihe *„consumo ergo sum"* (lat. *Ich konsumiere, also bin ich*), Radio Orange Wien.

38 *„Nicht mit Alkohol mischen"*: Warnende Kennzeichnung von Red-Bull-Dosen in verschiedenen Ländern.

39 Mana: Aus Polynesien stammender Begriff. Umschreibt die spirituelle Energie von Gegenständen bzw. auch die Lebenskraft und Macht

von Personen. Mana entsteht interaktionell in Gruppen und beschreibt auch die Wirkungsweise und Ausstrahlung von Tabus.

40 Der Grundstein für dieses Gefühl einer geistig-emotionalen Verbundenheit wurde bereits mithilfe der Installation einer eigentümlichen Community-Sprache gelegt. Siehe Schritt 2, *„New age new speak"*.

41 Ganzes Zitat: *„Muslims go to Mecca, we go to Macca."*

42 Eine umfassende Studie zum rassisch-spirituellem Elitarismus innerhalb der Theosophie und Ariosophie findet sich bei Nicholas Goodrick-Clarke, *„Die okkulten Wurzeln des Nationalsozialismus"*.

43 Siehe Sigmund Freuds gesellschaftskritische Schrift *„Das Unbehagen in der Kultur"* aus dem Jahre 1930.

44 Morphisches Feld oder auch morphogenetisches Feld: Dieses Konzept des britischen Biologen Rupert Sheldrake bezeichnet ein hypothetisches Feld, das formbildend auf Strukturen der Biologie, Physik und Chemie sowie der Gesellschaft einwirken soll. Sheldrakes Hypothese konnte bis dato nicht empirisch nachgewiesen werden. In esoterischen Kreisen gilt das Modell der morphogenetischen Felder als quasiwissenschaftliche Untermauerung einer magisch-animistischen Weltsicht, in der alles mit allem energetisch verbunden zu sein scheint.

45 Im Neuesoterischen gängige Bezeichnung für energetisch Uninteressierte.

46 Nach Auskunft der Webseite *www.die-weisse-bruderschaft.de* sind *„Sowohl die Weisse Bruderschaft als auch ihre Lehre (...) rein esoterisch"*, also nach eigener Auskunft *„ungreifbar und unbeweisbar"*.

47 Was an der Tatsache nichts ändert, dass auch dieses *„Festival"* zweimal jährlich ausgebucht ist.

48 Kinder bekommen ausschließlich blaue Kuverts.

49 Das magische Dreieck der Geldanlage umschreibt die miteinander in Konkurrenz stehenden Ziele *Rentabilität, Sicherheit* und *Liquidität.* An jedem Eckpunkt des Dreiecks befindet sich stellvertretend ein Ziel. Da eine gleichzeitige Erfüllung aller drei Motive quasi unmöglich ist, wird das Modell auch *magisches Dreieck* genannt.

50 Lateinisch für „Erster unter Gleichen". Der Begriff wurde von Kaiser Augustus eingeführt und sollte dessen Gleichstellung im römischen Staatsgefüge nach außen tragen. Doch de facto war Augustus immer noch unumschränkter Herrscher.

51 Laut Website von Autor Werner Tiki Küstenmacher, *„Der deutschsprachige Lebensratgeber Nr. 1 seit nunmehr 10 Jahren"*.

52 Allen voran der alljährlich stattfindende *Engelkongress*. Veranstaltet von der etablierten Esoterikbuchhandlung *Wrage* jährte sich der *„internationale"* Kongress im Jahre 2012 bereits zum siebten Mal. Das Programm liest sich wie ein Who is Who der Schwingungs- und Channelingszene. Stets mit dabei finden sich bekannte Gesichter wie

Doreen Virtue, deren Sohn Charles Virtue, Diana Cooper, die norwegische Prinzessin und Leiterin einer Engelschule Märtha Louise, das hellsichtige Medium Jana Haas, Starautorin Lorna Byrne, die ehemalige TV-Moderatorin Sabrina Fox, die Fernsehstars Pierre Franckh und Michaela Merten, die berufene Isabelle von Fallois und last but not least Ingrid Auer.

53 Die in Deutschland, Österreich und der Schweiz tätigen Absolventen treten als von *„Jana Haas ausgebildete, praktizierende Cosmogetische Heiler"* auf.

54 In Milgrams Experiment mussten die Versuchspersonen in ihrer Funktion als Lehrer ihren Schülern – diese waren in Wahrheit Schauspieler – Denkaufgaben stellen. Für jede falsche Antwort sollten die Lehrer Stromstöße verabreichen, deren Intensität je nach Anzahl der Fehler schrittweise erhöht wurde. Zwei Drittel der Versuchspersonen gingen trotz heftigster Proteste und Wehklagen der Schüler bis zur maximalen Spannung von 450 Volt (also bis über die Todesgrenze) vor. Als zentrale Wirkfaktoren für derartigen Gehorsam wurden Faktoren wie „soziale Erwünschtheit" als auch die „Delegation" eigener Verantwortung an eine augenscheinliche Autorität herangezogen.

55 Esoterische Aufstiegskurse und Heimlehrgänge werden meist monatlich über ein Abo bezogen. Eine vorzeitige Kündigung ist bei vielen Anbietern nicht möglich.

56 Hierbei sei festzuhalten, dass der Social-Media-Kunde nicht unbedingt mit Geld, sondern vielmehr mit der Offenlegung seiner persönlichen Daten bezahlt.

57 Kurzform für *Multi-Level-Marketing*-Konstruktionen. Diese werden auch Schneeball- oder Pyramidensysteme bzw. Network-Marketing- oder Strukturvertriebe genannt.

58 Das *„institute of cosmic vibrational healing"* in Rosenheim wurde von ehemaligen Absolventen der Kryonschule ins Leben gerufen. Die daran angeschlossenen Priesterinnen und Priester haben es sich zur Aufgabe gemacht, *Luzifer,* dem gefallenen Engel, seine Heimkehr ins Himmelreich zu ermöglichen. Dieser soll wieder zum *höchsten Liebesengel* transformiert werden.

59 Praxisnähe wird im Esoterischen groß geschrieben. Denn wo es nichts zu verstehen gibt, da wird kurzerhand einfach Hand angelegt. Das blinde Tun ersetzt das Denken.

60 Gregg Braden erklärt in seinem Werk „Im Einklang mit der göttlichen Matrix" (engl. „The Divine Matrix") einfach und verständlich, „wie wir mit allem verbunden sind". Die Kurzbeschreibung verspricht den Gang in ein neues und sinnerfülltes Dasein: „Lassen auch Sie sich von der Matrix faszinieren, und lernen Sie so, die Botschaften des Lebens leicht zu verstehen und umzusetzen."

61 *„Die Transformation der Matrix und Matrixheilung auf Quanten-Ebene in LotusLove – Reines Bewusstsein und Pure Herzensliebe“* für angehende „Matrix Practitioner“, erschienen im Saint Clair Verlag.
62 „Der Ausgleich, der gespendet wird, beträgt € 20,–.“
63 Ein Auszug aus dem Covertext: „Der Lichtkörper ist ein wegweisendes Buch für alle, die sich im Prozess der Umwandlung vom grobstofflichen Körper zum Lichtkörper befinden – und das sind wir, früher oder später, die wir jetzt inkarniert sind.“
64 „Einwand-Vorweg-Behandlung“: Terminus aus dem Verkaufsjargon
65 Für Kinder kostet die Kryonschule „55 Euro pro Monat bei 3 Schritten im Fernlehrgang“.
66 Auch Manuel nannte seine gefiederten Wegbegleiter liebevoll die „Angies“, was aber sicher auf einen Zufall zurückzuführen ist.
67 Das MERKABA-Magazin ist laut Impressum eine „Special-Interest-Zeitschrift für Spiritualität und Lichtarbeit der neuen Zeit“. „Merkaba“ bedeutet „Thronwagen“ oder auch Himmelsfahrzeug.

Quellen

[1] T. Tachi-ren, *Der Lichtkörper-Prozess: Gechannelt von Erzengel Ariel [Broschiert]*. Nietsch, 2009, p. 130.

[2] H. P. Blavatsky, *Die Geheimlehre, 4 Bde. [Sondereinband]*. Esoterische Philosophie, 1999, p. 2567.

[3] www.zeitverein.com, „Verein zur Verzögerung der Zeit“. [Online]. Available: http://www.zeitverein.com/. [Accessed: 28-Sep-2011].

[4] D. Guertler, „Krisotainment“, *15.04.2007*. [Online]. Available: http://blogs.taz.de/wortistik/2007/04/15/krisotainment/. [Accessed: 28-Sep-2011].

[5] T. Metzinger, *Der Ego-Tunnel: Eine neue Philosophie des Selbst: Von der Hirnforschung zur Bewusstseinsethik*. Berlin Verlag, 2009.

[6] www.waxing-by-angels.com, „Waxing by Angels – Professionelle Haarentfernung mit Wachs“, *24.06.2011*. [Online]. Available: http://www.waxing-by-angels.com/. [Accessed: 25-Jun-2011].

[7] Lichtpunkt & Ekonja Verlag, „Engel helfen in der Schule“. [Online]. Available: http://video.google.com/videoplay?doc id=-7018670524489718248. [Accessed: 19-Nov-2011].

[8] R. Byrne, *The Secret – Das Geheimnis*. Goldmann Wilhelm GmbH, 2007.

[9] K. Lewin, „Grundzüge der topologischen Psychologie (1936)“. Huber, Bern, 1969.

[10] J. M. Twenge and W. K. Campbell, *The Narcissism Epidemic: Living in the Age of Entitlement*. Free Press, 2009.

[11] R. Sennett, *Verfall und Ende des öffentlichen Lebens.* Berliner Taschenbuch Verlag, 2008, p. 448.
[12] N. Bolz, *Das Wissen der Religion.* Fink Wilhelm GmbH + Co. KG, 2008, p. 163.
[13] www.goldenepriesterschaft.com, „Goldene Priesterschaft – Weisse Priesterschaft". [Online]. Available: http://www.goldenepriesterschaft.com/. [Accessed: 10-Dec-2012].
[14] *Skeptiker Magazin,* „Tante-Emma-Esoterik", *02,* vol. 2, Apr-2004.
[15] *Kronen Zeitung,* „Da kann man echt aggressiv werden", 22-Jan-2012.
[16] A. Hausmann and L. Murzik, *Neue Impulse im Kulturtourismus.* VS Verlag für Sozialwissenschaften, 2011, p. 328.
[17] G. Lukács, *Georg Lukács Werkauswahl 02. Die Theorie des Romans.* Aisthesis Verlag, 2009, p. 156.
[18] www.orf.at, „Pastoraltheologe Zulehner: ‚Megatrend zur Respiritualisierung'", 2002. [Online]. Available: http://religionv1.orf.at/projekt02/news/0203/ne020304_zulehner_fr.htm.
[19] Die Zeit, „Hinters Licht geführt", *28,* 08-Jul-2010.
[20] *Die Welt,* „Schamanismus, Okkultismus, Kohlemachismus", 23-May-2004.
[21] *Der Spiegel,* „Soviel Psi war nie", *52,* 1994.
[22] www.rhein-zeitung.de, „Immer mehr Sekten in Rheinland-Pfalz", 17-Sep-2010.
[23] www.biersekte.de, „Deutsche Brauwirtschaft (2003–2009)". [Online]. Available: http://www.biersekte.de/Bier/Fakten-Statistiken/. [Accessed: 19-Feb-2012].
[24] W&V Sonderheft Innovation, „Sinnsuche als Wirtschaftsgröße", *02,* 2009.
[25] H. Reinhard and M. Pöhlmann, „Esoterik als Trend". Evangelische Zentralstelle für Weltanschauungsfragen, p. 61, 2008.
[26] abo.bauer-plus.de, „Astrowoche – Europas größtes Horoskop-Magazin". [Online]. Available: https://abo.bauer-plus.de/cross-ausland-multi/?et_cid=32&et_lid=189334&et_sub=cross-ausland-multi. [Accessed: 07-Jan-2013].
[27] www.engelmagazin.de, „Die Botschaft leben: Gestalte dein Leben spielerisch". [Online]. Available: http://www.engelmagazin.de/engelbotschaft_im_alltag_leben.html. [Accessed: 07-Jan-2013].
[28] www.engelmagazin.de, „Susanne Huehn: Tiere, unsere Seelenpartner". [Online]. Available: http://www.engelmagazin.de/susanne-huehn-seelenpartner.html. [Accessed: 07-Jan-2013].
[29] www.visionen.com, „Engel und Sterne als Seelenführer". [Online]. Available: http://www.visionen.com/Rubriken/Lebensgestaltung/Engel-und-Sterne-als-Seelenfuehrer. [Accessed: 07-Jan-2013].
[30] *Body & Mind,* „Das Geschlecht spricht", *01,* Jan-2011.

[31] www.presseshop.at, „Happinez Abo“. [Online]. Available: http://www.presseshop.at/Happinez-Abo. [Accessed: 07-Jan-2013].
[32] www.baueradvertising.de, „Happinez erstmals IVW-gemeldet: Über 100.000 verkaufte Exemplare bestätigen das Erfolgskonzept“. [Online]. Available: http://www.baueradvertising.de/presse-singlenews/back/903/hash/bafe376e50/news/xuid2261-happinez-erstmals-ivw-gemeldet-ueber-100000-verkaufte-exemplare-bestaetigen-das-erfolgskonz/. [Accessed: 07-Jan-2013].
[33] www.news.de, „Neues Frauenmagazin – Karma und Konsum“, 2010. [Online]. Available: http://www.news.de/medien/855060589/karma-und-konsum/1/. [Accessed: 10-Jun-2010].
[34] www.happinez.de, „Die neue Ausgabe von Happinez ist da!“ [Online]. Available: http://www.happinez.de/. [Accessed: 04-Jan-2011].
[35] *Spiegel Online*, „Neues Esoterik-Magazin ‚Happinez‘: Heut' gehn wir zum Schamanen!“ [Online]. Available: http://www.spiegel.de/kultur/gesellschaft/neues-esoterik-magazin-happinez-heut-geh-n-wir-zum-schamanen-a-700001.html. [Accessed: 07-Jan-2013].
[36] www.new-business.de, „Bauer Media Group bringt den Frauentitel ‚Happinez‘ nach Deutschland.“ [Online]. Available: http://www.new-business.de/medien/detail.php?rubric=MEDIEN&nr=598568. [Accessed: 04-Nov-2011].
[37] www.zukunftskongress-hamburg.com, „Zukunftskongress Hamburg 2012“. [Online]. Available: http://www.zukunftskongress-hamburg.com/. [Accessed: 07-Dec-2012].
[38] *Neon*, „Teil-Massage. Feminismus mit Orgasmus oder Prostitution mit Blumenöl?“, *02*, Feb-2011.
[39] www.taz.de, „Esoterik für Krisengebeutelte: Der übersinnliche DAX – taz.de“, *2009*. [Online]. Available: http://www.taz.de/1/zukunft/wirtschaft/artikel/1/der-uebersinnliche-dax/. [Accessed: 30-Jan-2011].
[40] www.news.de, „Konsum rückläufig: Deutsche trinken weniger Bier“, 2009. [Online]. Available: http://www.news.de/wirtschaft/4200/deutsche-trinken-weniger-bier/1/. [Accessed: 10-Dec-2012].
[41] www.horizonfilm.de, „What the Bleep do we know!?“ [Online]. Available: http://www.horizonfilm.de/Film/What-the-Bleep-do-we-know/What-the-Bleep-do-we-know::555.html. [Accessed: 11-Jan-2011].
[42] M. Vicente, B. Chasse, and W. Arntz, *What the Bleep Do We (K)now?!* Horizon Film (Alive), 2004.
[43] www.ramtha.com, „Ramtha's School of Enlightenment“. [Online]. Available: http://www.ramtha.com/. [Accessed: 02-Jan-2013].
[44] www.bleep.de, „Promi Meinungen“. [Online]. Available: http://www.bleep.de/index.php?id=81. [Accessed: 14-Jan-2011].

[45] K. Wilber, *Integrale Spiritualität.* Kösel-Verlag, 2007.
[46] peterwippermann.com, „Karma für Kapitalisten". [Online]. Available: http://peterwippermann.com/#!aktuelles . [Accessed: 18-Nov-2010].
[47] N. Bolz, *Die Wirtschaft des Unsichtbaren [Gebundene Ausgabe].* Econ, 1999.
[48] www.ahun.at, „Essenzen Ingrid Auer – Engel-Aura-Essenzen". [Online]. Available: http://www.ahun.at/shop/onshp.php?cid222=77&cid111=18&$menue=Engel-Aura-Essenzen. [Accessed: 06-Jun-2011].
[49] psiram.com, „Kryon". [Online]. Available: http://psiram.com/ge/index.php/Kryon. [Accessed: 04-Jan-2013].
[50] www.kryon.de, „Kryon-Botschaft zu Japan". [Online]. Available: http://www.kryon.de/channelings2011/5310129eef103a801.htm. [Accessed: 14-Oct-2011].
[51] L. Byrne, *Engel in meinem Haar: Die wahre Geschichte einer irischen Mystikerin [Gebundene Ausgabe].* Kailash, 2009.
[52] www.shop.engelsymbole.com, „Lichtpunkt – Engelessenzen". [Online]. Available: https://www.shop.engelsymbole.com/products_Engelessenzen_5054.html. [Accessed: 10-Jun-2011].
[53] R. Polak, „Megatrend Spiritualität?", 2008.
[54] www.wired.com, „wired.com". [Online]. Available: http://www.wired.com/. [Accessed: 10-Jun-2011].
[55] C. Anderson, *Der lange Schwanz.* Hanser Fachbuchverlag, 2007.
[56] Stanley Kubrick, *2001: Odyssee im Weltraum.* 2008.
[57] www.maclife.de/macbibel, „MacBIBEL", *02,* 2011. [Online]. Available: http://www.maclife.de/macbibel. [Accessed: 10-Jun-2011].
[58] P. Michalzik, „Der Prophet des Apfels: Ist Apple eine Religion?" *Frankfurter Rundschau,* 2011.
[59] B. Spiegel, *Die obere Hälfte des Motorrads: Über die Einheit von Fahrer und Maschine.* Motorbuch; Auflage: 1, 2009.
[60] C. Mikunda, *Marketing spüren.* Redline GmbH, 2007, p. 272.
[61] C. Mikunda, *Warum wir uns Gefühle kaufen: Die 7 Hochgefühle und wie man sie weckt.* Econ Verlag, 2009.
[62] H. Zinser, *Der Markt der Religionen (German Edition).* W. Fink Verlag, 1997, p. 176.
[63] de.wikipedia.org, „Weniger ist mehr". [Online]. Available: http://de.wikipedia.org/wiki/Weniger_ist_mehr. [Accessed: 13-Dec-2012].
[64] www.welt.de, „Mit Esoterik lässt sich reales Geld machen". [Online]. Available: http://www.welt.de/print/die_welt/wirtschaft/article13189158/Mit-Esoterik-laesst-sich-reales-Geld-machen.html. [Accessed: 16-Apr-2011].
[65] *Wiener Zeitung,* „Ein Kilo Kaffee zum Apothekerpreis", *08.02.2011.*
[66] www.die-wahrheit-deiner-seele.de, „Buchtipp - Die Wahrheit deiner

Seele". [Online]. Available: http://www.die-wahrheit-deiner-seele.de/. [Accessed: 18-Oct-2011].
[67] L. Carroll, *The Journey Home: A Kryon Parable, The Story of Michael Thomas and the Seven Angels*. Hay House, 1998, p. 256.
[68] C. Mikunda, *Der verbotene Ort oder Die inszenierte Verführung. Unwiderstehliches Marketing durch strategische Dramaturgie [Gebundene Ausgabe]*. Econ, 1998.
[69] I. Auer, *Heilende Engelsymbole. Buch und Karten: 49 Schlüssel zur Engelwelt [Sondereinband]*. Silberschnur; Auflage: Neuauflage, 2009, p. 156.
[70] Lichtpunkt, „Infotag mit Ingrid Auer". Emmersdorf an der Donau, 2011.
[71] www.engelsymbole.at, „Ingrid Auer", *18.07.2011*. [Online]. Available: http://www.engelsymbole.at/de/inside/termine/ingrid-auer.html. [Accessed: 18-Jul-2011].
[72] www.ekonja-verlag.com, „Basiswissen: Fragen & Antworten". [Online]. Available: http://www.ekonja-verlag.com/de/basiswissen/fragen-antworten.html#c1380. [Accessed: 28-Feb-2011].
[73] R. Anselmi, *Der Lichtkörper: ein Überblick über den globalen Transmutationsprozess*. Koha-Verl., 2005, p. 238.
[74] de.wikipedia.org, „Millenarismus". [Online]. Available: http://de.wikipedia.org/wiki/Millenarismus. [Accessed: 20-Aug-2012].
[75] *Merkaba-Magazin*, „Mystische Drachentore", *01.08.2011*, Rosenheim, 2011.
[76] C. Barth, *Über alles in der Welt – Esoterik und Leitkultur: Eine Einführung in die Kritik irrationaler Welterklärungen*. Alibri; Auflage: 2., überarb. A., 2006, p. 209.
[77] D. Adams, *Das Restaurant am Ende des Universums*. Heyne, 1998, p. 240.
[78] E. Hoffer, *Der Fanatiker: eine Pathologie des Parteigängers*. Rowohlt, 1965, p. 153.
[79] starchildglobal.com, „Kryon durch Barbara Bessen zur aktuellen Zeitqualität", 2011. [Online]. Available: http://starchildglobal.com/dmb/viewtopic.php?p=7875&sid=b3df552223788c52266667d364f64e7a. [Accessed: 06-Oct-2012].
[80] S. Marks, *Warum folgten sie Hitler?* Patmos Verlag GmbH + Co.KG, 2007.
[81] H. Stamm, *Im Bann der Apokalypse: Endzeitvorstellungen in Kirchen, Sekten und Kulten*. Pendo, 1998.
[82] *Merkaba-Magazin*, „Auf der anderen Seite des Schleiers", *01.08.*, Rosenheim, p. 6, 2011.
[83] www.kryonschule.de, „Die 3. Sprache". [Online]. Available: http://www.kryonschule.de/lichtsprache/lichtsprache-start.htm. [Accessed: 17-Aug-2012].
[84] M. Reitz, „Die Wörterwelt der Fantasy". SWR2, 2010.
[85] G. Koller, *Highmat;* Edition Roesner,, 2005, p. 182.

[86] S. Verlag, „Kryonschule – Die Bewusstseinschule der Neuen Zeit: Vater Unser der Neuen Zeit."
[87] S. Sangitar, *Kryonschule*. Sangitar Verlag GmbH Rosenheim.
[88] www.derstandard.at, „Esoterik im Alltag: Großkonzern ‚Great Spirit'", *27.10.* 2012.
[89] M. McLuhan, *Understanding Media: The Extensions of Man*. New York: McGraw Hill, 1964.
[90] de.wikipedia.org, „Marshall McLuhan".
[91] de.wikipedia.org, „Immersion (virtuelle Realität)". [Online]. Available: http://de.wikipedia.org/wiki/Immersion_(virtuelle_Realität). [Accessed: 27-Dec-2012].
[92] G. Lucas, *Star Wars – The original trilogy*. 2008.
[93] www.kryonschule.de, „Meister Laotse Erwachen". [Online]. Available: http://www.kryonschule.de/kryon/meister-laotse-erwachen.html. [Accessed: 29-Oct-2011].
[94] portal.kryonschule.de, „Artikeldetails". [Online]. Available: http://portal.kryonschule.de/index.php?module=zWebstore&func=detail&id=150. [Accessed: 09-Jun-2012].
[95] www.kryonschule.de, „Willkommenschanneling und Planeten". [Online]. Available: http://www.kryonschule.de/channelings/channeling-archiv/kryonfestival-herbst-2011/01-kryon-willkommenschanneling-und-planeten.html. [Accessed: 01-Nov-2011].
[96] portal.kryonschule.de, „34-Shiva". [Online]. Available: http://portal.kryonschule.de/index.php?module=zWebstore&func=detail&id=33. [Accessed: 23-Aug-2012].
[97] P. Uccusic, *Der Schamane in uns. Schamanismus als neue Selbsterfahrung. Hilfe und Heilung*. Hugendubel, Verlag Heinrich, 2001.
[98] J. Campbell, *Der Heros in tausend Gestalten*. Insel, Frankfurt, 1999, p. 456.
[99] www.kryonschule.de, „FAQ". [Online]. Available: http://www.kryonschule.de/kryonschule/faq.html. [Accessed: 09-Oct-2012].
[100] de.wikipedia.org, „Massively Multiplayer Online Role-Playing Game". [Online]. Available: http://de.wikipedia.org/wiki/Massively_Multiplayer_Online_Role-Playing_Game. [Accessed: 28-Aug-2012].
[101] de.wikipedia.org, „Nicht-Spieler-Charakter". [Online]. Available: http://de.wikipedia.org/wiki/Nicht-Spieler-Charakter. [Accessed: 28-Aug-2012].
[102] M. Thaler Singer and J. Lalich, *Sekten: Wie Menschen ihre Freiheit verlieren und wiedergewinnen können*. Carl-Auer-Systeme, Verl. und Verl.-Buchh., 1997, p. 407.
[103] www.haufe.de, „Neuromarketing Kongress – Consumer Empathy", 2010. [Online]. Available: www.haufe.de/neuromarketing2010. [Accessed: 01-Jul-2010].

[104] *Südtiroler Wirtschaftszeitung*, „Todsünde wird Hochgefühl", *13.06.*, no. 23, 2010.
[105] portal.kryonschule.de, „CD-Set ‚Einweihung in den Allmachtsaspekt'". [Online]. Available: http://portal.kryonschule.de/index.php?module=zWebstore&func=detail&id=116. [Accessed: 29-Dec-2012].
[106] W. Bergmann and G. Hüther, *Computersüchtig: Kinder im Sog der modernen Medien*. Beltz; Auflage: Neuausgabe, 2010, p. 164.
[107] mypopcorn.eu, „MyPopcorn – Das Gourmet-Popcorn für Zuhause". [Online]. Available: http://mypopcorn.eu/component/option,com_frontpage/Itemid,1/. [Accessed: 07-Nov-2011].
[108] www.walde.at, „Reine Pflanzenölseifen", *17.06.2011*. [Online]. Available: http://www.walde.at/index.php/seifen/reine-pflanzenoel-seifen-. [Accessed: 17-Jun-2011].
[109] www.aura-soma.at, „Flower Shower Duschgels – eine neue Dimension des Badens", *17.06.2011*. [Online]. Available: http://www.aura-soma.at/produkte-2/colour-care-kosmetik/flower-shower/. [Accessed: 17-Jun-2011].
[110] www.aurasomashop.at, „Aura-Soma®". [Online]. Available: http://www.aurasomashop.at/aura-soma/index.php. [Accessed: 13-Feb-2011].
[111] www.trendbuero.de, „Markenartikel 03/2008: Norbert Bolz zu Identitätsmanagement".
[112] www.aurasoma.de, „Equilibrium Farbauswahl", *17.06.2011*. [Online]. Available: http://www.aurasoma.de/group_view,,987E318D8EB18CB38B13DA5347262F1C,de,f47b2a6185e3d375eab04af9eca212be,32.html. [Accessed: 17-Jun-2011].
[113] C. Goldner, *Die Psycho-Szene [Gebundene Ausgabe]*. Alibri Verlag; Auflage: Erw. u. völlig überarb. Neuauflage, 2000.
[114] www.youtube.com, „George Carlin: the illusion of choice", *17.06.2011*. [Online]. Available: http://www.youtube.com/watch?v=SC_wjQtfhZQ. [Accessed: 17-Jun-2011].
[115] www.aurasomashop.at, „Aura-Soma®", *17.06.2011*. [Online]. Available: http://www.aurasomashop.at/aura-soma/index.php. [Accessed: 17-Jun-2011].
[116] www.festivaldersinne.info, „Festival der Sinne – Rückblick Vorjahr Wien", *17.06.2001*. [Online]. Available: http://www.festivaldersinne.info/index.php/rueckblick-wien#aussteller. [Accessed: 17-Jun-2011].
[117] Evangelische Zentralstelle für Weltanschauungsfragen, „Kompakt-Infos Esoterik". Berlin, 2009.
[118] Nespresso, „Schokolade und Kaffee – Die perfekte Harmonie". Nespresso, 2011.
[119] I. Auer, „Goldene Broschüre". Lichtpunkt & Ekonja-Verlag, Amstetten, 2010.
[120] P. Zimbardo, *Zimbardo Psychologie*. Springer, 1995, p. 850.

[121] www.astrotv.de/shop/, „Reichtum Royal Elixier by Mario-Max Prinz zu Schaumburg-Lippe“, 2011. [Online]. Available: http://www.astrotv.de/shop/do/product/reichtum-royal-elixier-by-mario-max-prinz-zu-schaumburg-lippe/A10822?site=astrotv. [Accessed: 21-Sep-2011].

[122] www.litios.at, „Litios Lichtkristalle – Tor des Aufstiegs“. [Online]. Available: http://www.litios.at/produkte/artikelneu.php?ID=48&ART=014. [Accessed: 11-Nov-2011].

[123] L. Byrne, *Engel in meinem Haar: Die wahre Geschichte einer irischen Mystikerin [Gebundene Ausgabe].* Kailash, 2009.

[124] H. G. Häusel, *Brain View. Warum Kunden kaufen.* Haufe-Lexware; Auflage: 2. Auflage, Nachdruck, 2008.

[125] www.energethiker-wien.at, „Die Öle der Pharaonen“, *19.06.2011.* [Online]. Available: http://www.energethiker-wien.at/shop/essenzen_oele_aurasprays_die_oele_der_pharaonen,rid,1080,page,2,ka.html. [Accessed: 19-Jun-2011].

[126] Merkaba-Magazin, „Kryon-Festival Afterhour in München“, *01.08.2011,* Rosenheim, 2011.

[127] de.wikipedia.org, „Pawlowscher Hund“. [Online]. Available: http://de.wikipedia.org/wiki/Pawlowscher_Hund. [Accessed: 20-Sep-2011].

[128] www.christina-soraia.com, „Christina Soraia, ein Engel auf Erden – Heimstudium/Heimbegleitung“. [Online]. Available: http://www.christina-soraia.com/index.php?MenuID=6&GroupID=6&MT=1. [Accessed: 12-Nov-2011].

[129] www.koha-verlag.de, „Reindjen Anselmi“. [Online]. Available: http://www.koha-verlag.de/autoren/info/autor/reindjen-anselmi.html. [Accessed: 23-Dec-2012].

[130] R. Anselmi, *Fünf Schlüssel zur Meisterschaft. Edition Assunta.* Koha-Verlag, 2005.

[131] L. Carroll, *KRYON – Ihr werdet unermesslich geliebt – Sammlung von Texten des Channels Lee Carroll,* Assunta, 1997, p. 82.

[132] R. Levine, *Die große Verführung.* Piper Verlag GmbH, 2005, p. 384.

[133] A. Huxley, *Brave New World.* Vintage, 2004, p. 256.

[134] D. Virtue, *Das Engel-Orakel für jeden Tag.* Allegria Verlag.

[135] www.angeltherapy.com, „Angel Therapy“. [Online]. Available: http://www.angeltherapy.com/about_at.php. [Accessed: 01-Jan-2013].

[136] en.wikipedia.org, „Doreen Virtue“. [Online]. Available: http://en.wikipedia.org/wiki/Doreen_Virtue. [Accessed: 01-Jan-2013].

[137] psiram.com, „Doreen Virtue“. [Online]. Available: http://psiram.com/ge/index.php/Doreen_Virtue. [Accessed: 01-Jan-2013].

[138] www.lifejourneys.net, „Doreen Virtue Certification Course Angel Intuitive at Sea Australia Cruise“. [Online]. Available: http://www.lifejourneys.net/HayHouse/Australia_2013/index.html. [Accessed: 01-Jan-2013].

[139] www.energethiker-wien.at, „Energy Tattoo Eliah: ausleiten und transformieren“, *19.06.2011*. [Online]. Available: http://www.energethiker-wien.at/shop/wbc.php?sid=1206699f46&tpl=produktdetail.html&pid=12039&rid=1347&recno=2. [Accessed: 19-Jun-2011].

[140] www.aurasomashop.at, „Rainbow Essenzen“. [Online]. Available: http://www.aurasomashop.at/essenzen/rainbowessenzen/index.php. [Accessed: 22-May-2011].

[141] www.kryonschule.de, „Kryonschule – Die Bewusstseinschule der Neuen Zeit“. [Online]. Available: http://www.kryonschule.de/kryonschule.html. [Accessed: 17-Mar-2011].

[142] de.wikipedia.org, „Red Bull“. [Online]. Available: http://de.wikipedia.org/wiki/Red_Bull.

[143] H. Kraft, *Tabu. Magie und soziale Wirklichkeit*. Patmos; Auflage: 1, 2004.

[144] Lichtpunkt & Ekonja-Verlag, *Engelprodukte Erfahrungsberichte*. Lichtpunkt & Ekonja-Verlag Ingrid Auer GmbH.

[145] www.aurasomashop.at, „Lichtkörper-Taschenkalender 2012“. [Online]. Available: http://www.aurasomashop.at/energetischeprodukte/buecher/neuheiten/lichtkoerper---taschenkalender-2012-broschiert.php. [Accessed: 16-Nov-2011].

[146] Nespresso, „our coffee: Von Experten für Genießer“. Nespresso, 2011.

[147] www.weber-grillen.de, „Weber Grill Markenshop – Weber Grill-Neuheiten“, *26.06.2011*. [Online]. Available: http://www.weber-grillen.de/Grill-Revolution:_:15.html. [Accessed: 26-Jun-2011].

[148] Nespresso, „Nespresso-Werbung im GEO Magazin“.

[149] www.aurasomashop.at, „Aura-Soma®“, *23.06.2011*. [Online]. Available: http://www.aurasomashop.at/aura-soma/index.php. [Accessed: 23-Jun-2011].

[150] www.angeltherapy.com, „Doreen Virtue – official Angel Therapy Web site“, *29.06.2011*. [Online]. Available: http://www.angeltherapy.com/. [Accessed: 29-Jun-2011].

[151] www.seelen-räume.de, „Wir über uns“, *25.02.2011*. [Online]. Available: http://www.seelen-raeume.de/wirueberuns.html. [Accessed: 25-Feb-2011].

[152] www.awenlucia.com, „Awen Lucia – Lebe deine Großartigkeit!!“, *29.06.2011*. [Online]. Available: http://www.awenlucia.com/. [Accessed: 29-Jun-2011].

[153] www.awenlucia.com, „Awen Lucia“. [Online]. Available: http://www.awenlucia.com/ausbildungen/familienstellen-mit-engeln/. [Accessed: 25-Feb-2011].

[154] www.kryonschule.de, „Die Berufe der Neuen Zeit“, *01.03.2011*. [Online]. Available: http://www.kryonschule.de/neue-berufe.html. [Accessed: 01-Mar-2011].

[155] portal.wko.at, „Berufsgruppen – INFO Energethiker". Wirtschaftskammer Kärnten, 2010.
[156] portal.wko.at, „Berufsild Humanenergethiker". [Online]. Available: http://portal.wko.at/wk/format_detail.wk?angid=1&stid=495332&dstid=8771&opennavid=0. [Accessed: 28-Jan-2011].
[157] portal.wko.at, „Berufsbild Tierenergethiker". [Online]. Available: http://portal.wko.at/wk/format_detail.wk?angid=1&stid=495336&dstid=8771&opennavid=0. [Accessed: 28-Jan-2011].
[158] portal.wko.at, „Berufsbild Raumenergethiker". [Online]. Available: http://portal.wko.at/wk/format_detail.wk?angid=1&stid=495337&dstid=8771&opennavid=0. [Accessed: 28-Jan-2011].
[159] www.celeson.com, „Celeson", *18.07.2011*. [Online]. Available: http://www.celeson.com/Kryonschule/Omartasatt/OMSP.aspx. [Accessed: 05-Mar-2011].
[160] www.organizacionmundial.com, „ORGANIZACION MUNDIAL DE LA SALUD PUBLICA". [Online]. Available: http://www.organizacionmundial.com/escobar.htm. [Accessed: 05-Apr-2013].
[161] I. Adamea, „Initiationsweg der Priesterinnen – Merlin & Myriel". Rosenheim, 2010.
[162] www.kryonschule.de, „Kryonschule – Seid gegrüßt meine Lichtarbeiter", *12.05.2011*. [Online]. Available: http://www.kryonschule.de/. [Accessed: 12-May-2011].
[163] www.horizonfilm.de, „HORIZON FILM – Wie kann ich helfen?", *01.07.2011*. [Online]. Available: http://www.horizonfilm.de/Film/Wie-kann-ich-helfen/Wie-kann-ich-helfen-::942.html?XTCsid=q5b7svt7jrbr6qqf83put7ur13. [Accessed: 01-Jul-2011].
[164] portal.kryonschule.de, „Artikelübersicht für Kategorie Berufe der Neuen Zeit", *01.09.2011*. [Online]. Available: http://portal.kryonschule.de/index.php?module=zWebstore&func=view&filter[category_id]=10040. [Accessed: 01-Sep-2011].
[165] www.youtube.com, *MacHEADS Trailer*. 2008.
[166] www.nena.de, „Impressum". [Online]. Available: http://www.nena.de/impressum. [Accessed: 12-Jan-2013].
[167] www.kryon.de, „Barbara Bessen, Kryon – Die Absichtserklärung", *01.03.2010*. [Online]. Available: http://www.kryon.de/barbarabessen/channelings2007/531012996c0442301.htm. [Accessed: 03-Jul-2011].
[168] www.barbara-bessen.com, „Barbara Bessen – Über mich". [Online]. Available: http://www.barbara-bessen.com/ueber-mich-profil/. [Accessed: 29-Dec-2012].
[169] www.saint-germain-kongress.de, „3. Saint Germain Kongress 2013". [Online]. Available: http://www.saint-germain-kongress.de/. [Accessed: 29-Dec-2012].

[170] K. Kilian, *Marke unser – Branding zwischen höllisch gut und himmlisch verwegen.* Cornelsen Verlag Scriptor, 2009.
[171] P. Saint Clair, *Fernlehrgang Schritt 1 von 22 Schritten, Saintclairschule. Bewusstseinsschule der Neuen Zeit: Erwachen in der Einheit der Liebe. Die Absichtserklärung mit der CD Liebe und CD Melek Metatron [Audiobook].* Saint Clair Verlag; Auflage: 1, 2005.
[172] www.hexe-ashira.net, „Invokation für die Aufhebung alter Gelübde". [Online]. Available: http://www.hexe-ashira.net/Invokation.htm. [Accessed: 17-Dec-2012].
[173] en.wikipedia.org, „Sea Org". [Online]. Available: http://en.wikipedia.org/wiki/Sea_Org#Billion-year_contract. [Accessed: 28-Dec-2012].
[174] R. Fromm, *Der gesäuberte Planet – Eine Reise ins Innere der Scientology.* Matthias-Film, 2008.
[175] G. Franck, *Ökonomie der Aufmerksamkeit: Ein Entwurf.* Hanser, 1998, p. 256.
[176] K. Wapnick, *Ein Kurs in Wundern: Textbuch/Übungsbuch/Handbuch für Lehrer.* Foundation for a Course in Miracles, 2008.
[177] www.scientology-fakten.de, „Scientology OT Stufen (Operierender Thetan)". [Online]. Available: http://www.scientology-fakten.de/scientology-ot-stufen-operierender-thetan-ot-3-ot-5-ot-8-ot-9-thetan-level-definition.html. [Accessed: 28-Dec-2012].
[178] www.matrix-energetics.net, „matrix-energetics® seminare", *18.07.2011.* [Online]. Available: http://www.matrix-energetics.net/termine/ueberblick. [Accessed: 18-Jul-2011].
[179] N. Goodrick-Clarke, *Die okkulten Wurzeln des Nationalsozialismus.* Marix Verlag, 2004.
[180] www.saintclairs.net, „Die 22 Schritte in die Wirklichkeit der 5. Dimension". [Online]. Available: http://www.saintclairs.net/de/die-22-schritte.html. [Accessed: 26-Nov-2011].
[181] H. P. Blavatsky, *Isis Unveiled – Collected Writings Volume I Science [Taschenbuch].* Theosophical Publishing, 2006.
[182] www.saintclairs.net, „Patricia Saint Clair – Über mich", *23.06.2011.* [Online]. Available: http://www.saintclairs.net/en/component/content/article/70-ueber-mich.html. [Accessed: 23-Jun-2011].
[183] www.dianetik-salzburg.at, „Was ist die Dianetik-Therapie und wie kann Ihnen die Dianetik in Salzburg helfen?" [Online]. Available: http://www.dianetik-salzburg.at/dianetik-therapie-definition.htm. [Accessed: 17-Dec-2012].
[184] Technology Review, „Intelligente Menschen rationalisieren besonders gut", *Technology Review*, vol. 01, 2011.
[185] www.saintclairs.net, „Die 11:11 Schritte der Pioniere". [Online]. Available: http://www.saintclairs.net/de/die-1111-schritte.html. [Accessed: 17-Oct-2012].

[186] online.wkooe.at/wifi-kurse, „Informationsabend zur Kryon Schule“, 2012.
[187] www.kryon.de, „Die Geschichte der Menschheit (DNA) und der menschlichen Rasse. Channeling vom 29.08.2009“. [Online]. Available: http://www.kryon.de/channelings2009/5310129d0d13c7c03.htm. [Accessed: 24-Sep-2011].
[188] P. A. Straubinger, *Am Anfang war das Licht*. Allegro Film, 2010.
[189] derstandard.at, „So wertvoll wie ein kleiner Fake“. [Online]. Available: http://derstandard.at/1285042480187/So-wertvoll-wie-ein-kleiner-Fake. [Accessed: 27-Dec-2012].
[190] H. Stamm, „Von Licht ernährt – bis in den Tod“, *25.04.*, 2012. [Online]. Available: http://www.tagesanzeiger.ch/leben/gesellschaft/Von-Licht-ernaehrt--bis-in-den-Tod/story/28039574. [Accessed: 27-Dec-2012].
[191] www.amanfangwardaslicht.at, „Am Anfang war das Licht“. [Online]. Available: http://www.amanfangwardaslicht.at/schulmaterial.html. [Accessed: 27-Dec-2012].
[192] S. Freud, *Totem und Tabu/Das Unbehagen in der Kultur [Gebundene Ausgabe]*. Anaconda, 2010.
[193] Sangitar Verlag, „Engel- und Meisteressenzen“. Rosenheim.
[194] Doreal and U. Thoenen, *Die Smaragdtafeln von Thoth dem Atlanter*. Koha-Verlag GmbH, 2002.
[195] www.intune.at, „Lichtkosmetik® –Nica Schuemie“, *06.06.2011*. [Online]. Available: http://www.intune.at/lichtkosmetik.html. [Accessed: 06-Jun-2011].
[196] B. Pörksen and W. Krischke, *Die Casting-Gesellschaft: Die Sucht nach Aufmerksamkeit und das Tribunal der Medien*. Halem; Auflage: 1, 2010, p. 346.
[197] S. Albers, „Warhols 15 Minuten: Überbohlt und ausgeklumt“, 2008.
[198] www.kryonschule.de, „Seminare und Channelings“. [Online]. Available: http://www.kryonschule.de/seminare.html. [Accessed: 22-Nov-2012].
[199] www.kryonschule.de, „Kryonfestival Herbst 2011 – Kuvertübergabe an die Priesterschaft – Oktober 2011“. [Online]. Available: http://www.kryonschule.de/fileadmin/website_files/channelings/kryonfestival_2011_02/fotos/Kuvertsuebergabe_an_die_Priesterschaft/.
[200] B. Ehrenreich and G. Gockel, *Smile or Die. Wie die Ideologie des positiven Denkens die Welt verdummt [Gebundene Ausgabe]*. Antje Kunstmann; Auflage: 1, 2010.
[201] W. Handl, *Scientology: Wahn und Wirklichkeit. 28 Jahre in einer Psychosekte*. Gesellschaft gegen Dogmen und psychische Abhängigkeit; Auflage: 1, 2005, p. 288.
[202] B. Mohr, *Neue Dimensionen der Heilung*. Ullstein Taschenbuchvlg., 2006, p. 320.

[203] M. Pöhlmann, „Bärbel Mohr ist tot". [Online]. Available: http://www.ekd.de/ezw/Publikationen_2368.php. [Accessed: 10-Jan-2013].
[204] B. Mohr, *Bestellungen beim Universum. Ein Handbuch zur Wunscherfüllung.* Omega Verlag, 1998.
[205] www.lebensfreudemessen.de, „Lebensfreude Messen für eine gesunde & glückliche Gesellschaft!" [Online]. Available: http://www.lebensfreudemessen.de/. [Accessed: 20-Nov-2012].
[206] www.hamburger-schmuck-design.de, „MichaelAngelo Collection – Wirkungsweise des Schmuckes der MichaelAngelo-Collection", *03.07.2011.* [Online]. Available: http://www.hamburger-schmuck-design.de/wirkung_left.php. [Accessed: 03-Jul-2011].
[207] www.hamburger-schmuck-design.de, „MichaelAngelo Collection – GoldEngel", *03.07.2011.* [Online]. Available: http://www.hamburger-schmuck-design.de/goldengel.php. [Accessed: 03-Jul-2011].
[208] de.wikipedia.org, „Ingvar Kamprad". [Online]. Available: http://de.wikipedia.org/wiki/Ingvar_Kamprad. [Accessed: 22-Nov-2011].
[209] L. J. Seiwert, *Simplify your Life.* Droemer Knaur, 2008, p. 448.
[210] www.jana-haas.de, „Jana Haas – Institut für spirituelle Entwicklung und geistiges Heilen", *23.06.2011.* [Online]. Available: http://www.jana-haas.de/. [Accessed: 23-Jun-2011].
[211] www.engelmagazin.de, „Engelmagazin", 2012. [Online]. Available: http://www.engelmagazin.de/. [Accessed: 20-Sep-2012].
[212] de.wikipedia.org, „Jana Haas". [Online]. Available: http://de.wikipedia.org/wiki/Jana_Haas. [Accessed: 20-Dec-2012].
[213] www.engelkongress.de/, „5. INTERNATIONALER ENGELKONGRESS in Salzburg". [Online]. Available: http://www.engelkongress.de/Archiv/index.htm. [Accessed: 20-Dec-2012].
[214] mens-sana.de, „Interview mit Jana Haas". [Online]. Available: http://mens-sana.de/magazin/Interview+mit+Jana+Haas.6346067.html?skip=0. [Accessed: 20-Dec-2012].
[215] psiram.com, „Patricia Saint Clair". [Online]. Available: http://psiram.com/ge/index.php/Patricia_Saint_Clair. [Accessed: 22-Dec-2012].
[216] I. Auer, „Einladung zum kostenlosen Infotag mit Ingrid Auer am 09. April 2011", vol. 43, no. April. Lichtpunkt & Ekonja-Verlag Ingrid Auer GmbH, 2011.
[217] www.jana-haas.de, „Liebe Besucher meiner Homepage, seid Herzlich Willkommen!" [Online]. Available: http://www.jana-haas.de/. [Accessed: 23-Nov-2011].
[218] www.kryonschule.de, „Biographie Sabine". [Online]. Available: http://www.kryonschule.de/unser-team/biographie-sabine.html. [Accessed: 23-Nov-2011].
[219] www.youtube.com, „Ingrid Auer im Gespräch mit Renate

Ingruber". [Online]. Available: http://www.youtube.com/watch?v=NBL8NjxiASo. [Accessed: 23-Nov-2011].
[220] www.portal.kryonschule.de, „Der Intuitionstrainer der neuen Zeit", *28.07.2011*. [Online]. Available: http://www.portal.kryonschule.de/index.php?module=zWebstore&func=detail&id=94. [Accessed: 28-Jul-2011].
[221] www.ted.com, „Derek Sivers: how to start a movement", *23.06.2011*. [Online]. Available: http://www.ted.com/talks/derek_sivers_how_to_start_a_movement.html. [Accessed: 23-Jun-2011].
[222] sivers.org/ff/de, „Lektionen zur Führung vom Dancing Guy", *23.06.2011*.
[223] www.kryon-deutschland.de, „Barbara Bessen". [Online]. Available: http://www.kryon-deutschland.de/bb/Barbara Bessen.htm. [Accessed: 24-Nov-2011].
[224] S. Milgram, *Das Milgram-Experiment. Zur Gehorsamsbereitschaft gegenüber Autorität.* Rowohlt Tb., 1982, p. 256.
[225] D. Virtue, *Himmlische Führung.* Koha-Verlag GmbH, 2008.
[226] www.saintclairs.net, „Angel Call Report August 2012". [Online]. Available: http://www.saintclairs.net/de/component/content/article/10-liste-der-reports/303-angel-call-report-august-2012.html. [Accessed: 22-Aug-2012].
[227] de.wikipedia.org, „Mudflation". [Online]. Available: http://de.wikipedia.org/wiki/Mudflation. [Accessed: 23-Sep-2012].
[228] www.love-paradise.net, „Love Paradise Network". [Online]. Available: http://www.love-paradise.net/index.php?MenuID=3&GroupID=3&MT=0. [Accessed: 07-Aug-2011].
[229] www.goldenepriesterschaft.com, „Die Vision unseres Auftrages". [Online]. Available: http://www.goldenepriesterschaft.com/Home/VisionunseresAuftrages/tabid/115/Default.aspx. [Accessed: 30-Nov-2011].
[230] celeson.com, „Channelings des Planetaren Logos zum Lesen und Anhören". [Online]. Available: http://celeson.com/Willkommen/Channelings.aspx. [Accessed: 07-Dec-2011].
[231] www.matrix-energetics.net, „Matrix-Energetics® – die Anwendung". [Online]. Available: http://www.matrix-energetics.net/grundlagen.html. [Accessed: 07-Dec-2011].
[232] L. Carroll, *Kryon: Kryon 9: Hinter dem Schleier: Bd 9.* Koha, 2007.
[233] www.matrix-energetics.net (07.06.2011), „Matrix-Energetics Seminare Überblick". [Online]. Available: http://www.matrix-energetics.net/termine.html. [Accessed: 07-Jun-2011].
[234] www.matrix-energetics.net, „Matrix-Energetics® – Die Welle". [Online]. Available: http://www.matrix-energetics.net/grundlagen/die-welle.html. [Accessed: 06-Dec-2011].

[235] www.matrixenergetics.com, „Dr. Richard Bartlett D.C., N.D". [Online]. Available: http://www.matrixenergetics.com/Bartlett-Bio.aspx. [Accessed: 20-Dec-2012].
[236] psiram.com, „Matrix Energetics". [Online]. Available: http://psiram.com/ge/index.php/Matrix_Energetics. [Accessed: 20-Dec-2012].
[237] www.matrixenergetics.com, „Matrix-Energetics® – Local Study Groups". [Online]. Available: http://www.matrixenergetics.com/StudyGroups.aspx. [Accessed: 07-Dec-2011].
[238] www.saintclairs.net, „LotusLoveHealing 1-4 – Heilenergie der Neuen Zeit der göttlichen Quelle". [Online]. Available: http://www.saintclairs.net/de/lotuslove-healing.html. [Accessed: 06-Dec-2011].
[239] www.energetic.at/oneness_deeksha, „Oneness Deeksha", *07.06.2011*. [Online]. Available: http://www.energetic.at/oneness_deeksha.html. [Accessed: 07-Jun-2011].
[240] www.matrixmatters.com, „Matrix Matters", *19.07.2011*. [Online]. Available: http://www.matrixmatters.com/html/products_all.html. [Accessed: 19-Jul-2011].
[241] G. Braden, *Im Einklang mit der göttlichen Matrix: Wie wir mit Allem verbunden sind [Broschiert]*. Koha, 2007, p. 255.
[242] www.buch.de, „Im Einklang mit der göttlichen Matrix". [Online]. Available: http://www.buch.de/buch/14574/120_im_einklang_mit_der_goettlichen_matrix.html. [Accessed: 18-Dec-2012].
[243] www.engelsymbole.at, „Lichtpunkt-Netzwerk", *18.07.2011*. [Online]. Available: http://www.engelsymbole.at/de/inside/netzwerk.html. [Accessed: 18-Jul-2011].
[244] www.matrixenergetics.com, „Local Study Groups – Matrix Energetics Support Sessions", *20.07.2011*. [Online]. Available: http://www.matrixenergetics.com/StudyGroups.aspx. [Accessed: 20-Jul-2011].
[245] www.saintclairs.net, „Länderauswahl Saintclairtrainer", *20.07.2011*. [Online]. Available: http://www.saintclairs.net/de/trainer.html?catid=7. [Accessed: 20-Jul-2011].
[246] www.aliasinfo.ch, „Gruppe der Tat". [Online]. Available: http://www.aliasinfo.ch/Weltmeditationen/gruppe der tat/gruppe der tat.htm. [Accessed: 10-Jan-2012].
[247] www.pierre-franckh.de, „Coachausbildung", *18.07.2011*. [Online]. Available: http://www.pierre-franckh.de/referent/training. [Accessed: 08-Jun-2011].
[248] www.bunte.de, „Michaela Merten & Pierre Franckh: Sektenexpertin findet sie verantwortungslos", *05.05.2011*. [Online]. Available: http://www.bunte.de/society/michaela-und-franckh-merten-sektenexpertin-findet-sie-verantwortlungslos_aid_20747.html. [Accessed: 05-May-2011].
[249] *Tages Woche*, „Burn-out kommt nicht vom Job", 25-May-2012.

[250] de.wikipedia.org, „Depersonalisation“. [Online]. Available: http://de.wikipedia.org/wiki/Depersonalisation. [Accessed: 22-Dec-2012].
[251] E. Aronson, T. Wilson, and R. M. Akert, *Sozialpsychologie*. Pearson Deutschland GmbH, 2009, p. 688.
[252] www.christina-soraia.com, „Christina Soraia, ein Engel auf Erden – Saarbrücken, Saarland“. [Online]. Available: http://www.christina-soraia.com/index.php?MenuID=1&GroupID=1&MT=1. [Accessed: 09-Oct-2012].
[253] Body&Mind, „Energie-Vampire: Die Krafträuber unter uns“, *01/2011*, 2011.
[254] video.google.com, „Engelessenzen von Ingrid Auer im Einsatz auf dem Bauernhof“. [Online]. Available: http://video.google.com/videoplay?docid=-8585686847864274O4. [Accessed: 10-Oct-2012].
[255] *Wirtschaftswoche*, „Rauchverbot: Abschied vom Absacker“, p. 2, Apr-2008.
[256] M. Landgrebe, W. Barta, K. Rosengarth, U. Frick, S. Hauser, B. Langguth, R. Rutschmann, M. W. Greenlee, G. Hajak, and P. Eichhammer, „Neuronal correlates of symptom formation in functional somatic syndromes: a fMRI study.“, *NeuroImage*, vol. 41, no. 4, pp. 1336–44, Jul. 2008.
[257] H. W. Weis, *Exodus ins Ego. Therapie und Spiritualität im Selbstverwirklichungsmilieu [Broschiert]*. Benziger, 1998, p. 272.
[258] www.ingo-heinemann.de, „Der Trennungsbefehl“. [Online]. Available: http://www.ingo-heinemann.de/Trennungsbefehl.htm. [Accessed: 02-Jan-2013].
[259] L. Carroll and Kryon, *Die Reise nach Hause: Eine Kryon-Parabel. Die Geschichte von Michael Thomas und den sieben Engelwesen [Gebundene Ausgabe]*. Koha, 2000.
[260] www.myvideo.at, „Annett Louisan – Das Spiel Musik Video“. [Online]. Available: http://www.myvideo.at/watch/838376. [Accessed: 18-Dec-2012].
[261] C. Langwieser and P. Wippermann, *Generation Silver Sex*. Piper Verlag GmbH, 2008, p. 240.
[262] www.youtube.com, „Jede Zelle meines Körpers ist glücklich“. [Online]. Available: http://www.youtube.com/watch?v=ZTjyRu88PRE. [Accessed: 18-Dec-2012].
[263] S. Fox, *Stolpersteine auf dem spirituellen Weg [Taschenbuch]*. Goldmann Verlag, 2009, p. 320.
[264] www.engelmagazin.de, „Tägliche Engelbotschaft von Jana Haas für den 14. Oktober“. [Online]. Available: http://www.engelmagazin.de/engelbotschaften-von-jana-haas-14-10.html. [Accessed: 14-Oct-2012].
[265] www.astrotv.de, „Energiebär Marcel, Seelentröster“. [Online].

Available: http://www.astrotv.de/shop/do/product/energiebaer-marcel-klein-seelentroester/A50109?site=astrotv. [Accessed: 31-May-2011].
[266] www.trend-galerie.de, „Aladin Wunderlampen". [Online]. Available: http://www.trend-galerie.de/index.php/cat/c309_Aladin-Wunderlampen.html/XTCsid/tn5mqdvh9eu7an26k03dtsfbs6. [Accessed: 14-Oct-2012].
[267] www.bestofspirits.at, „Auraspray – Engel Hariel – Kindheit – das ‚Innere Kind'". [Online]. Available: http://www.bestofspirits.at/shop/product_info.php?info=p983_Auraspray--Engel-Hariel.html. [Accessed: 13-Oct-2012].
[268] de.wikipedia.org, „Regression (Psychoanalyse)". [Online]. Available: http://de.wikipedia.org/wiki/Regression_(Psychoanalyse). [Accessed: 14-Oct-2012].
[269] portal.kryonschule.de, „45-Delfin-Bluestar; Stardust; Starchild". [Online]. Available: http://portal.kryonschule.de/index.php?module=zWebstore&func=detail&id=44. [Accessed: 23-Dec-2011].
[270] S. Beyer, *Meine Kinder spiegeln mich.* Ennsthaler GmbH + Co. Kg, 2007.
[271] C. Kössner, *Mein Haustier spiegelt mich.* Ennsthaler GmbH + Co. Kg, 2007, p. 111.
[272] C. Kössner, *Mein Auto spiegelt mich.* Ennsthaler GmbH + Co. Kg, 2010, p. 144.
[273] S. Hühn, *Königin im eigenen Reich.* Schirner Verlag, 2009, p. 216.
[274] M. Csikszentmihalyi, *Flow: Das Geheimnis des Glücks.* Klett Cotta Verlag, 2010.
[275] www.ted.com, „Barry Schwartz: The paradox of choice". [Online]. Available: http://www.ted.com/talks/barry_schwartz_on_the_paradox_of_choice.html. [Accessed: 18-Dec-2012].
[276] I. Janis, *Victims of Groupthink: A psychological study of foreign-policy decisions and fiascoes.* Boston: Houghton Mifflin, 1972.
[277] www.spiritlife.at, „Thoriel No. 54". [Online]. Available: http://www.spiritlife.at/shop/themes/kategorie/detail.php?artikelid=864. [Accessed: 07-Nov-2012].
[278] E. Fromm, *Die Furcht vor der Freiheit.* Dtv, 1993, p. 240.
[279] D. Bar-On, *Die „ Anderen" in uns.* Koerber-Stiftung Edition, 2003.
[280] www.newspirit.at, „Essenzen Ingrid Auer". [Online]. Available: http://www.newspirit.at/thema..essenzen.ingrid.auer.html. [Accessed: 06-Nov-2012].
[281] de.wikipedia.org, „Lee Carroll". [Online]. Available: http://de.wikipedia.org/wiki/Lee_Carroll. [Accessed: 22-Dec-2012].
[282] www.energie-der-sterne.de, „Erste Internationale KRYON-Konferenz 2008". [Online]. Available: http://www.energie-der-sterne.de/Newsletter/KRYON-Konferenz_2008/kryon-konferenz_2008.html. [Accessed: 22-Dec-2012].

[283] M. Pöhlmann, „Autistische Kinder mit medialen Fähigkeiten? Nach den ‚Indigos' hat die Esoterik-Szene jetzt die ‚Kristall-Kinder' entdeckt." Dr. Matthias Pöhlmann, 2006.
[284] www.verein-kinderderneuenzeit.de, „Verein Kinder der neuen Zeit in Freiburg im Breisgau", *29.07.2011*. [Online]. Available: http://www.verein-kinderderneuenzeit.de/index.htm. [Accessed: 28-Jul-2011].
[285] M. Winterhoff, *Warum unsere Kinder Tyrannen werden: Oder: Die Abschaffung der Kindheit*. Gütersloher Verlagshaus; Auflage: 21., Aufl., 2008.
[286] I. Auer, *Engelsymbole für Kinder*. Silberschnur Verlag Die G, 2004, p. 189.
[287] I. Auer and C. Wolf, *Meine Engel-Freunde, Kartenset*. Ekonja, 2008.
[288] I. Auer, *Engel begleiten durch Schwangerschaft und Geburt, 1 Audio-CD [Audiobook]*. Ekonja, 2006.
[289] B. Gliedt, „Einführungsworkshop in die Spirituelle Pädagogik", *Seminar*. Lichtpunkt & Ekonja-Verlag Ingrid Auer GmbH, 2011.
[290] www.engelsymbole.at, „Spiritual Education Practitioner – Ausbildung Level 1". [Online]. Available: http://www.engelsymbole.at/index.php?id=321&L=0&termine=487-0-0-0-0. [Accessed: 08-Dec-2011].
[291] www.tagesspiegel.de, „Norwegen: Prinzessin Märtha Louise eröffnet ‚Engelsschule'." [Online]. Available: http://www.tagesspiegel.de/weltspiegel/norwegen-prinzessin-maertha-louise-eroeffnet-engelsschule/1015138.html. [Accessed: 02-Jan-2013].
[292] Royal Girl, „Märtha Louise macht Millionen mit ihrer Engelsschule". [Online]. Available: http://de.omg.yahoo.com/blogs/-royal-girl/märtha-louise-macht-millionen-mit-ihrer-engelsschule-124040967.html. [Accessed: 02-Jan-2013].
[293] Merkaba-Magazin, „Kryon Kinderschule", *01.06.*, Rosenheim, 2011.
[294] www.quantummatrix.de, „Quantum Matrix® for Kids". [Online]. Available: http://www.quantummatrix.de/3374/Seminare/Matrixfor-Kids.html. [Accessed: 28-Dec-2012].
[295] www.energethikerstadt.at, „Schulprojekt kids4energy". [Online]. Available: http://www.energethikerstadt.at/vergangveranstaltungen/energethikerstadt-wien-2012/schulprojekt-kids4energy. [Accessed: 03-Jan-2013].
[296] www.energethikerstadt.at, „8 Workshops". [Online]. Available: http://www.energethikerstadt.at/vergangveranstaltungen/energethikerstadt-wien-2012/schulprojekt-kids4energy/103-energethikerstadt/energethikerstadt-2012/229. [Accessed: 03-Jan-2013].
[297] scienceblogs.de/kritisch-gedacht, „Esoterik für Volksschüler: ein offener Brief – Kritisch gedacht". [Online]. Available: http://scien-

ceblogs.de/kritisch-gedacht/2012/09/12/esoterik-fur-volksschuler-ein-offener-brief/. [Accessed: 03-Jan-2013].
[298] www.elitepartner.de, „Spirituelle Partnersuche mit ElitePartner". [Online]. Available: http://www.elitepartner.de/ep/Spirituelle_Partnersuche. [Accessed: 23-Dec-2012].
[299] www.parship.at, „Spirituelle Partnersuche". [Online]. Available: http://www.parship.at/magazin/partnersuche/spirituelle-partnersuche.htm. [Accessed: 23-Dec-2012].
[300] www.spirituellepartnersuche.de, „Seelenpartner/andere Hälfte". [Online]. Available: http://www.spirituellepartnersuche.de/der-eine-die-eine-oder-das-eine.html. [Accessed: 23-Dec-2012].
[301] M. Weber, *Die protestantische Ethik und der Geist des Kapitalismus*. Beck C. H., 2010, p. 432.
[302] www.namayan.de, „Namayan | Fest der Engel", *29.07.2011*. [Online]. Available: http://www.namayan.de/festderengel_feb2011.html. [Accessed: 29-Jul-2011].
[303] Merkaba-Magazin, „Drachenhandbücher", *01.08.*, Rosenheim, 2011.
[304] www.spiru.de, „Kryons Dienst für die Erde". 2008.
[305] M. K. Anderschitz and T. S. Hamberger, „Kryonschule Bali – die 48 Schritte in 30 Tagen". Obertaufkirchen, p. 4, 2010.
[306] www.saintclairs.net/, „Spanien Saintclairtrainer, LotusLove-Trainer, DNS-Heiler, Aufrichtungsheiler". [Online]. Available: http://www.saintclairs.net/de/trainer.html?catid=12. [Accessed: 19-Dec-2012].
[307] ingridauer.blogspot.com, „Lichtpunkt Spanien stellt sich vor", *01.07.2009*. [Online]. Available: http://ingridauer.blogspot.com/2009/07/lichtpunkt-spanien-stellt-sich-vor.html. [Accessed: 17-Mar-2011].
[308] P. N. Beck, „Delphinenergie auf Hawaii – Gruppenreise". Frankfurt am Main, p. 2, 2010.
[309] www.christina-soraia.com, „Transformationswoche auf Lanzarote". [Online]. Available: http://www.christina-soraia.com/. [Accessed: 07-Aug-2011].
[310] M. Shelley, *Frankenstein*. Anaconda Verlag, 2009.
[311] de.wikipedia.org, „Stanford-Prison-Experiment". [Online]. Available: http://de.wikipedia.org/wiki/Stanford-Prison-Experiment. [Accessed: 19-Dec-2012].
[312] www.ted.com, „Philip Zimbardo: The psychology of evil". [Online]. Available: http://www.ted.com/talks/philip_zimbardo_on_the_psychology_of_evil.html. [Accessed: 15-Nov-2012].
[313] M. Ende, *Die unendliche Geschichte*. Stuttgart: Thienemann Verlag, 1979.
[314] de.wikipedia.org, „Die unendliche Geschichte". [Online]. Available: http://de.wikipedia.org/wiki/Die_unendliche_Geschichte.

Nützliche Adressen

An diese Stellen können Sie sich wenden, wenn Sie oder ein Angehöriger negative Erfahrungen mit esoterischen Angeboten gemacht haben oder wenn Sie weitere Informationen benötigen:

Deutschland

Sekten-Info Nordrhein-Westfalen e. V.
Rottstraße 24
D-45127 Essen
Tel. +49/(0)201/23 46 46
www.sekten-info-nrw.de

Evangelische Zentralstelle für Weltanschauungsfragen
Auguststraße 80
D-10117 Berlin
Tel. +49/(0)30/28 395-211
www.ezw-berlin.de

Forum Kritische Psychologie e. V.
Margarethenried 10
D-85413 Hörgertshausen
Tel. +49/(0)8747/94 97 07
www.fkpsych.de

Gesellschaft zur wissenschaftlichen Untersuchung von Parawissenschaften (GWUP) e. V.
Arheilger Weg 11
D-64380 Roßdorf
Tel. +49/(0)6154/69 50 21
www.gwup.org

Leitstelle für Fragen zu Sekten Senatsverwaltung für Bildung, Jugend und Wissenschaft
Bernhard-Weiß-Straße 6
D-10178 Berlin
Tel. +49/ (0)30/902 27-557
www.berlin.de/sen/familie/sekten-psychogruppen

Österreich

Bundesstelle für Sektenfragen
Wollzeile 12/2/19
A-1010 Wien
Tel. + 43/(0)1/513 04 60
www.bundesstelle-sektenfragen.at

Gesellschaft gegen Sekten- und Kultgefahren
Obere Augartenstraße 26-28
A-1020 Wien
Tel. +43/(0)1/33 27 537
www.sektenberatung.at

Gesellschaft für kritisches Denken (GWUP Wien)
Wolfersberggasse 12/3
A-1140 Wien
www.skeptiker.at

Referat für Weltanschauungsfragen, Sekten und religiöse Gemeinschaften
Stephansplatz 6/2/1/3
A-1010 Wien
Tel. +43/(0)1/515 52-3384
www.weltanschauungsfragen.at

Schweiz

Evangelische Informationsstelle: Kirchen – Sekten – Religionen
Wettsteinweg 9
Tel. +41/(0)55/260 30 80
CH-8630 Rüti, ZH
www.relinfo.ch

InfoSekta, Fachstelle für Sektenfragen
Streulistrasse 28
CH-8032 Zürich
Tel. +41/(0)44/454 80 80
www.infosekta.ch

Ökumenische Beratungsstelle Religiöse Sondergruppen und Sekten
Neustadtstrasse 7
Postfach 3907
CH-6002 Luzern
Tel. +41/(0)211/04 33
www.sektenberatung.info

Literaturtipps

Claudia Barth: *Über alles in der Welt – Esoterik und Leitkultur.* Alibri
Wolfgang Bergmann, Gerald Hüther: *Computersüchtig: Kinder im Sog der modernen Medien.* Beltz
Christoph Bördlein: *Das sockenfressende Monster in der Waschmaschine.* Alibri
Norbert Bolz: *Die Wirtschaft des Unsichtbaren.* Econ
Ursula Caberta: *Schwarzbuch Esoterik.* Gütersloher Verlagshaus
Heike Dierbach: *Die Seelen-Pfuscher.* rororo
Sabine Doering-Manteuffel: *Das Okkulte. Eine Erfolgsgeschichte im Schatten der Aufklärung.* Siedler
Barbara Ehrenreich: *Smile or Die.* Kunstmann Verlag
Evangelische Zentralstelle für Weltanschauungsfragen: *Esoterik als Trend.* EZW-Texte
Erich Fromm: *Die Furcht vor der Freiheit.* dtv
Colin Goldner: *Die Psycho-Szene.* Alibri
Nicholas Goodrick-Clarke: *Die okkulten Wurzeln des Nationalsozialismus.* Marix
Werner Gruber, Heinz Oberhummer, Martin Puntigam. *Wer nichts weiß, muss alles glauben.* Ecowin
Wilfried Handl: *Scientology: Wahn und Wirklichkeit. 28 Jahre in einer Psychosekte.* Gesellschaft Gegen Dogmen u. Psych. Abhängigkeit
Eric Hoffer: *Der Fanatiker.* Rowohlt

Joachim Huessner: *Ein Weg hinters Licht.* Drachenmond
Robert Levine: *Die große Verführung.* Piper
Stephan Marks: *Warum folgten sie Hitler?* Patmos
Thomas Metzinger: *Der Ego-Tunnel.* Berlin Verlag
Christian Mikunda: *Warum wir uns Gefühle kaufen.* Econ
George Orwell: *1984.* Ullstein
Christian Scharfetter: *Das Ich auf dem spirituellen Weg. Vom Egozentrismus zum Kosmozentrismus: Wissenschaft & Praxis (Jänner 2008)*
Hugo Stamm: *Achtung Esoterik.* Pendo
Margaret Thaler Singer, Janja Lalich: *Sekten.* Carl-Auer Verlag
Jean Twenge, Keith Campbell: *The Narcissism Epidemic.* Free Press
Hans Willi Weis: *Exodus ins Ego.* Benzinger
Michael Winterhoff: *Warum unsere Kinder Tyrannen werden.* Gütersloher Verlagshaus
Juli Zeh: *Corpus Delicti.* btb

Dank

Fürs Zuhören, Mittragen und Anspornen gilt mein Dank all den Begleiterinnen und Begleitern der letzten Jahre und in ganz besonderem Maße den motivierenden Herren Manfred V. und Markus W., den inspirierenden Georg S., Manuel N. und Werner H., den fachkundigsten Ulrike S. und German M., den beredsamen Damen Yulia G. und Stefanie P., dem unermüdlichen Heinz O., den zwei mutigen Zuflüsterinnen von anderswo und last but not least der geistreichen Christine fürs Finalisieren und Feiern.